新编21世纪高等职业教育精品教材 · 通识课系列

职业发展与就业指导

ZHIYE FAZHAN YU JIUYE ZHIDAO

（第二版）

主　编◎刘　辉　侯志荣

中国人民大学出版社
· 北京 ·

图书在版编目（CIP）数据

职业发展与就业指导 / 刘辉，侯志荣主编. --2 版.
北京：中国人民大学出版社，2025. 5. --（新编 21 世纪
高等职业教育精品教材）. -- ISBN 978-7-300-33826-2
Ⅰ. G717. 38
中国国家版本馆 CIP 数据核字第 20257Y7Y04 号

新编 21 世纪高等职业教育精品教材 · 通识课系列
职业发展与就业指导（第二版）
主　编　刘　辉　侯志荣
Zhiye Fazhan yu Jiuye Zhidao

出版发行	中国人民大学出版社		
社　　址	北京中关村大街 31 号	**邮政编码**	100080
电　　话	010－62511242（总编室）		010－62511770（质管部）
	010－82501766（邮购部）		010－62514148（门市部）
	010－62511173（发行公司）		010－62515275（盗版举报）
网　　址	http://www.crup.com.cn		
经　　销	新华书店		
印　　刷	北京密兴印刷有限公司	**版　　次**	2020 年 8 月第 1 版
开　　本	787 mm×1092 mm　1/16		2025 年 5 月第 2 版
印　　张	15. 25	**印　　次**	2025 年 5 月第 1 次印刷
字　　数	340 000	**定　　价**	42. 00 元

本书编委会

主　编	刘　辉	侯志荣		
副主编	刘全明	李文龙	秦润梅	刘　娜
参　编	程维东	宋国锋	李　航	侯　颖
	张秀琴	刘　慧	孔　震	丁红莲
	贺继伟	李俊琦	徐洪飞	荣　津

前　言

为了进一步推动全国高职院校开好职业发展与就业指导课程，做好高职院校毕业生就业指导服务工作，本书编委会精心组织专家、学者与经验丰富的优秀教师，在广泛吸收同类教材优点的基础上，经过长期研发，编写了这本高质量、高水平、有特色、针对性强的教材。

本教材紧密结合高职院校学生实际，以高素质技术技能型人才培养为目标，吸收了近年来国内外就业与创业指导的最新研究成果，对大学生职业发展和就业理论进行了系统阐述。本教材采取“案例＋分析＋理论＋活动＋思考”的编写形式。每个模块都有明确的学习指南和能力标准，每一单元都包括导入案例、课堂活动、课后思考等。各单元内容的编排尽量体现职业教育的特色，突出案例教学和实践能力的培养，理论知识的讲解尽可能深入浅出，体现较强的针对性和可操作性。本教材在阐述理论的过程中，有机地嵌入相关高职学院的生动案例，介绍了毕业生的整体就业情况以及学生求职的精彩故事。同时，本教材还详细介绍了国家有关就业政策和毕业生权益保护方面的知识，是职业院校学生就业指导和职业发展的必备工具书，是一本帮助高职学生科学、系统地就业与创业的启迪用书。同时，本教材也可以为从事大学生就业与创业辅导的专业人员、高校教师提供一些借鉴和指导，帮助他们更好地掌握就业与创业的要点和技巧。

本教材编写团队由从事就业与创业指导多年的一线教师和教育专家组成，具体分工如下：刘辉（北京信息职业技术学院教授）、侯志荣（北京信息职业技术学院教授）担任主编；刘全明（北京信息职业技术学院）、李文龙（北京信息职业技术学院）、秦润梅（内蒙古化工职业学院）、刘娜（包头职业技术学院）担任副主编。具体编写分工如下：修订大纲制定，刘辉、侯志荣；模块一，侯志荣、荣津；模块二，侯颖；模块三，刘全明、李文龙；模块四，李航；模块五，张秀琴、刘慧；模块六，程维东；模块七，孔震；

模块八，宋国锋；模块九，丁红莲、李俊琦；模块十，秦润梅、贺继伟；模块十一，刘娜、徐洪飞；全书统稿：刘辉、侯志荣。

编委会成员以高度的责任心和严谨的工作态度全力投入编写与修订工作，保证了本教材的教学实用价值和编写质量。同时，本教材的编写还得到了有关各方的大力支持和帮助，也借鉴了国内外学者的一些理论研究成果，在此向他们一并表示感谢。由于时间紧迫以及编者能力有限，教材的疏漏和不足之处在所难免，恳请广大读者批评指正。

编者

目　录

第一部分　职业生涯规划

模块一　了解学业与生涯 …… 3
　单元 1.1　认识学业规划 …… 4
　单元 1.2　认知生涯规划 …… 9
　单元 1.3　开辟职业通道 …… 14
模块二　探索工作环境 …… 17
　单元 2.1　感知宏观环境 …… 18
　单元 2.2　感知微观环境 …… 27
模块三　正确认识自我 …… 37
　单元 3.1　启动自我探索 …… 38
　单元 3.2　探索职业兴趣 …… 43
　单元 3.3　探索职业性格 …… 55
　单元 3.4　探索职业能力 …… 59
　单元 3.5　澄清职业价值观 …… 63
模块四　探索职业和岗位 …… 70
　单元 4.1　职业和专业 …… 71
　单元 4.2　组织和岗位 …… 80
模块五　职业生涯决策 …… 88
　单元 5.1　做好职业决策 …… 89
　单元 5.2　制定和实施职业生涯规划 …… 98

第二部分　就业创业指导

模块六　做好就业准备 …… 113
　单元 6.1　就业形势 …… 114
　单元 6.2　就业政策 …… 119

单元 6.3　毕业去向和就业途径 …… 124
模块七　就业准备与求职指导 …… 133
单元 7.1　收集和筛选就业信息 …… 134
单元 7.2　调适就业心理 …… 138
单元 7.3　准备求职材料 …… 143
单元 7.4　准备笔试与面试 …… 151
模块八　就业程序与就业权益 …… 156
单元 8.1　就业程序 …… 157
单元 8.2　就业权益 …… 167
模块九　把握创业机会 …… 176
单元 9.1　创业意识与创业潜质 …… 177
单元 9.2　创业模式和创业机会 …… 185

第三部分　职场适应与职业发展

模块十　职场适应 …… 197
单元 10.1　角色转变和职业适应 …… 198
单元 10.2　做一名合格的职业人 …… 204
模块十一　职业发展 …… 210
单元 11.1　职业素养提升 …… 211
单元 11.2　培养良好的职业道德 …… 222

参考文献 …… 234

第一部分

职业生涯规划

模块一　了解学业与生涯

学习指南

职业生涯规划是迈向成功的关键步骤。学业是基石，为未来奠定专业基础；生涯则是方向，引领我们走向理想职业。做好规划，有助于我们明确目标、持续学习和积累经验，通过了解自己的兴趣和优势，结合市场需求，制定切实可行的就业策略。

通过本模块的学习，同学们可以了解到高等职业教育的特点和未来发展趋势，并充分理解学业规划和职业生涯规划对人生发展的重要意义。

能力标准

分类	具体内容
知识	1. 认识高等职业教育的特点和作用 2. 了解学业的内涵和高职学业规划的制订步骤 3. 理解生涯的含义及其与工作的区别 4. 了解职业生涯的含义及职业生涯教育 5. 了解几种典型人群的职业生活方式 6. 理解职业生涯发展路径 7. 了解职业路线与职业通道 8. 了解发展职业生涯方式
技能	1. 根据自身专业特点做好高职学业规划 2. 根据职业发展目标进行时间管理 3. 根据个人兴趣发展特长 4. 适应环境变化对职业产生的影响 5. 深入进行职业探索
态度	1. 形成职业价值观 2. 形成积极的人生态度 3. 具有社会责任感

单元 1.1　认识学业规划

导入案例

从高职生到成功职业人的华丽转身

李明，一名高职计算机专业的学生，从入学之初就对自己的未来有着明确的规划。他深知，作为高职生，与本科或研究生相比，自己可能在理论知识上有所欠缺，但在实践技能上却有着独特的优势。因此，他将自己的学业规划主要聚焦于专业技能的提升和实践经验的积累。

1. 学业规划实施

课程学习：李明首先根据自己的兴趣和职业目标，对于与计算机专业紧密相关的课程，如数据库管理、软件开发、网络安全等，不仅在课堂上认真听讲，还利用课余时间深入钻研，努力提高自己的知识水平。

实践技能提升：李明深知实践技能的重要性，因此他积极参加学校组织的各类实践活动和比赛。他加入学校的计算机协会，与志同道合的同学们一起探讨技术难题，交流学习心得。此外，他还利用寒暑假时间，到企业实习，积累实践经验。

自主学习：除了课程学习和实践活动外，李明还利用网络资源进行自主学习。他关注行业动态，了解新技术的发展趋势，并自学了一些前沿技术，如人工智能、大数据等。这些自主学习为他未来的职业发展奠定了坚实的基础。

2. 职业规划实现

经过三年的努力，李明在专业技能和实践经验方面都有了很大的提升。毕业后，他顺利进入一家知名互联网公司工作，担任软件开发工程师的职位。在工作中，他凭借扎实的专业基础和丰富的实践经验，很快得到了领导的认可。

分析：李明的成功并非偶然，他的成功离不开他对自己的清晰认识和明确的学业规划。他明确了自己的职业目标，选择了与职业目标紧密相关的课程进行学习，并积极参与实践活动和比赛，提升自己的实践技能。同时，他还注重自主学习，关注行业动态，了解新技术的发展趋势。这些努力都为他未来的职业发展奠定了坚实的基础。

通过这个案例，可以看到，若想在职业生涯中取得成功，首先要对自己有清晰的认识和明确的规划；其次，要注重实践技能的提升和自主学习能力的培养；最后，要保持积极的心态和持续的努力，不断追求进步和发展。

一、关于高等职业教育

我国的高等教育发展迅速，已经从精英教育阶段进入大众教育阶段。

高等职业教育简称高职教育，是指以就业为导向，面向经济社会发展需要，以培养生产、建设、管理、服务一线的高等技术应用性人才为根本任务的高等教育，它兼具高等教育和职业教育双重属性，从院校数、在校生数量等方面来看，高职教育已经占据了我国高等教育的半壁江山，正在形成“专科教育——本科教育——专业学位研究生教育”的人才培养体系。

以培养技术技能型人才为目标、与区域经济社会紧密联系的高职教育，是打造“中国教育升级版”的重要推动力量。在区域转型和产业升级的历史契机面前，高职教育正被赋予新的使命。“就业好”是高职院校的一张名片，高职院校的毕业生不仅要将自己推销出去，找到适合自己的工作，更要凭借自己的素质和能力迅速融入职场，获得单位和同事的认可。

高职教育有以下几个主要特点：关注学生的实践能力、创造能力、就业能力和创业能力，培养德、智、体、美、劳全面发展的社会主义建设者和接班人；结合所在地区的经济社会发展情况和行业岗位需求开设专业，服务经济社会发展；讲练结合，理实一体，实行“工学结合”，将课堂搬到模拟实验室、车间等工作环境中，实行“现场教学”，使学生的动手能力和应用技能得到较大的提升；高职院校通过“产学合作”，与用人单位联合实施灵活开放的“订单式”人才培养模式，实现人才培养有目标、就业去向有保证的“校企合作”的良性循环。

二、学业与学业规划

学业规划是职业生涯规划的核心内容，是职业生涯规划在大学期间的阶段性体现。大学既是青年人成才的新起点，又是人生发展历程的一大转折点。如何尽快适应大学生活对于新同学来说尤为重要，因此新同学有必要了解“学业”的内涵并做好学业规划。

（一）了解我的学科与专业

“学业”这个概念，包括学科和专业。

1. 学科

学科通常归为以下几类：自然科学、工程科学、社会科学和人文科学。

自然科学以自然界为主要研究对象，目的在于发现自然现象背后的规律。自然科学多用实证、理性的方法，其目的在于揭示自然的奥秘，获取自然的真知。

工程科学是应用科学和技术的原理来解决问题。工程师通过想象、判断和推理，将科学、技术、数学和实践经验应用到设计、制造、对象或程序的操作中。它在很大程度上是自然科学在技术上的实际应用或应用科学的技术化而形成的系统的知识。

社会科学以社会领域为主要研究对象，多用调查、统计、归纳等方法，其目的在于把握社会规律，解决社会问题，促进社会进步。

人文科学以人作为研究对象，多用实地考察、诠释、内省、移情、启示等方法。

学科是构成专业的要素。

2. 专业

专业是社会职业需要与学科知识体系相结合的产物。专业与职业关系密切，专业设置与调整反映了社会职业的需要，专业在促进职业专业化的过程中发挥着关键作用。大学生就业时，专业与所从事的职业之间的关系可以分为以下五种类型：

（1）从事对口的职业，如会计学专业的学生从事会计工作。

（2）与本专业相关的职业，如英语专业的学生从事贸易类职业。

（3）职业完全不同于专业，也就是所说的专业不对口。

（4）职业不需要特殊的学习领域，如某些销售类或服务类职业。

（5）职业还没有对应的专业存在。

是否要从事专业对口或专业相关的职业，与单位的需求有关，也与学生的专业认同情况有关。

（二）学业规划的概念和意义

学业规划是指学生依据自身的特点、兴趣及学业前景确定自己的学业目标，按照一定的原则、方法、步骤制订在校学习阶段的目标和实施方法的过程。学业规划是顺应大学生学业发展的需求而产生的，大学生进行学业规划具有很强的理论和实践意义。

（三）学业规划的特点

对于大学生来说，学业规划有以下特点：

（1）独特性。每个人的生涯发展都是独一无二的，学业规划也是如此。

（2）发展性。学生在校学习的不同阶段会有不同的要求，这些要求会不断地发展与变化，学业规划也应随之发展与变化。

（3）综合性。学业规划以学生角色的发展为主轴，也包括其他与学习有关的角色，如同学、子女等涵盖人生整体发展的各个层面的各种角色。

（四）学业规划的制订原则

1. 可行性原则

学业规划是针对学生的实际制订的，应切实可行，具有现实性、可能性和可操作性，每个阶段的目标以及达到目标的方法应力求科学、合理，经过努力是能够实现的。

2. 可调节原则

学业规划具有发展性的特点，不是孤立的、静止的，应该能够根据社会需求的发展变化与学生个体主观条件的变化随时修正，比如在阶段性目标上，可以根据实际进展，酌情提高或降低目标。

3. 最优化原则

学业规划应力求做到身心和谐，使个人的性格、兴趣、知识和能力等与目标和谐统一，实现优化组合。

4. 共性与个性相结合原则

学业规划既要反映学生发展的共性问题，又要满足学生的各种需求，有效地培养和发展学生的兴趣、爱好、特长，使学生的禀赋和个性潜能得到充分发展。

三、高职生学业规划的路径

（一）高职生学业规划的三个阶段

1. 第一阶段：大学一年级

适应新环境，正确评估自己，为后续阶段打下坚实的基础。要尽快完成学习观念和学习方法的转变，摆脱中学阶段形成的对家长、教师的依赖心理，培养自主学习能力，养成以创造性学习为主导、接受型学习与创造型学习相结合的学习习惯。注重人文素质的培养。

2. 第二阶段：大学二年级

认真学习专业知识，培养实践能力和创新能力。结合社会需求，注重专业知识的学习，培养自己的专业技能。通过校内外各种实践活动全面锻炼自己，提高综合素质。培养自己的创新能力、组织管理与社会活动能力、沟通能力及团队协作精神，尽可能全方位地展示自己的才能。

3. 第三阶段：大学三年级

积极完成实习任务与毕业设计，培养就业能力和创业能力。通过实习，从宏观上了解企业的运作模式、工作流程，从微观上明确个人的岗位职责与规范。预演毕业后走上社会的角色转变，了解学校对学生的要求与单位对员工的要求的区别，掌握更多的社会知识，完善为人处世的方法与技巧。拓宽求职信息渠道，积极收集工作信息，积极参加招聘活动，提高求职技能。

（二）高职生学业规划的制订步骤

1. 制订学业规划

在制订学业规划时，要分析自己的兴趣爱好，分析自己的能力特长，分析未来，把握社会需求。通过上述分析，找出自己想干什么、能干什么与社会要求自己干什么的结合点，这些是学业规划的关键所在。

【职场箴言】

大学最重要的责任是让学生自信地走上社会，找到属于自己的岗位。

2. 细化学业规划

在制订学业规划时，可以遵循这样的思路进行分解：三年学习的总目标→一年的学习目标→一个学期的学习目标→一个月的学习目标→一周的学习目标→一天的学习目标。这样，可以使总的学业规划落实到学习生活的每一天，确保有条不紊地实现学业目标。

案例

从高职生到铁路局职工

钟长玲是北京信息职业技术学院机电工程专业的一名毕业生，她个性沉稳，为人和善。如今，她已成为北京铁路局的一名正式员工。

钟长玲酷爱读书，刚一入学时就加入读书沙龙社团，是社团中的活跃分子，结识了有共同爱好的新朋友，写作水平有很大提高。一年后，她被推选为新一届社长。在她的带领下，社团的节目《五四畅想》获得了第四届北京大学生艺术展演活动第二名，社团也被学院评为“精品社团”。在求职过程中，钟长玲报名参加了北京铁路局的面试，由于她有较丰富的社团实践经验和过硬的专业功底，第一批就被录取了。现在她在岗位上能够出色地完成许多工作，如信息化办公、撰写文稿等，也得益于在社团中的锻炼。

钟长玲为社团的发展付出了自己的青春和热情，同时也提升了自身的综合能力，如语言表达能力、统筹规划能力、解决问题能力、人际关系处理能力等，使她在大学里快速成长。钟长玲在毕业时说："只要自己善于把握学校资源，做好学业规划，发展兴趣爱好，就不会错失良机。"

高职生的学业规划要紧密结合高职专业的人才培养目标，在全面分析自身情况和学习能力的基础上，有针对性地提出具体的阶段性目标，并力求通过努力达成目标。

总结案例

学海无涯苦作舟　德才兼备获提升

赵漪是北京信息职业技术学院大数据技术专业毕业生，来自黑龙江的她特别珍惜在首都高职院校学习的机会。在本专业学习中，她课上听讲，课下勤于上机练习，获得了高分。为了提高自己的商务素质，她选修了《高职生创业指导》《商务谈判》《公共关系》《商务礼仪》等课程，并取得了优异成绩。她每学年均获得一等奖学金。她曾积极参加中英"一带一路"国际青年创新创业技能大赛，获得国赛三等奖。

赵漪还参加所在学院的学生会，充分锻炼了社会活动能力。在实训期间，她的沉稳性格给经理留下了深刻印象。就业时，经过重重考试，她进入北京一家高科技公司从事区块链业务，并且在两年内升为主管。

分析：在一线城市，毕业生有很大的自由选择权去选择人生的第一份职业。毕业生的综合素质越高，适应职业岗位的能力就越强。"专业＋竞赛＋实训"的组合，让赵漪这类毕业生能够迅速适应社会角色，进入职场发展的快车道。用人单位对于高职毕业生关注的往往是忠诚度、吃苦耐劳的品质和与他人合作的能力等基本素养。所以，综合素质高的高职毕业生也能成为单位骨干，得到上级的认可与提拔。

课堂活动

"撕"思人生

一、活动目的

通过游戏感受生涯的时间维度。

二、活动过程

（1）在白纸上画一个长线段，在起点写上自己的出生日期和年龄，在终点标注出自己预测的死亡年龄。

（2）在线段的适当位置标注自己现在的年龄，并将这之前的线段撕下来。

（3）在剩下的线段上写出你认为今后的人生中最迫切要实现的三个目标。

（4）在线段的适当位置标注你想功成名就的年龄，然后将这以后的线段撕下来。

三、活动思考

（1）剩下的部分有多少？手中拿的这段时间有多少是可以用来努力学习和工作的时间？

（2）分析你以往的时间分配情况，你有怎样的发现？

（3）你被称赞的表现是什么？通过这些表现，你可以说出自己的优势能力吗？这些优势能力，可能会在哪些职业领域得到发挥？你可能申请的岗位、职业和行业是什么？

（4）制作一份本学期时间计划表，然后按本学期时间计划表科学系统地安排你的生活。

课后思考

"一个人只要努力奋斗、前进不止，不一定非要进行学业规划"，这个观点正确吗？请结合你的亲身经历或案例进行说明。

单元 1.2　认知生涯规划

导入案例

"落架凤凰"小刘

小刘是北京信息职业技术学院会展专业一名品学兼优的学生，大三第一学期过半，用人单位就陆续来到学校招聘毕业生，班上的同学都非常羡慕小刘，认为他那么优秀，一定可以找到非常理想的单位。小刘也早早地给自己定下了就业目标：非北京大公司不去，而且月收入在 9 000 元以上。随着毕业时间的临近，同班同学大都找到了工作单位，可是小刘还没有找到自己理想的工作。他不由得焦急起来，可是此时用人单位的年度招聘工作都已告一段落，情急之下，小刘只好硬着头皮与自己先前拒绝过的用人单位电话联系，但是这些单位很快就回绝了他，想想自己由于过分挑剔，到现在工作还没有着落，小刘陷入了沉思。

分析：很多高职生在毕业季初期的高远目标未必符合人才市场的实际，盲目自信会给自身就业带来巨大阻碍。做好生涯规划，朝着既定的目标不懈努力，在毕业时，通过甄别信息，选择最适合自己的工作，才能实现人生的价值。

一、生涯规划

（一）生涯的含义与特点

1. 生涯

"生涯"的英文单词是"Career"。"生涯"指人生经历、生活道路和职业、专业、事业。

2. 生涯的特点

（1）独特性。每个人都有独特的生涯发展形态。

（2）终身性。生涯发展是人一生中连续不断的过程。

（3）综合性。生涯是人生扮演的各种角色的整合。

（二）生涯规划及作用

生涯规划就是对影响人们生涯发展的经济、社会、心理、教育、生理等各种因素的选择和创造。它通常建立在个体对自我全面、深刻认识的基础之上，需要结合职业发展的一般性特点。生涯规划的主要作用如下：

（1）以既有的成就为基础，确立人生的方向，提供奋斗的策略。

（2）突破生活的束缚，塑造充实的自我。

（3）准确评价个人的特点和强项，评估个人目标和现状的差距。

（4）重新认识自身的价值并使其增值。

（5）将个人、事业与家庭联系起来。

（6）扬长避短，发挥职业竞争力。

（7）了解就业市场，科学合理地选择行业和职业，准确定位职业方向。

（8）提升个人实力，增强职业竞争力，获得长期职业发展优势。

（9）尽快适应工作，提高工作满意度，实现事业的成功。

（10）发现新的职业机遇。

二、职业生涯

（一）职业生涯的含义

职业生涯是个体职业发展的历程。其基本含义如下：

（1）职业生涯是个体的概念，是指个体的行为经历。

（2）职业生涯是职业的概念，实质上指一个人一生中的职业活动或经历。

（3）职业生涯是发展和动态的概念，是指个人职业内容和职位的发展变化。

（4）职业生涯并不包含对职业生活的评价。

（二）职业生涯教育

职业生涯教育可分为五个阶段。人们通常是按照职业生涯的发展阶段来开发自身能力的。职业生涯教育的目标体系如表 1-1 所示。

表 1-1　职业生涯教育的目标体系

相应时期		小学	初中	高中	大学	工作后
职业生涯教育阶段		生涯认知	生涯探索	生涯规划	生涯准备	生涯维持与改善
阶段性生涯教育目标		认识工作，初步确定职业态度	探索自我，收集职业信息	决定个性化生涯，树立职业目标	决定职业生涯，并开始职业准备	维持职业生涯或改善、转换职业
自我理解	通过自我理解，形成自我概念	认识自身，珍惜存在	努力了解自我，形成正向自我概念	客观理解自己，形成正面的自我概念	深化自我了解，积极接受他人	不断反省自己，培养包容心态
	与他人沟通，正向互动	认知人际关系，参与团队活动	习得建立人际关系的能力	提高处理人际关系的能力	区分情况，有选择性地积极沟通	巩固人际关系，发展社会关系

续表

相应时期		小学	初中	高中	大学	工作后
探索并理解职业世界	了解工作，探索职业	努力形成职业态度	重视工作，理解社会环境与自身的关系	理解环境的变化对工作和职业产生的影响	关注环境，提升能力，适应变化	应对环境的急剧变化，对职业进行深入探索
	形成职业价值观	形成积极的人生态度	形成应对职业生涯的积极态度	培养职业所要求的积极态度与习惯	初步形成良好的职业态度	具有职业人应有的社会责任感，能驾驭职业生活
	探索、解读、评估、应用职业信息	认识并探索身边的职业	探索多层面的职业信息	解读职业评估信息并应用于职业世界的多个层面	深入探索、评估、应用职业准备所需的信息	生成职业生涯所需的职业信息并进行管理
职业生涯规划和管理	认识终身学习的重要性并参与其中	认识学习的重要性，养成良好的习惯	重视学习，养成自主学习的习惯	认识学习的重要性，提高学习能力	理解终身学习的重要性	积极参与终身学习
	生涯决定	认知生涯决定的重要性，拥有梦想	探索生涯方案	以合理的生涯决策为基础，初步制订生涯方案	生涯目标具体化，并确定实施策略	树立生涯维持或转换的目标，制订计划及应对策略
	生涯规划及设计	为实现梦想，初步认识生涯规划	进一步认识生涯规划	初步确定生涯规划目标	制订生涯规划的详细内容	持续检查生涯规划实践过程，增加职业活力
	进行有效的求职、生涯维持或转换	初步了解工作的含义	了解职业、行业的相关知识，端正态度	培养就业意识，知识与技能并重	为准备求职、生涯转换而强化职业基础能力	深化并发展职业选择、维持或转换所要求的能力

三、职业生活

职业生活既属于人类公共生活的范畴，也是个人生活的一部分，是人们从事职业活动的总和。

（一）职业生活与其他生活的关系

1. 职业生活与家庭生活

首先，职业生活制约着家庭生活，职业生活也受家庭生活的影响。一般来说，家庭生活和睦幸福的人工作效率高、工作质量好，比较容易创造出业绩；相反，家庭生活不顺心的人，很难保证工作效率和质量。

2. 职业生活与社会公共生活

社会公共生活对个人职业生活有着很大的影响。比如，社会政治变革、经济结构调整、社区文化繁荣等现象，都可能对个人的职业生活产生重大影响。

（二）职业生活方式

职业生活方式，是指个人在长期的职业生活实践中形成的相对稳定的思维方式和行为方式。职业种类的千差万别决定了职业生活方式也有很大差异，甚至可以说有多少种职业，就有多少种职业生活方式。不同的职业群体呈现出不同的职业生活图景，每个人都能从特定的职业生活图景中找到自己的身影。

（三）职业生活评价体系

职业生活评价是指在职业生活过程中，运用自我评价或社会评价的方法，对个人的职业生活状况作出实事求是的评价。

由于个人的素质不同和所处的环境不同，个体对职业生活的感受和评价标准也不尽相同。我们可以将“职业生活品位”作为一个整体性的职业生活评价标准对职业生活进行评价。职业生活品位可以分为以下三个层次：

1. 高品位的职业生活

职业活动与人生活动融为一体，个人把职业视为发展自己、服务社会、创造财富的工具和手段，超脱了个人私利的羁绊，达到了进退有序、行止从容、得失坦然的境界。

2. 中品位的职业生活

职业活动与人生活动有机结合，个人把职业作为满足生存发展所需要的工具和手段，注重现实的职业活动效果，如金钱、地位、名誉等。

3. 低品位的职业生活

职业活动与人生活动脱节，个人把职业看得无足轻重，充其量将其当成点缀生活的小道具，采取不负责任的态度对待职业生活，随心所欲、低级庸俗、混乱无序。他们没有在职业生活中体现人生价值，体会不到职业生活的快乐和幸福。

总结案例

小卢充实的高职生活

小卢，是一名高职医学检验技术专业的学生。她从小梦想成为一名法医，但由于未能考上本科，选择高职就读。面对现实与理想的差距，小卢并没有放弃，而是在高职生活中找到了属于自己的充实和精彩。

小卢在进入高职之初，就对自己的未来进行了详细的规划。她深入了解所学专业和未来职业的发展前景，制定了一份详细的学习计划。她不仅专注于学习，还积极参加各种社团活动和兴趣小组。这些活动不仅锻炼了她的社交能力，还培养了她的特长和才艺。小卢注重将所学知识与实践相结合。她参加了各种形式的实践活动，如志愿服务、实习等。这些活动不仅锻炼了她的实践能力，还让她积累了宝贵的经验，为未来的职业生涯做好了准备。

通过不懈的努力和持续的学习，小卢在高职生活中取得了显著的成果。她获得了优秀团员的称号，代表学院参加全国检验技能操作比赛荣获三等奖，并顺利进入区人民医院实习。这些成果不仅证明了她的努力和实力，也让她更加坚定了自己的职业规划和人生目标。

分析：小卢充实的高职生活案例启示我们，在高职阶段，要明确自己的目标和方向，积极参与各种活动，不断学习和实践，提高自己的综合素质和能力。同时，也要学会评估和调整自己的规划，不断适应变化的环境和未来的挑战。只有这样，我们才能度过一个充实而精彩的高职生活。

课堂活动

“畅想20年”新闻发布会

一、活动目的

通过畅想20年后的你，初步思考你的职业生涯，了解职业生涯的内涵。

二、活动过程

（1）你对20年之后的自己有憧憬吗？是否仔细想过20年后的你是怎样的？大家来畅想一下20年以后的自己吧。

（2）4～6人一组，选择一个共同关心的主题，想想20年后的自己处于人生的什么位置？你是怎样达到这个程度的？假如你畅想的是20年后成为某集团的人力资源总监，需要具备什么素质和能力？小组成员共同收集信息，保证畅想内容的合理性。

（3）同一小组的同学不但要收集你所畅想的内容信息，还要集思广益，设想记者团可能会提出的问题，以便做好准备，接受记者团的提问。

（4）每一小组成员针对其他各组的主题设想出3～5个问题，并选出3个问题作为对其他组发言的提问。

（5）每一小组中，选出1名同学作为新闻发言人，2名同学作为记者。新闻发言人根据本小组的畅想情况发言，记者负责收集小组成员对其他小组发言提出的问题。

新闻发言人的职责：用5分钟来讲述畅想的内容，然后用5分钟的时间回答记者的提问。

记者的职责：根据新闻发言人的主题提问，可以由小组成员共同提出，也可以根据新闻发言人的内容现场提出自己认为重要的问题。

三、活动思考

（1）在畅想活动中，你看到的20年后的景象是什么？

（2）你的理想与现实之间主要的差距有哪些？

（3）怎样才能实现你的理想？

四、活动总结

通过对自己的理想职业生涯状态的畅想，了解自己期待的职业生涯愿景，初步觉察自己的职业生涯状态，树立职业生涯规划的意识。

课后思考

（1）什么是生涯和生涯规划？

（2）职业生涯规划的含义是什么？

单元 1.3 开辟职业通道

导入案例

初入职场不能太过任性

张小亮是某职业学院电子商务专业的学生。进入毕业季了，他的求职方式是广投简历，也面试过很多企业，并产生了选择的烦恼——不知道哪家公司会为他提供更好的条件。于是他首先做了三个月的网站编辑工作，工作挺清闲，收入比较低。于是，他又想找一份收入高的、有挑战性的工作。他觉得自己喜欢与人打交道，因此想做销售，又觉得大型国有企业工作环境舒适，所以他锁定了国企销售的岗位，通过投递简历，获得多次面试机会，却在面试中屡战屡败。张小亮对于自己选择的工作角色缺乏足够的认知，没有足够强烈的体验感觉，虽然明确想做销售，但是他对于销售岗位的一些具体要求还不了解，缺乏对职业的定位。

分析：做求职定位，首先要了解自己的职业基础，这样才能对自己进行准确定位。职业规划不是一味强调自己喜欢做什么事。应届毕业生在求职时，一定要先了解自己有什么特点，过高或者过低地估计自己，都会对职业发展产生影响。

一、职业生涯发展路径

职业生涯是整个人生规划的展开，一个人在确定了个人的职业目标后，就必须考虑向哪一路线发展。美国麻省理工学院的埃德加·谢恩提出了个人的三种职业发展路径：一是内向圆运动。这是一种不太明显的发展途径，因为它不需要个人在知识和技能方面发生重大的改变，是个体凭借原有的基础在某一部门中逐步接近决策中心的运动过程。这一步骤本身往往是晋升的必要准备，因为个体在某一部门了解的信息越多，对整个机构的发展也就越清楚，得到的机会也就越多。二是垂直向上的运动。这是人们最熟悉的发展路径。最常见的情况是，一个人通过自己的智力和意志掌握新知识与新技能，逐步精通业务和善于沟通，最后青云直上，在组织中登上更高的位置。这种发展途径取决于个体的发展潜力、对压力的耐受力以及继续进修学习的意志。三是水平发展式运动。这种路径主要是指在机构内部一系列职能部门之间进行水平移动，而不是向更高的职务发展，这种短期水平运动的方法也可能成为某些人长期发展的源泉。不少人在其职业生涯中经历过许多不同的工作或岗位，然后成为组织中重要的人物。

二、职业路线与职业通道

（一）职业路线

职业路线选择的重点是对职业生涯选择诸要素进行系统分析，在对职业理想、职业能力、职业环境三方面的要素进行综合分析的基础上确定自己的职业生涯路线。职业路线实际上是指一个人选定职业后从什么方向上实现自己的职业目标，是向专业技术方向发展，还是向行政管理方向发展。发展方向不同，要求就不同。因此，在规划职业生涯时必须对此作出选择，以便安排今后的学习和工作，使其沿着职业生涯路线发展。当然，职业路线也可能出现交叉与转换，这可以根据自身的情况来确定。

（二）职业通道

职业通道是指一个人进入职业组织以后的发展计划。个体通过在组织内部不断地寻求或调整可能的职业发展方向和发展机会，在组织中通过变换工作岗位以得到不断的提升。下面是几种典型的职业路线与职业通道。

1. 技术型

典型特征：选择职业时，主要注意力是工作的实际技术或职能内容。即使晋升，也不愿到全面管理的岗位，而是愿意在技术职能区晋升。成功标准：在本技术区达到最高管理位置，保持自己的技术优势。主要职业领域：工程技术、财务分析、营销、计划、系统分析等。典型职业通道（以会计人员为例）：财务分析员→主管会计→财务部主任→公司财务副总裁。

2. 管理型

典型特征：能在信息不全的情况下分析解决问题，善于影响、监督、率领、控制组织成员，能为发展危机所激励，善于使用权力。成功标准：管理越来越多的下级，承担的责任越来越大，独立性越来越强。主要职业领域：政府机构、企业组织及其各部门的主要负责人。典型职业通道（以企业人员为例）：工人→生产组组长→生产线经理→部门经理→行政副总裁→总裁。

3. 稳定型

典型特征：依赖组织，寻求稳定，倾向于按组织要求行事，高度的感情安全，不追求新奇和刺激，考虑福利报酬和退休金。成功标准：一种稳定、安全、氛围良好的工作、家庭环境。主要职业领域：教师、医生、研究人员、勤杂人员。典型职业通道（以教师为例）：助教→讲师→副教授→教授。

4. 创造型

典型特征：要求有自主权、管理才能、能施展自己的特殊才能、喜好冒险、力求新的东西、经常转换职业。成功标准：建立或创造某种东西，它们是完全属于自己的杰作。主要职业领域：发明家、风险性投资者、产品开发人员、企业家。典型职业通道：无典型职业路线，极易变换职业或干脆自己单独干。

5. 自主型

典型特征：自主制定自己的步调、时间表、生活方式和习惯，认为组织生活是不自由的、侵犯个人的。成功标准：在工作中得到自由与欢乐。主要职业领域：学者、职业研究人员、手工业者、个体户。典型职业通道：在自由领域中发展自己的个人事业。

总结案例

从 IT 工程师到创业者

李明，原是一名优秀的 IT 工程师，在知名互联网公司工作多年。然而，他内心深处一直有一个创业的梦想。经过深思熟虑，李明决定放弃高薪稳定的工作，投身于自己热爱的智能家居领域。他利用自己的技术背景和行业经验，成功开发出一款受欢迎的智能家居产品，并创立了自己的公司。如今，他的公司已经发展成为行业的领军企业，他本人也成为一位备受瞩目的成功创业者。

分析：这个案例告诉我们，选择适合自己的职业道路至关重要，只有勇敢追求自己的梦想，才能实现真正的成功。

课堂活动

职业选择卡片游戏

一、活动目的

通过职业选择卡片游戏，初步思考你的职业路线。在操作的过程中，能够感受到学生群体的蓬勃的创造力，也能感受到现实职场的剧烈变化和无限可能。

二、活动过程

（1）从已有的游戏卡片中挑出自己喜欢的、自己排斥的职业类别来。

（2）尝试将自己喜欢的职业类别缩小为1～3个。

（3）给自己喜欢和排斥的每个职业加上喜欢和排斥的理由。

（4）将职业本身隐藏掉，只剩下那些正反两方面的理由。

（5）按照这些理由，分两段描述自己期待的职业和自己排斥的职业。

（6）把自己期待的职业与现实尽可能地对应起来，如果确实很难找到自己满意的对应职业，就给自己期待的职业赋予一个新的名称，当作自己的创业理想。

三、活动思考

（1）在职业卡片选择活动中，你对自己的职业路线是否有了初步的规划？

（2）你的理想与现实之间主要的差距是哪些？

（3）怎样才能实现你的职业理想？

四、活动总结

大学应该积极努力实现对人的完整性的探究与创造力的激发，将成就人作为最高尚的事业去追求。作为大学生，需要参照职业路线确定自己的综合成长目标。美国心理学家舒伯（Super，1953）说，职业生涯发展历程是一个人自我发展的历程。也就是说，一个人的职业发展其实是自我与职业环境不断互动、碰撞的过程。我们在从业过程中要不断完善自我，在完善自我的同时给自己创造更多的职业发展机会。

课后思考

（1）结合自己所学的专业，阐述如何将自己的职业发展路径定得较为准确？

（2）结合你所在的地区，调研最受高职生欢迎的行业和岗位是什么？

模块二 探索工作环境

学习指南

每个人都生活在一定的环境中，其成长与发展都与环境息息相关。美国作家托马斯·弗里德曼在《世界是平的》一书中指出：“在我们睡大觉的时候，世界正在发生着惊人的变化。地球是圆的，但世界是平的。世界正在被快速地摊平或铲平，全球化也正在进入继国家全球化、公司全球化之后的全球化3.0时代，即个人全球化时代。”大学生作为未来技能人才的主力军，应当放眼全球、立足国情、扎根乡土、超越自我，这样才能实现个人职业生涯的顺利发展，为国家富强作出自己的贡献。

本模块把职业生涯探索的视角转向对工作环境的分析，帮助同学们不仅认识社会发展与就业形势，而且认识到工作环境是实现职业生涯目标的外部平台，要以积极的心态面对工作环境，利用好这个平台，以多角度、多途径、多种方法与策略获取工作世界的信息并有效管理好这些信息。环境分析是进行成功职业生涯决策的关键一步。

能力标准

分类	具体内容
知识	1. 掌握社会环境探索的含义及意义 2. 了解社会环境中影响职业生涯发展的因素 3. 认识社会环境探索中的关键问题 4. 能够界定微观环境对职业的影响
技能	1. 养成分析社会环境的思维模式 2. 能够应对社会环境的变化 3. 根据个人兴趣发展特长 4. 创造有利于自我职业的外部条件 5. 认识自己的职业发展目标
态度	1. 增强学习的信心和动力 2. 形成乐观的人生态度 3. 具有大局观念

单元 2.1 感知宏观环境

导入案例

张磊的机电之路

张磊，毕业于某职业技术学院的机电工程专业。在校期间，他积极参与各类实践活动，不仅掌握了扎实的专业理论知识，还通过实训课程锻炼了实际操作能力。毕业后，他凭借出色的专业技能和实习经验，顺利进入本地一家知名的机械制造企业。

张磊初入公司时，被分配到生产一线，他虚心向师傅请教，刻苦钻研技术，很快便成为生产线上的技术骨干。他不仅在生产过程中解决了一系列技术难题，还提出了多项改进建议，有效提高了生产效率和产品质量。经过几年的努力，张磊凭借自己的努力和才华，逐渐从一线工人成长为企业的技术管理人员。

分析：张磊的故事，是众多高职生成功就业的缩影，也展现了现代职业教育的成果和魅力。

物竞天择，适者生存。环境是个人职业生涯发展的约束条件和推进动力。只有全盘考量外部环境因素的利与弊，个人的职业定位才会趋于合理和现实。脱离实际的生涯规划只会给个人职业经历带来打击和失望。因此，在制订个人的职业生涯规划时，要及时了解社会动态，准确把握时代脉搏，充分认识外部环境的影响。其中应当着重考虑的因素包括外部环境的特点、环境的发展变化、自己与环境的关系、自己在特定环境中的地位、环境对自己提出的要求和挑战、环境给自己带来的有利条件与不利条件等诸多内容。

一、经济发展环境

经济发展环境包括国家宏观经济和区域经济两个层面。国家宏观经济主要是指一个国家的经济总量及其增长趋势、国民收入、国民生产总值及其变化情况以及通过特定指标能够反映的国民经济发展水平和发展速度。反映国家宏观经济状况的关键要素包括国民生产总值的变化趋势、利率水平、通货膨胀程度及趋势、失业率、居民可支配收入水平、汇率水平等具体指标。区域经济状况主要是指在一定区域内经济发展的状况，主要包括一个地区的经济结构、产业布局、资源状况、经济发展水平以及未来的经济走势等。

经济发展环境包括经济增长率、经济景气度等，是影响职业选择与职业发展的重要因素，高职院校大学生要注意以下因素对职业生涯规划的影响。

（一）经济发展周期

经济发展具有周期性，有经济繁荣期，也有经济萧条期。一般来说，在经济繁荣期，个人职业选择的机会比较多，因而有利于个人职业的发展；相反，在经济萧条期，个人职业选择的机会比较少，个人职业生涯也会受到限制。经济环境的变化还可以使不同的行业此消彼长，产生不平衡的发展。这些都会对大学生职业方向的选择产生重大的影响。

（二）地域经济发展水平的差异

一般来说，经济发达地区的企业数量多，人才需求量大，个体选择职业的机会比较多，有利于个人的职业发展；反之，在经济发展水平较低的地区，企业的数量，尤其是优秀企业的数量比较少，对人才的需求和吸引力都比较弱。大部分高校大学生的第一就业选择都是经济较发达的地区。

（三）当前我国经济形势

我国经济发展的形势对大学生就业的影响很大。国家经济状况的好坏直接影响就业市场的景气程度。经济高速发展的年份，对毕业生的需求量较大，就业形势相对就较好。相反，经济发展如果处于调整时期，毕业生的就业形势就较严峻。大学生可以通过解读公开的经济数据，研判宏观经济的现状特点与发展趋势，预测就业市场的走势。

案例

"一带一路"倡议与就业

"一带一路"倡议进一步提高了我国对外开放的水平，也进一步推进了我国高校毕业生就业工作，同时提出了新的时代要求，并为高校就业工作提供了更多的就业机遇。"一带一路"是"丝绸之路经济带"和"21世纪海上丝绸之路"的简称。"基础设施互联互通"将是高职毕业生的福音，中国的金融、基建承包、电力设备、工程机械、铁路设备、通信设备、物流等行业将需要大批人才，由此带动的相关产业的就业岗位也会大幅增加。跨境电商业务不断扩大，自贸区建设加速，"海淘"范围扩大，同学们可以借此机会大展宏图。

案例

《2023大学生就业力调研报告》核心内容

智联招聘发布的《2023大学生就业力调研报告》核心内容主要包括以下几个方面：

1. 就业去向：报告显示，2023届毕业生选择单位就业的比例从去年的50.4%上升到57.6%，显示出更多的毕业生倾向于直接就业。同时，慢就业的比例也有所上升，从2022年的15.9%增加到18.9%。相反，选择自由职业和国内继续学习的比例均有所下降。

2. 企业规模选择：中型企业仍为毕业生的首选，占比达到48.6%，较2022年上升3.5个百分点。大型企业的吸引力也有所回升，占比25%，较2022年高8.1个百分点。而小微企业的选择比例则有所下降。

3. 期望就业行业：IT/通信/电子/互联网行业依然是毕业生的热门选择，占比达到25%，较2022年小幅回升。汽车/生产/加工/制造行业也受到毕业生的青睐，占比8.1%，较2022年上升2个百分点。与此同时，房地产/建筑和教培行业的占比则进一步收缩。

4. 求职关注点：薪酬福利依然是毕业生求职的首要关注点，占比高达69.3%。此外，工作稳定性也是毕业生关注的重点之一，占比 40.7%，较 2022 年上升 4.5 个百分点。

5. 就业城市选择：一线及新一线城市是毕业生的首选就业地，占比均为 30%。二、三线城市的吸引力相对较弱，分别占比 26.7%和 10.2%。而四线、五线城市的占比则均不足 2%。

此外，报告还指出，高学历、双一流毕业生对经济形势的敏感度更高，他们的单位就业比例提升也更为明显。同时，工学专业的毕业生对技术/研发类岗位的偏好持续提升。在求职过程中，招聘网站成为主流的求职方式，视频面试的普及率在疫情后继续上升。

分析：这份报告全面而详细地反映了 2023 届大学生的就业现状和趋势，为毕业生寻找理想工作、企业寻求合适人才提供了重要的参考。

【职场箴言】

重要的不是环境，而是人对环境作出的反应。

二、政治法律环境

政治法律环境包括一个国家的社会政治制度、政府的方针政策、法律法规体系等。政治法律环境中的政治体制框架、经济管理体制、人才流动的政策导向等内容对于职业选择和职业发展具有重要的影响。大学生应充分掌握国家政治法律环境的动态，如政府公务员招聘政策、工时和休假制度、最低工资的强制性规定、户籍管理制度、人事管理制度和社会保障制度。

（一）我国大学生就业政策的变迁

改革开放以来，我国大学生就业政策经历了从国家调配阶段到市场导向阶段的变迁过程。整个变迁过程反映了从国家力量在大学生就业中占主导性地位到市场力量占主导性地位的转变过程。

（二）就业扶持政策

国家出台了财税、金融、资金补贴等一系列鼓励大学生创业就业的扶持政策，为促进就业公平进行了一系列的制度改革，千方百计拓宽高校毕业生的就业渠道，鼓励毕业生到城乡基层就业、到企业就业；实施大学生创业引领计划，鼓励自主创业；实施离校未就业高校毕业生就业促进计划，帮助未就业毕业生尽快实现就业；实施技能就业专项行动，提升毕业生就业能力。

（三）促进就业的相关服务

人力资源和社会保障部建立了覆盖城乡的公共就业人才服务体系，凡有就业意愿的高校毕业生，均可到各级公共就业人才服务机构办理求职登记，服务机构免费提供就业服务：对有求职意愿的，提供职位信息、政策咨询和就业指导；对有培训意愿的，组织参加职业培训，提升职业技能；对有见习需求的，组织参加就业见习，积累工作经验和实践能力；对有创业意愿的，提供创业培训和创业服务；对就业困难的，提供一对一重点帮扶。同时，落实好相关就业扶持政策。

人力资源和社会保障部还建立了覆盖全国的公共就业信息服务平台，如中国公共招聘网、中国就业网、中国国家人才网、中国人力资源市场网等，为毕业生跨地区求职提供便捷的信息服务。

案例

2024届全国普通高校毕业生就业创业工作视频会议精神

2023年12月5日，教育部、人力资源和社会保障部召开2024届全国普通高校毕业生就业创业工作视频会议，深入贯彻落实习近平总书记重要指示批示精神，落实落细党中央、国务院决策部署，总结工作，分析形势，全面部署做好2024届高校毕业生就业创业工作。教育部党组书记、部长怀进鹏，人力资源和社会保障部党组成员、副部长吴秀章，工业和信息化部党组成员、副部长王江平出席会议并讲话，教育部党组成员、副部长翁铁慧主持会议。

会议指出，2024届高校毕业生规模预计1 179万人，同比增加21万人。各地各高校要进一步提高政治站位，把促进高校毕业生高质量充分就业摆在教育强国建设的战略高度通盘考虑，把做好高校毕业生就业工作作为推动教育评价改革的重要抓手，把优化高校毕业生就业服务作为构建优质均衡基本公共教育服务体系的重大任务，把确保高校毕业生就业大局稳定作为稳就业工作的重中之重，准确把握当前高校毕业生就业工作面临的形势，聚焦关键环节，多措并举促进2024届高校毕业生更加充分更高质量就业。

会议强调，各地各高校要加快推动各项促就业政策落地见效，深化促就业政策宣传落实，强化地方性政策加力提效，优化政策性岗位招录安排。要千方百计拓宽市场化社会化就业新空间，稳住中小企业“主渠道”，唱响基层就业“主旋律”，打好灵活就业和创新创业“组合拳”。要做实做细做优供需高质量对接服务，系统梳理各行业领域人才需求，强化重点领域人才服务，深入开展访企拓岗行动，持续深化“产学研就”融合联动。要强化以就业育人为核心的就业指导帮扶，引导好就业择业观念，开展好职业发展指导，帮扶好困难群体就业，维护好毕业生合法权益。要持续深化以就业状况和社会需求为导向的高等教育供给侧改革，优化高等教育区域布局，推动调整优化学科专业设置，促进供需匹配的人才培养改革，深入开展高校毕业生就业状况跟踪调查。要全面加强对高校毕业生就业工作的组织领导，逐级压实工作责任，夯实工作条件保障，严格就业数据核查，积极营造良好氛围，全力保障2024届高校毕业生就业局势稳定。

会议指出，要拓展民营企业岗位，加大对民营经济支持力度，坚持减负稳岗扩就业，落实各项激励政策，提高民营企业岗位竞争力。要支持自主就业创业，强化灵活就业保障，大力支持创业创新，为毕业生自主就业创业赋能增效。要稳定公共部门岗位，压实工作责任，加快工作推进，鼓励基层就业。要加大见习培训力度，积极提升见习水平和培训质量，提高毕业生就业能力。要优化就业服务质效，高密度组织招聘活动，加快推进就业服务打包办、提速办。要兜牢困难帮扶底线，加大对困难毕业生、农村大学生倾斜力度，集中力量帮扶困难院校，尽最大努力帮扶就业。要维护就业合法权益，严厉打击各类违法违规行为，切实加强招聘行为监管，提升毕业生维权意识，营造公平就业环境。

会议强调，要深入贯彻全国新型工业化推进大会精神，统筹推进传统产业、优势产业、新兴产业和未来产业发展，促进工业经济平稳增长，夯实稳就业基础。要培育更多专精特新中小企业、“小巨人”企业和制造业单项冠军企业，加大力度支持中小企业增加就业吸纳，为高校毕业生提供更多就业选择。要促进人才供需对接，加强重点领域产业人才需求预测，支持建设一批大学生实训基地，为高校开展就业引导和提升学生实践能力提供有力支撑。

【职场箴言】

谁游戏人生，就一事无成；谁不能主宰自己，便永远是一个奴隶。

三、科学技术环境

当前的科学技术环境日新月异，人工智能、大数据、云计算等前沿技术迅猛发展，极大地推动了各行业的创新与变革。人工智能技术的广泛应用，不仅提高了生产效率，也改善了人们的生活质量。同时，新能源、新材料等科技领域的突破，为解决能源危机、环境问题提供了新的可能。全球范围内，科技创新已成为推动经济社会发展的重要动力，各国纷纷加大科技投入，竞争日趋激烈。在这样的环境下，我们需要紧跟科技发展的步伐，不断提升自身的科技创新能力。

案例

人工智能对未来职业的影响

随着人工智能时代的到来，大量“会思考的机器”从执行具体任务的生产线大批进入经济的更多领域，扮演更为多样化的角色。有专家称，未来20年，几乎一半的工作岗位很可能被机器学习所带来的自动化所取代。英国广播公司（BBC）还分析了365个职业在未来的“被淘汰概率”：绝大多数来自第一产业和第二产业的工作都被英国广播公司的研究人员列为高危职业。例如：生产流水线上的工人、瓦匠、园丁、清洁工、司机、木匠、水管工等第一、第二产业工作，被取代的概率为60％～80％。

机器人取代的工作大多是机械性、重复性的，而需要创造力、想象力的工作机器人是无法胜任的。

（一）低取代率工作的职业特点

（1）社交能力、协商能力以及人情练达的艺术。

（2）同情心以及对他人的扶助和关切。

（3）创意和审美。

（二）高取代率工作的职业特点

（1）不需天赋，经由训练即可掌握的技能。

(2) 大量的重复性劳动，每天上班无须过脑，“但手熟尔”。

(3) 工作空间狭小，坐在格子间里，不闻天下事。

随着人工智能的发展，未来很多技能操作型岗位将被取代或改造，劳动力市场对技能人才的素质与能力提出了新的需求。我们必须提前规划未来职场中人们需要的核心素养、核心能力和新的职业技能。

资料来源：许远．未来的职场，职业教育准备好了吗？——兼论职业核心素养对于未来职场的重要性［J］．中国培训，2017（24）．

分析：高职生需要根据环境的变化不断地更新自己的知识结构，适应产业结构的升级改造和社会的科技进步，这样才能成为职场的常胜将军，成为科技时代的弄潮儿。

四、教育文化环境

教育文化环境是一个多维度的概念，是影响人们职业期望、职业态度和职业行为的基本因素，包括一个国家和地区的居民教育程度与文化水平、宗教信仰、风俗习惯、审美观念、价值观念等诸多内容，共同影响着学生的全面发展。

案例

2023 中国职业教育质量年度报告

《2023 中国职业教育质量年度报告》（以下简称《职教年报》）从人才培养、服务贡献、文化传承、国际合作、产教融合等五个方面对 2022 年职业教育改革发展情况进行了客观呈现。

在人才培养方面，2022 年职业学校坚持立德树人、德技并修，以数字化赋能高质量人才培养，将思想政治教育与技术技能培养融合统一，学生成长成才之路更加宽广。3 000 余万职教学子在校“有学头”、技能“有练头”、升学“有渠道”、就业“有质量”。

在服务贡献方面，2022 年面对复杂形势，职业学校深度融入经济、社会、生态等领域，在产业链、人才链、价值链方面精准定位，利用紧贴产业、遍布城乡、聚焦一线的独特优势，凝聚发展合力，为产业转型升级、高质量就业、民生福祉和生态保护作出了不可替代的贡献。

在文化传承方面，2022 年职业学校聚焦高素质技术技能人才、能工巧匠、大国工匠培养，自觉践行工匠精神、劳动精神、劳模精神；大力弘扬红色文化、赓续红色血脉、传承红色基因；坚守中华文化立场，继承和发扬中华优秀传统文化，在工匠精神、红色文化、中华优秀传统文化的传承上发挥了重要作用。

在国际合作方面，2022 年我国发起并成功举办首届世界职业技术教育发展大会，为世界职业教育深化交流合作搭建有效平台。各地立足新发展格局，持续创新国际交流与合作机制，推动职业教育从“单向引进借鉴”逐渐走向“双向共建共享”。职业学校在开拓境外办学品牌、推进中外合作办学项目、实施本土化师资培训、助力“走出去”企业参与国际产能合作、输出中国特色职业教育标准等方面实现新作为，职业教育国际影响力不断提升，为我国职业教育高质量发展提供新的强大动能。

在产教融合方面，2022 年职业学校跳出职教看职教，立足产业办职教，着力推动办学机制由单一模式转向多元互动，产教资源由分工合作转向互融互通，育人模式由同质化培育转向个性化培养，双师评价由学校单方自评转向校企双向认定，助力改革重心由“教育”转向“产教”，人才培养供给侧与产业需求侧的匹配度进一步提高。

《职教年报》也总结了新时代我国职业教育改革面临的三方面挑战：一是办学条件不充分对职业教育高质量发展提出挑战。办学条件是职业教育高质量发展的基础。近年来各级政府虽然增加了职业教育经费投入，改善了办学条件，但职业学校底子薄、历史欠账多，投入总量不足，办学条件总体薄弱，仍然制约职业教育高质量发展。二是数字技术快速发展对职业教育适应性提出新挑战。2022 年，教育部发布了《教师数字素养》教育行业标准，为提升职业学校教师数字化教学能力提供了坚实制度保障。新一代信息技术加速演进、交替突破和科教融汇的迫切要求，对职业教育专业发展、资源建设、学校治理能力提出新挑战。三是人口变动对职业教育未来发展提出新挑战。2022 年末我国总人口 14.117 5 亿，较上年减少 85 万人。人口规模、结构、迁移和红利转型等变动情况对职业教育未来发展提出新的要求和挑战。

中国教育科学研究院职业教育与继续教育研究所所长王新波代表编写组对《职教年报》进行发布。在他看来，《职教年报》第一次真正将中职、高职专科、职教本科三级职业教育质量内容融为一体，系统有序地展现在一本报告之中，同时在内容、形式等方面有诸多创新。《职教年报》首次研制人才培养指数，基于职业教育人才培养投入、过程和成果相关指标数据，采用因子分析法确定指标权重，综合计算得出东部地区、中部和东北地区、西部地区各 50 所人才培养卓越高等职业学校；首次研制发布高等职业教育产教融合指数，聚焦机制创新、要素融合和成果成效，设置 7 个一级指标及 27 个二级指标，遴选出东部地区、中部和东北地区、西部地区各 50 所产教融合卓越高等职业学校；从人才培养、技术服务、社会培训三个维度，遴选出东部地区、中部和东北地区、西部地区各 50 所服务贡献卓越高等职业学校，突出展示了 2022 年高等职业学校在服务社会、服务企业等方面的重要贡献。

五、生态自然环境

生态自然环境是指与人类密切相关的、影响人类生活和生产活动的各种自然力量（物质和能量）或作用的总和。建设生态文明是关系人民福祉、关乎民族未来的大计，是实现中国梦的重要内容。

高职学生应当抓住环境保护的历史性机遇，顺应产业结构优化和经济转型升级趋势，积极关注和参与生态环境保护活动。结合自己的学识专长、兴趣爱好和体能状况，以适当超前的意识发掘环保产业的潜能和力量，践行绿色创业和绿色就业。

案例

2023 年“中国十佳宜居城市”

宜居城市是对城市的多个指标进行评判，重点考察城市生态健康指数、城市安全指数、生活便利指数等 7 个一级指标、48 项二级指标、74 项三级指标。2023 年“中国十大宜居城市”榜单中，上榜的前十个城市分别是：杭州、珠海、大连、三亚、烟台、扬州、宁波、厦门、深圳、成都。不难发现这样一个独特的现象，那便是南方城市居多，海滨城市居多。

六、人口资源环境

人口资源环境包括人口规模、人口增长、人口结构、人口的地理分布等。一切职业活动、职业关系、职业现象和职业问题都同人口发展过程相关。我国人口多、底子薄、资源相对不足、环境容量有限、区域发展不平衡、适龄劳动人群规模庞大，因而解决就业问题仍将是长期而艰巨的任务。

案例

《国家人口发展规划（2016—2030年）》印发

2016年由国务院印发的《国家人口发展规划（2016—2030年）》指出，进入21世纪，我国人口发展的内在动力和外部条件发生了显著改变，出现重要转折性变化。我国全面推行计划生育40多年来，人口过快增长得到有效控制，人口再生产类型实现历史性转变，对资源环境的压力有效缓解，有力促进了经济发展、社会进步和民生改善，为现代化建设提供了重要保障和基础性支撑。

“十二五”时期，人口总量平稳增长，2015年末总人口为13.75亿人；人口结构不断变化。

根据联合国预测，今后较长时期内世界人口将保持上升趋势，人口总量将从2015年的73亿上升到2030年的85亿，2050年接近100亿，发展中国家人口占比继续上升，中国人口占比持续下降。世界多数国家已经或正在步入老龄化社会，中国老龄化水平及增长速度将明显高于世界平均水平。

2015年之后的15年，我国人口发展将进入深度转型阶段，人口自身的安全以及人口与经济、社会等外部系统关系的平衡都将面临不容忽视的问题和挑战。

大学生未来的职业生涯将要面临的人口问题主要有：

（1）老龄社会提前到来。老龄化是全人类面临的共同挑战，我国面临的老龄化形势更加严峻。

（2）人口红利逐渐消失。

（3）人才流动趋于频繁。老龄问题的挑战和人口红利的消失意味着未来的人才竞争将不再依靠数量的扩张，而是注重质量的提升。大学生既要学会做一个“通才”（各种基本能力融会贯通），又要学会做一个“专才”，专业技术水平精益求精。

七、行业环境分析

行业环境分析包括对目前从事或拟从事的目标行业的环境分析，其内容应包括行业发展的基本情况、行业规范及标准、国内外该行业的发展现状、行业的人才结构及需求分析、行业发展的前景等。

（一）行业发展的基本情况

行业基本处于什么发展阶段？行业的发展趋势如何？行业的细分领域有哪些？国内外有代表性的业内公司有哪些？该行业的人才需求状况及趋势怎样？这些问题都需要我们深入分析。在分析行业环境时，一定要结合社会大环境的发展趋势。科学技术的飞速发展，会使某些行业如同夕阳坠落，逐渐萎缩、消亡，也会使许多极具发展前途的朝阳行业不断出现、发展起来。同时还要注意国家政策的影响，要了解国家对某一行业是支持、鼓励和引导，还是限制、控制和制约，要尽量选择那些有前景、发展空间较大的行业。

（二）行业规范及标准

每个行业都有自己的行业标准和规范，这些规范有可能是明示的，也有可能是潜在的；标准有可能是国家制定的标准，也有可能是行业内部的标准。行业的规范及标准代表了该行业的人才准入门槛以及从业人员基本守则，了解了该行业的规范和标准，就为进入该行业铺平了道路。

总结案例

高职生的成功属于有心人

北京信息职业技术学院数字艺术系毕业生陈小昆在校期间对学校开设的设计基础、美术专业基础、效果设计图、电脑设计基础、广告设计、三维动画设计与制作、多媒体设计、电脑绘画等课程进行了认真学习。虽然他不是班里的学习尖子，但他是班里的活跃分子，总是积极参加各种校园活动，提高自己的综合素质和综合能力。怀着毕业后自主创业的梦想，他对学校的职业生涯课和创业指导课尤其感兴趣，在课堂上努力地汲取创业知识，并在社会实践活动中有意识地培养自己的创业能力。

在学校和老师的关心下，在家人的帮助和支持下，他在工商部门注册了一家启动资金为500万元的公司，并成为这家中等规模公司的法人代表，专门从事窗帘布艺、橱柜的批发和销售。创业初期，他雄心勃勃，却屡屡受挫，很多事情想得很好，实施起来却很难，公司有货但接不到订单，好不容易接到订单，又找不到货源。他深深地感受到前所未有的压力，几乎有了打退堂鼓的想法。经过不断反思和总结，他选择了坚持，公司业务逐渐走上正轨。最初公司出售的窗帘盒、橱柜都是别人设计好的，随着业务经验的积累和专业能力的提高，公司也开始向厂家提供自己的设计。目前公司已有10名员工，随着业务量的不断增加，公司也开始盈利。公司的目标是：在5年内业务量增加两倍，经营利润翻番，同时进军装潢领域。

分析：成功离不开前瞻性和创新性。艺术类专业要服务于地区第三产业。“专业素质＋专业技能＋专长＋就业”的一专多能模式，会成为新时期青年人创业、就业成功的范例。陈小昆的成功归功于他个人有独到的择业眼光，把握住了现代装饰业发展的契机，顺势而为。

课堂活动

感知宏观环境变化

一、活动目的

通过研究调查，感知环境变化，提升洞察力；通过信息整理，积累相关资料，了解科技进步；更多地了解社会发展的特点和现实需求。

二、活动过程

(1) 确定三个理想的行业（最好与专业相关）。

(2) 明确想了解的行业信息。

(3) 进行有针对性的信息收集和整理。

(4) 小组活动。归纳整理信息，寻找各行业的特点、需求和发展趋势，对某一行业的各类信息进行分享。

(5) 通过信息的整合和分析，瞄准目标行业，制订发展计划。

(6) 课上交流，教师总结。

注意事项：

(1) 带着问题去搜寻信息，更有针对性。

(2) 计划要具有合理性，更重要的是要按照计划采取积极的行动。

三、活动思考

(1) 行业环境分析在职业生涯规划中有什么作用？

(2) 你的行业选择是否符合个人特点？

(3) 怎样才能稳步进入心仪的行业？

四、活动总结

高职学生在校时就应该全面收集行业发展信息，结合自身特长，规划好即将进入的行业，让自己的职业道路在起步阶段就能步入正轨。

课后思考

通过分析自己家乡的经济社会环境，思考毕业后自己的首选职业是什么？

单元 2.2　感知微观环境

导入案例

仓促创业导致“马失前蹄”

小马毕业于广东某高职院校汽车技术服务与营销专业，由于从小喜欢汽车，他毕业后开始创业，但创业仅两年他就“马失前蹄”，只好“鸣金收兵”。回忆起那段创业经历，小马很是痛苦：付出太多，回报太少，都怪环境分析不到位。

创业之前，小马事先做了一定的准备工作。他先在网上收集了汽车消费品相关的项目资料，然后根据实际情况在本地区做了市场调研，精挑细选可以投资的汽车消费项目，最后决定开办一家汽车饰品店。

考虑到租金问题，小马将店铺选在城乡接合部，地理位置靠近省道。店前道路的车流虽然非常大，但绝大部分是货车，基本不会在这样一个地段停车，不可能成为汽车饰品的潜在买家。小马每天早出晚归，商品也物美价廉。开业第一年，他只能勉强维持，惨淡经营。第二年，房租上涨，成本提高，小马的汽车饰品店开始入不敷出，经营困难，于是他只能关门歇业。

分析：作为一名初出茅庐的大学生，小马的社会阅历毕竟还少，人脉也不广，在创业道路上遇到挫折在所难免。"众人拾柴火焰高"，他不应该单枪匹马闯荡商场，独自承受心理压力。正确的做法是：认真分析微观环境的有利和不利因素，汇聚同学、师长、家人、朋友等众人之力，调动一切可以调动的力量。大学生要耐得住寂寞，按捺住创业的冲动，吸取他人的经验教训，先致力于积累物质、经济、人际关系和心理方面的基础，等条件成熟时再实施自己的创业计划。

除了宏观环境外，社会环境还包括微观环境。社会微观环境即社会小环境，是指个人所在的企业、学校、社区、家族关系、交际圈子等较小的环境。这些微小的社会环境因素对个人的职业生涯有着直接或间接的影响，作用于个人具体的社会活动范围，影响着个人职业岗位的选择和人生的发展轨迹，从而决定了个人职业生涯的具体际遇。

微观环境分析一般包括企业环境、学校环境、院系环境、家庭环境和人际关系五个方面的分析。

一、企业环境

有些大学毕业生会遇到幸福的烦恼：拿到好几家企业的"offer"，不知该如何取舍。显然，这些大学生对所应聘的企业缺乏深入了解。企业组织环境对个人的职业生涯有直接的影响，所有的职场人士都处于企业的小环境之中，个体的成长与企业的发展息息相关。企业环境分析包括以下方面。

（一）企业的性质

企业是行业的末级组织。粗略来说，我国企业按所有制可以分为国企、外企和民企。不同所有制的企业无论是在人才需求方面还是在薪酬待遇方面都有所不同。

（二）企业的发展阶段

对于初创和成长期的企业来说，企业规模小，人员少，工作职责界限比较模糊，更需要具备跨专业技能和综合素质高的复合型人才，看重人才的开拓精神、工作热情和学习能力。相比较而言，这类企业会降低对专业教育背景的要求；处于发展稳定期的企业，对规范化管理的要求越来越高，职位的专业化加强，这时候企业需要更多的专业人才和管理人才，对专业人才的教育背景的要求也大为增加。

（三）企业文化

企业文化是全体员工在长期的生产经营活动中形成并共同遵循的最高目标、价值标准、基本信念和行为规范。企业文化是影响企业经营效益的重要因素，往往会左右一个员工的职业生涯。

案例

“精”和“简”——苹果公司企业文化的精华

史蒂夫·乔布斯创立的苹果公司以科技创新闻名于世，其核心业务为电子科技消费产品。2011年，苹果公司成为全球市值最大的公司，是世界最大的高新科技企业之一。追求“精”和“简”的极致是苹果公司企业文化的精华。

苹果公司在产品的设计上注重“精”和“简”。苹果推出的知名产品有Apple Ⅱ、Macbook笔记本电脑、iPod音乐播放器、iTunes商店、iMac一体机、iPhone手机和iPad平板电脑等。几乎每一款产品都注重细节，追求完美，以人为本，带给客户新的体验，引领着时代的潮流。

苹果公司在人才的使用上也强调“精”和“简”。乔布斯相信由顶尖人才所组成的一个小团队能够运转巨大的“转盘”。乔布斯把他的许多时间和精力放在寻找优秀的人才和激发人才的创造力上，最大限度地调动员工的积极性和创造性。

分析：苹果公司能有今天的成就与很多因素有关，其中极其重要的一个因素就是崇尚“精”和“简”的企业文化。正是这样的企业文化，使员工自觉或不自觉地接受共同的信念和价值观，激发出自己的最大潜能。员工一方面要适应这种企业文化，另一方面也会在这种企业文化中成长。

（四）企业制度

企业员工的职业发展，归根到底要靠企业的管理制度来保障，其中包含合理的培训制度、晋升制度、绩效考核制度、奖惩制度、薪酬制度等。企业价值观、企业经营哲学也只有渗透到制度中，才能使制度得到切实贯彻和执行。在没有制度或者制度不合理、不到位的企业中，员工的职业发展就难以实现。

（五）企业实力

企业实力主要包括财力、生产能力、技术水平、管理水平、销售能力等。在激烈的市场竞争中，不一定是最大、最强的企业才能生存，而是适者生存，即只有适应环境变化、适应发展趋势的企业才能生存。

（六）领导魅力

企业的文化和管理风格与其领导的素质及价值观有直接的关系，企业经营哲学往往就是企业家的价值观。企业主要领导的抱负及能力是企业发展的关键因素。优秀的管理者善于倾听员工的心声，能够贯彻以人为本的思想，恰当地引导和激励员工，从而促进企业的良性循环。

总之，通过企业环境分析，梳理出一条清晰的线索，确定自己的职业生涯在这个企业中有没有足够的发展空间，衡量自己的目标能够在该企业得以实现的可能性。企业环境因素的探讨可以分为管理型特征因素（静态因素）和发展型特征因素（动态因素），具体可以参照企业探索因素表（见表2-1）。

表2-1　企业探索因素表

探索因素	具体项目	说明
管理型特征因素	企业类型	国企、民企、外企等
	组织架构	企业的部门构成及相互关系
	组织文化	企业在其发展过程中形成的共同价值观、行为准则等
	人员结构	企业员工的性别结构、年龄结构、学历结构等
	人员流动	企业人员流动率以及造成人员流动的主要原因等
	新手状况	企业新进员工的发展现状等
发展型特征因素	主管部门及所属行业	企业的上级部门或主管部门、企业所属行业的背景
	业务范围	从事的业务或服务
	发展阶段	企业前身、成立时间等
	发展规模	企业的员工人数、有无分公司、经营状况等
	业内排行	企业在同行业内的地位

二、学校环境

学校环境是指个体所在学校的教学特色与专业优势、课程设置、社会影响力等。其中办学理念是学校的灵魂，它包括学校的办学宗旨、办学目标、办学策略，具体表现在校训、校风、校规、校歌、建校原则、办学宗旨、育人取向、培养目标、育人途径、学风建设、教师形象、校园文化、工作重心等方面。先进的办学理念对内是凝聚力、向心力，对外是核心竞争力和品牌效应。高职院校面对严峻的就业形势和高等教育的扩招压力，应当内外兼修，突出办学特色。

三、院系环境

高职院校一般采用院系二级管理模式，专业建设、教学活动、学生管理、就业指导、社会实践等具体项目主要通过院系开展实施。大学生在院系学习时，首先要提升综合素质。在学习基础知识和职业技能的过程中，逐渐培养强烈的事业心和高度的责任感，树立正确的世界观、人生观、价值观。其次，要注重对专业技能的培养。过硬的技能是就业的利器。

四、家庭环境

家庭是指在婚姻关系、血缘关系或收养关系基础上构成的社会生活单位。家庭作为一个人生活成长的小环境，对大学生生涯规划、未来职业选择有着重要的影响。家庭状况同一个人的职业生涯有着紧密的联系，在很大程度上会影响一个人的职业生涯规划和未来职业选择。具体来说，家庭对大学生的影响主要有家庭期望、家庭需要和家庭支持等。

案例

机械工程专业的金领毕业生

北京工业职业学院机械工程专业学生周小卫，品学兼优，一直致力于提高专业技能。他相信“三百六十行，行行出状元，我会成为这一行里的状元”。三年在校学习期间，他全心投入自己的专业学习，三年后，他实现了自己的梦想。他参加了全国机械工程类技能竞赛并且取得高职组比赛的第三名。他在大赛上的表现，让众多企业想将他纳入麾下。很多企业为了邀请他去工作，给予他年薪 20 万元的优厚待遇。

周小卫最终选择了一家位于北京市门头沟区的机械集团企业，担任主任工程师。有人感叹，高职生也能成为工资待遇超过白领的金领。小周在给师弟的微信答复中如此解释自己的成功：“我从大一开始就积极和本专业的骨干教师一起做科技创新项目，不仅提高了技能，还结识了很多行业内的大师，这些都是我日后成功的指路人。有了指路人，我的职业方向更加明确。”

分析：小周的成功并非偶然。面对京津冀协同发展的区域环境，他选择一所专业特色突出的职业院校开始自己的学业生涯，最终通过自己的努力成功跨出了职业生涯的第一步。

五、人际关系

人际交往是指社会中人与人之间传递信息、沟通思想与交流情感的活动过程。人际关系就是人们在各种人际交往过程中形成的彼此之间较为稳定的心理关系。大学生人际交往的特点是讲求平等、富于理想、注重精神、独立意识强、情感色彩浓、开放程度高。

卡耐基曾经说过：“一个人的成功只有 15%是靠他的专业能力，而 85%要靠人际关系和他为人处世的能力。”人际关系是重要的就业资源，对职业生涯的影响是多方面的，是发现机遇和把握机遇必须考虑的因素，丰富的人际关系和广泛的合作圈子对大学生未来事业的发展有着极为重要的作用。家人、亲戚、朋友、伙伴、师长、学长、同学、同事、邻里、老乡都是等待大学生发掘的一座座人际关系的“金矿”。

案例

“人脉”从何而来

小李毕业于山西某职业技术学院会计专业，在一家广告公司从事会计工作。由于感觉工作枯燥乏味，她萌生了创业梦想，打算开一家专门销售母婴用品的亲子店。但朋友的一些疑问让她清醒了不少：创业的资金如何筹集？商品的货源如何组织？店面的营销如何开展？小李按捺不住心头的冲动，悄悄地开始准备。

首先，处理好同事关系。她在公司里总是积极参加团队活动和轮岗项目，短时间内在几个不同的部门里接受锻炼，在新的岗位上结识了新的同事，既提高了工作技能，又展示了自己的性格特质。

其次，收集整理信息。她从市场部和客服部收集了公司客户的信息，并将其划分为三类：第一类是母婴用品行业；第二类是金融服务行业；第三类是媒体行业。小李根据创业思路设计出详细方案，将名片分配到创业流程的各个环节，与潜在的合作伙伴建立联系。

最后，进行情感投资。小李开始经营人脉关系，不吝时间和精力陪伴朋友，如约人吃饭、一同打球、郊外野营、组织旅游、听音乐会。朋友们都把她当成可以信任的伙伴，一起分享喜怒哀乐，也愿意为她提供力所能及的帮助。

万事俱备后，小李在两年后正式辞职下海经商。她从一个金融界的朋友那里筹集到了第一笔资金，通过一个从事房地产工作的同学在市区选定了店面，母婴用品行业的渠道保证了货源畅通，通过媒体方面的关系推出了版面广告。在众人的帮助下，小李的亲子店生意日渐红火，事业很快就走上了正轨。

分析：俗话说："一个篱笆三个桩，一个好汉三个帮。"人脉越广，路子越宽，事情就越好办。在建立人脉的过程中，"互惠"有助于自己建立正面的人脉，没有长期以来对朋友的坦诚相待和曾经的雪中送炭，也就没有日后朋友在自己需要帮助时伸出援手。本例中，小李积极拓展人脉资源，最终依靠人脉走向成功的做法值得借鉴。

六、工作环境探索的途径

感知和了解宏观和微观的环境，对于大学生的就业决策有着非常重要的作用。认知工作环境的途径有很多，不同途径得到的信息有不同的特点，可由近至远地探索。所谓近和远，是以信息的提供源与使用者的接收距离来区分的。通常近的信息比较丰富，也较容易获得，远的信息需要更多的投入与努力才能得到，往往也更为深入。由近至远地探索信息是一个逐渐缩小信息范围、加深了解的过程。

具体来说，工作环境探索的主要途径有以下几个方面。

（一）网络系统

在互联网时代，职业信息的发布与收集同样离不开网络。越来越多的网站开始提供丰富的职业信息内容，充分利用媒介搜索信息非常重要。如职业搜搜（www. jobsoso. com）、智联招聘（http：//www. zhaopin. com）、中华英才（http：//www. chinahr. com/）等招聘网站以及各大公司的网站提供了海量的职业信息。目前，微信公众号也逐渐成为网民获取职业资讯的重要渠道。

（二）刊物和视听媒体

我国最权威的职业信息来源当属《中华人民共和国职业分类大典》；图书、报纸和杂志，如《职业》《中国大学生就业》《成才与就业》等，也是职业信息的重要来源，它们包含大量企业内各种职位的信息，还能提供行业信息和各地劳动力市场的信息。此外，电视等视听媒体的视听资料也能提供很多职业信息。

（三）个人的直接经验

大学生参与真实的职业活动，亲身体验工作环境，也是了解职业信息最直接、最有效的方法。

（四）他人的间接经验

他人的间接经验对于缺乏工作经验和社会阅历的大学生来说，是进行职业探索和职业环境认知的重要活动。

七、探索工作环境的信息处理与利用

无论是内部环境的探索还是社会环境的探索，求职者都会从不同角度获得众多信息。这些信息应该怎么利用呢？

（一）信息的筛选与分析

（1）掌握重点。信息可以全面收集，但在比较筛选之后，应把重点信息选出、标明并注意留存，一般信息则仅作参考。

（2）善于对比。当求职者从不同的渠道收集到大量的需求信息后，可用对比鉴别的办法，确定其对自己的用处。

（3）不耻“下”问。当求职者收集到一些需求信息后，可以顺藤摸瓜，继续探索下去，以不断深入。

（4）了解透彻。对于重要的信息要寻根究底，求职者务求了解透彻，不能一知半解，要全面掌握情况，全面了解信息的中心内容。

（5）避免盲从。获取信息以后，求职者不能一味盲从，那种认为“亲友告诉的信息一定可靠”“报刊上传播的信息肯定没问题”的观点是不可取的。信息未经筛选，就不能轻率地作出选择，这样往往会错失良机或决策失误。

（6）适合自己。一切信息都要对照衡量一下，看是否适合自己。

（二）信息的利用

（1）正确选择。必须能在较短的时间内查阅大量信息，以便从中迅速发现最有用、最重要的那些信息。

（2）善于开拓。信息的价值往往不是直观的，必须经过思考、验证。

（3）迅速反馈。有些信息有很强的时效性，如实习招聘信息等。这些信息及时用之是财富，过期不用是垃圾。当求职者收集到广泛的信息并加以分析处理后，应尽早决断并向用人单位反馈信息。

（4）求职者在了解职业信息的同时，必须与自身兴趣、能力、价值观、行为风格相对照，根据职业信息的要求及时调整自己的知识、技能结构，提高自己的工作能力，弥补原来的不足，同时评估各项选择是否适合自己，若发现自己哪方面知识不足，就主动去学习。

（5）求职者要充分利用“利好因素”。所谓“利好因素”，是指社会环境中有利于大学生职业发展的积极的社会环境因素。

（6）主动应对社会环境变化。求职者要以积极的心态面对现实环境，要以客观、理性的态度面对不断变化的社会，根据实际情况调整并适应社会。

【职场箴言】

没有一帆风顺的人生，也没有坐享其成的生活。所以，当我们独自航行在人生的大海上时，每时每刻都应做好准备，即使遭遇狂风、大浪、暴雨、烈日，也应毫不畏惧。

总结案例

“工匠精神”引领的职场新星

李明，青岛工程职业学院模具设计与制造专业毕业生，现为某知名制造业企业的技术骨干。在校期间，他深受身边优秀师生榜样的影响，立志成为一名具备“工匠精神”的新时代工匠。

在校期间，李明积极参与各类技能竞赛，不仅锻炼了自身的专业技能，更培养了精益求精、追求卓越的精神。他所在的团队在多次省级、国家级技能竞赛中取得优异成绩，李明个人也荣获了“优秀选手”称号。

毕业后，李明进入某知名制造业企业工作，他深知自己肩负的责任和使命，始终保持着对工作的热爱和专注。他积极参与企业的技术创新和产品研发工作，通过不断学习和实践，迅速成长为企业的技术骨干。

在工作中，李明充分发挥自己的专业优势和创新精神，不断提出新的设计思路和解决方案，为企业解决了许多技术难题。他的工作成果得到了企业的高度认可和赞誉，他也因此荣获了“优秀员工”“技术创新能手”等荣誉称号。

分析：李明在校期间受到榜样的激励和熏陶，他深刻理解了“工匠精神”的内涵和价值，并以此引领自己作出适合自己的人生规划，不断提升自己的专业技能和综合素质，为企业和社会做出更大的贡献。

课堂活动

家族职业树

一、活动目的

通过分析家族资源，了解你探索职业世界的优势。

二、活动过程

画出你的家族职业树（见图 2－1），并回答以下问题：

（1）我家族中最多人从事的职业是：______________________________

（2）我想要从事这种职业吗？为什么？______________________________

（3）父亲如何形容他的职业？父亲平时会提到哪些职业？他是怎么说的？

____

（4）父亲的想法对我的影响是：______________________________

（5）母亲如何形容她的职业？母亲平时会提到哪些职业？她是怎么说的？

____

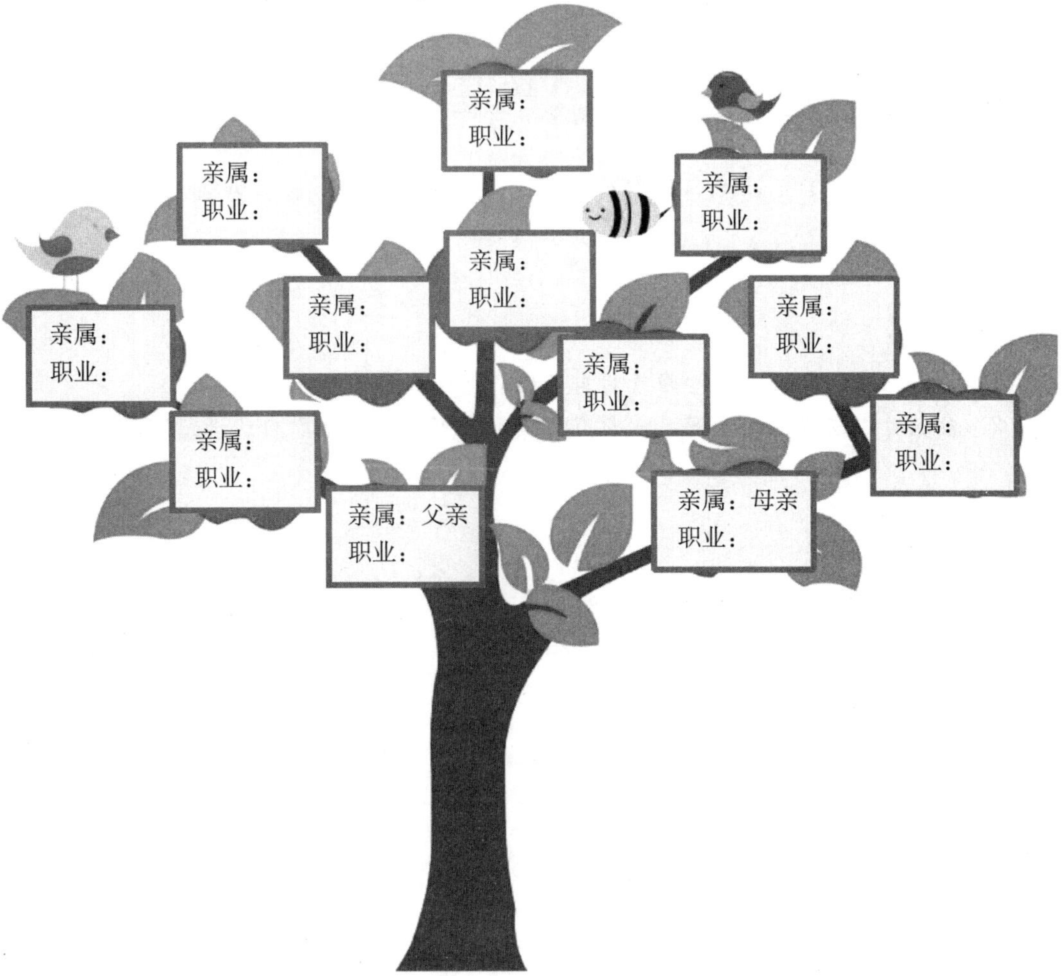

图 2-1　家族职业树

(6) 母亲的想法对我的影响是：________

(7) 家族中还有谁对职业的想法令我印象深刻？他们是怎么说的？

____

(8) 家族中对彼此职业感到满意或羡慕的是：________

(9) 家族中彼此羡慕的职业是：________

(10) 对他们的想法，我觉得：________

(11) 我觉得家人对我未来选择职业的影响是：________

(12) 我的家人最常提到有关职业的事是：________

(13) 哪些职业是我绝不考虑的：________

(14) 哪些职业是我有所考虑的：________

(15) 选择职业时，我还重视的条件有：________

三、活动讨论

（1）你在绘制家族职业树之前与之后的职业规划有什么变化？

（2）你的职业理想与现实资源之间如何实现统一？

（3）怎样才能稳步实现你的职业规划？

四、总结

大学生应该善于利用社会资源，例如亲属关系、校友网络等，找到有利于自己的职业发展道路。

课后思考

（1）你的家庭环境中，哪些因素对自己的职业选择有影响？

（2）盘点自己校园内的资源，看看有哪些资源可以用来帮助自己进行职业生涯规划。

模块三　正确认识自我

学习指南

人们的性格是各具特色的，如果在职业选择中，我们能够遵循人职匹配原则，做到人适其事、事宜其人，选择“性之所近、力之所能”的岗位，相信每一种性格的人都能成功。

职业规划是一个“由内而外”的过程。人们要能正确认识自己。基本方法包括：能够使用霍兰德模型对自己的兴趣进行分类，确认自己的兴趣类型；能够利用性格理论探索自己的性格，了解自己的性格特征，从而初步找到自己理想的工作方式；能正确理解能力与职业的关系，在职业规划的过程中重视对个人能力的认识和培养；认识到价值观对个人职业选择和发展的影响。

能力标准

分类	具体内容
知识	1. 能够说明自我认知的概念 2. 能够感悟自我认知的重要性 3. 能够列举三种自我探索的方法 4. 了解兴趣的概念和分类 5. 了解兴趣与职业发展的关系 6. 能够明确能力的概念
技能	1. 运用霍兰德的职业兴趣理论探索个人职业兴趣 2. 分析不同性格与职业之间的关系 3. 运用 MBTI 测试探索个人职业性格 4. 运用测评工具和个人经历估算个人职业能力 5. 用职业价值观指导自身的职业生涯发展
态度	1. 形成职业价值观 2. 形成进取的职业态度 3. 具有适度的幸福感和自尊感 4. 具有自我效能感

单元 3.1　启动自我探索

导入案例

职校学子“逆袭”入职清华：“从入行数控，我的人生就找到坐标”

广州职业院校走出来的学生陈振航，最高学历仅是大专，却“逆袭”入职清华，成为学校先进制造学部的一名成员，不仅辅导清华研究生进行数控实验，参与重要课题研究，还凭借强大实操技能成功攻关高难度精密称重零部件制造。他凭什么能获清华青睐？

2013 年中考放榜，陈振航无缘理想高中，选择广州市轻工职业学校入读，成为数控铣方向的一名学生。一年后，他在学校选拔中脱颖而出，成功当上竞赛选手。

入校两年后，陈振航在广州市中等职业学校的机械类数控铣技能竞赛中勇夺一等奖第一名。此后，他在各类比赛中愈战愈勇。作为第 44 届世界技能大赛广州市选拔赛唯一一名中职生，陈振航取得第 4 名的好成绩，并成功闯入第 44 届世界技能大赛广东省选拔赛。在“3＋2”办学模式下，陈振航顺利通过转段考试，考入广州铁路职业技术学院。

2017 年，凭借着丰富的数控竞赛经验以及具有全面运作三轴、四轴、五轴数控加工设备的经验与能力，陈振航脱颖而出，成功“逆袭”，被清华大学深圳国际研究生院先进制造学部录取。进入清华实验室后，陈振航继续发挥他的技能优势，担任清华大学实验室的研究员，指导和辅助清华大学的研究生进行数控实验，并参与一些重要的课题研究。

分析：“故知之始己，自知而后知人也。”做人最大的智慧就是能够正确认识自己，为自己树立正确的目标，在不断努力中，实现自我，超越自我，形成新的自我，创造属于自己的辉煌，享受美好人生。

一、自我认知的概念和内涵

（一）概念

自我认知就是从个人职业发展角度对自我进行分析、研究，明确个人的职业发展方向，获得自我价值认同。它是个体进行职业决策的重要前提，可以从兴趣、性格、能力、价值观等几个维度进行探索。通过自我认知找到自己的潜在优势，洞察劣势，并进行有针对性的训练，认真规划自己的职业生涯，作出最佳的职业选择。

（二）内涵

自我认知有以下四个维度：

（1）兴趣：是解决问题的意愿与动机。

（2）性格：是基因与心智成长共同作用的产物。

（3）能力：是合适的人生发展保障。

（4）价值观：是意义的创造与表达。

上述四个维度之间的关系如图 3－1 所示，它们整合成一个完整的独特的个体，即"自我"，在职业选择中共同起作用。其中价值观是核心，性格是关键，兴趣和能力是两个重要的辅助因素。

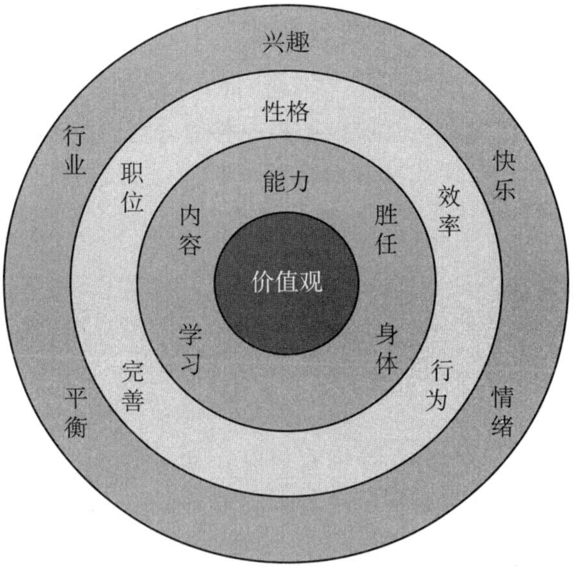

图 3－1　自我认知四个维度之间的关系

自我探索是一个持续不断的过程，一个终身的过程。每个新发生的生活事件、经历等，都会使我们在兴趣、能力、价值观等方面增加新的经验和体会，从而对我们的职业生涯的发展产生影响。所以我们应该用终身发展的观点来对待自己的职业生涯。

【职场箴言】

认识自己，方能认识人生。——苏格拉底

每个人身上都有太阳，主要是如何让它发光。——苏格拉底

二、自我认知的重要性

在做重大决策的时候，不要让别人来帮助自己做决策，或者追逐着社会的热点走，要根据自己的实际情况去选择专业、职业，积极主动地进行自我探索，从而形成客观的自我认知。

（一）自我认知是自信的源泉和依据

我们在自己的生活经历和所处的社会境遇中，能否客观地认识自我、评价自我，从而正确地塑造自我形象，把握自我发展，培养积极的自我意识，将在很大程度上影响或决定着我们的前程。每个人都是独特的，都有自己的优势与不足，只有全面客观地认识自我，才能自主充分地接纳自我，进而树立自信心。

（二）自我认知是职业生涯规划的基础和起点

在职业生涯规划中，认识自我就是要明白：我适合干什么——个人特质；我喜欢干什么——职业兴趣；我最看重什么——职业价值观；我能够干什么——职业能力。

（三）自我认知有利于提升职业满意度

自我认知可以让我们在入职前认真考虑自身的各种因素，选择自己满意的职业。人生就是一连串选择的过程，每个人都应该选择一种适合自己的生活方式与职业。俗话说：“男怕入错行，女怕嫁错郎。”现代社会众多男女都在经营着自己的职业，因此男女都怕入错行。

三、自我认知的方法

自我认知的方法有很多，下面是一些经常用到的方法。

（一）内省法

内省法又称“自省法”。曾子曰：“吾日三省吾身。”说的就是内省法。内省法是指个体通过对自己一些成长经历的回顾，发现自己的职业兴趣、能力特点。

（二）他人比较法

“夫以铜为镜，可以正衣冠；以古为镜，可以知兴替；以人为镜，可以明得失。”一个人可以从自身与他人能力和条件的比较中进行自我认知。经常思考自己与他人的差距，有利于深入认识自我。

（三）橱窗分析法

橱窗分析法是自我认知的一个重要方法，是一种借助于直角坐标系的不同象限来表示人的不同部分的分析方法。坐标的横轴正向表示别人知道，负向表示别人不知道；纵轴正向表示自己知道，负向表示自己不知道，具体如图 3－2 所示。

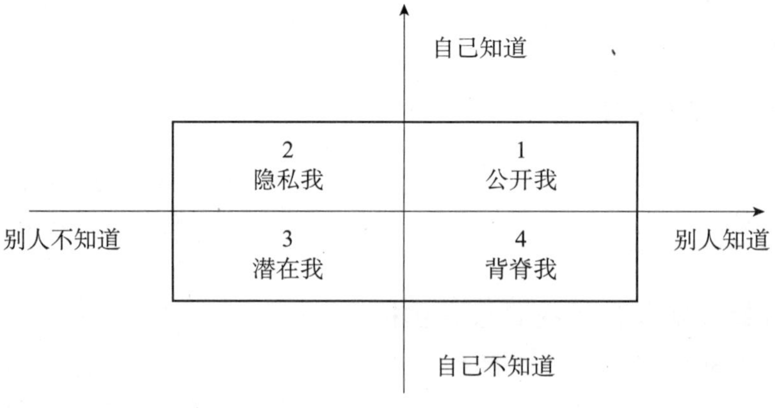

图 3－2　橱窗分析法

通过橱窗分析法进行自我认知，能帮助个体有意识地探索“潜在我”和“背脊我”

的内容。对于“潜在我”的探索，需要个体积极主动地探索新的领域、尝试新的行动。对于“背脊我”，个体只要能够虚心诚恳、真心实意地征询他人的意见和看法，多与家人、朋友、同事等开展交流，就能够了解“背脊我”的部分。

（四）360°评估法

360°评估法源自人力资源管理中的绩效考核方法。例如，可以通过表3－1所示的360°评估法用表测试一下自己，然后相互交流一下结论，看评价是否客观。

表3－1　360°评估法用表

评价人群	优点	缺点
自我评价		
家人评价		
朋友评价		
同学评价		
老师评价		
结论		

（五）成就回顾法

成就回顾法是指自己通过在学习、生活、社会实践、人际交往、文娱、体育等各个方面所取得的成绩来认知自我，获得关于自己兴趣、能力、意志、价值观等方面的信息。

（六）职业测评法

这是大学生在进行自我认知时最常用的方法。优点是能够在较短的时间内了解个人某方面的特点。学校的就业指导中心和一些专业的人才机构、网站都会提供评估个人性格、兴趣、价值观和能力的标准化测试。

（七）专业咨询法

专业咨询法就是寻找心理咨询方面的专业人士或职业指导师提供专业咨询，这也是一种常用的认知自我的方法。大学的就业指导中心、心理咨询中心都可以提供这方面的咨询。

总结案例

落在主球上的苍蝇

1965年9月7日，世界撞球冠军争夺赛在美国纽约隆重举行。刘易斯的得分一路领先，只要再得几分就可稳拿世界冠军。

突然，他见一只苍蝇落在白球上，便挥手将苍蝇赶走了。可是，当刘易斯俯身击球时，那只讨厌的苍蝇又飞回到了白球上，他只好再一次起身挥走苍蝇。然而，就在刘易斯再次俯身击球时，苍蝇第三次落到了白球上，观众不由得哄堂大笑。就在观众的笑声中，他的情绪一下子坏了起来。而且更为糟糕的是，苍蝇好像是有意跟他作对，他一回到球台，就又飞回到白球上来，周围的观众更是笑得前俯后仰。刘易斯的情绪也坏到了极点，顿时失去理智，愤怒地用球杆去击打苍蝇。球杆碰动了白球，裁判判他击球，他因此失去了一轮机会，这使得刘易斯方寸大乱，连连失利，而他的对手约翰·迪瑞则愈战愈勇，赶上并超过了他，最终夺走了世界冠军。

第二天早上，人们在河里发现了刘易斯的尸体，他投河自尽了！一只小小的苍蝇，居然把所向无敌的世界冠军击倒！这是一场不该发生的悲剧，这不得不引起人们的震惊和反思。本来，刘易斯完全可以采取另一种做法，也就是击你的球，那一切将是另外一种结果。

分析：你要战胜的是你自己，永远不要夸大其他客观因素。在迷茫和困惑中，能够正确认识自己，知道自己的目标和愿景，一直保持着前进的方向，努力向前。当你的白球飞速奔向既定目标时，那只苍蝇还站得住吗？它肯定不赶自走，飞得无影无踪。

课堂活动

好汉重提当年勇

一、活动目的

通过回顾自己过去的成就，更加准确地认识自己的优点和缺点。

二、活动过程

（1）请同学们回忆自己过去取得的成就，或者是比较成功的事情，包括兼职、学习成绩、商业活动、社会活动、课外活动、领导、人际关系、艺术、运动、协作、研究、社团、家庭、旅游、爱好等方面。

（2）请写出这些成功的经历，越详细越好。

1）______________________________

2）______________________________

3）______________________________

（3）对自己的答案进行分析。

（4）班级内分享。

三、活动思考

成就回顾在职业生涯规划中可起到什么作用？

四、活动总结

成就回顾可以让人获得自信和满足，也能让人更清楚自己喜欢的职业与工作，发现自己的优势。但这种做法对于无实际职场经验的人来说，可能会出现偏差。

课后思考

（1）运用本单元的方法，指出自己和别人在自我认知方面存在的差异。

（2）根据自我认知的结果，规划毕业季的求职行动。

单元 3.2　探索职业兴趣

导入案例

迷茫的小王

小王，女，大二，某职业院校健康管理专业。小王爱好运动健身，性格热情开朗。与她沟通之际，她说，觉得自己的人生很迷茫，不了解所学专业未来的就业前景，对所学专业失去兴趣。她热爱健身，想把兴趣当成职业，又怕自己将兴趣当成职业不如专业的人那么精通。与此同时，她感觉专科学历未来没有出路，看着身边的同学们都转本，于是也一心想提升学历。面对着这些困惑，内心迷茫，犹豫不定。

分析：只要找到了路，就不怕路远，解决迷茫最好的方式就是进行生涯规划。在专业和兴趣之间摇摆，缺少决断力和规划性是目前很多学生存在的弊端。我们要观察行业现状，了解目前的行业动能与未来动能，抓准机会能力，做好未来发展赛道的规划。

所做的事自己喜欢与否，直接影响未来职业发展过程中的幸福指数。大学生要清楚地知道：那些自己所喜欢和爱好做的事情，实际操作起来未必就是自己的专长；现实中有许多我们必须要做好的事情，也未必就在自己的兴趣和爱好的范围内。对此，我们必须主动、积极地应对。

一、兴趣及其作用

（一）兴趣和职业兴趣

兴趣是人们力求认识某种事物或从事某项活动的心理倾向，具有稳定、主动、持久等特征，表现为人们对某种事物、活动给予优先注意，并带有积极的情绪色彩。

职业兴趣是人们追求某种职业或从事某种职业的个性取向。拥有职业兴趣能够增加一个人的职业满意度。预测个人职业选择最好的方法就是询问这个人自己想做什么。

（二）兴趣的分类

1. 直接兴趣和间接兴趣

所谓直接兴趣，是指对认识事物或从事活动本身有兴趣；所谓间接兴趣，是指对认识事物或从事活动的结果有兴趣。在工作过程中，这两种兴趣都是必要的。如果缺乏直接兴趣，会使工作成为一种沉重的负担；如果没有间接兴趣，又会丧失工作的目标和恒心。

2. 具体兴趣和深层结构兴趣

（1）具体兴趣是指可以观察到的兴趣。一种具体兴趣对应一种或几种职业。

（2）深层结构兴趣是指排除社会、时尚、家人、朋友、功利等影响因素之后，一个人对世界的兴趣点。

案例

茶圣陆羽

唐朝著名学者陆羽，从小是个孤儿，被丢弃于芦苇丛中。后来被龙盖寺的高僧智积禅师抚养。陆羽 10 多岁的时候，智积禅师希望他熟读佛经、剃度出家、皈依佛门，但他不愿意终日诵经念佛，执意要下山求学，这遭到了禅师的反对。禅师为了好好地教育他，便叫他学习冲茶。在学习冲茶的过程中，陆羽不仅学会了冲茶的技巧，还渐渐地爱上了茶。陆羽 21 岁时，决心写一本囊括天下所有的茶的书，将茶的好坏优劣统统记载下来，分类管理。之后，陆羽用了十多年的时间先后考察了唐朝的 32 个州，用五年的时间完成《茶经》的初稿，之后又花费大量的时间先后修订，整整用了 26 年得以完成。从此，陆羽因撰写《茶经》而闻名于世，成为一名对中国茶文化的发展具有深远影响的“茶圣”。

分析：通过对自己兴趣的认知，可以引导我们过滤掉无关紧要的需求，从而发现自己内在的真正需求。陆羽的成功在于他对自我兴趣的认知，把自己感兴趣的事情作为职业目标，从而激发了职业行动，最终取得成功。

（三）兴趣的三个发展阶段

从兴趣的发生和发展看，一般要经历这样一个过程：有趣→乐趣→志趣。

1. 有趣

有趣是兴趣过程的第一阶段，也是兴趣发展的低级阶段，往往易起易落，转瞬即逝，非常不稳定。处于这一阶段的兴趣常与人们对某一事物的新奇感相联系，新奇感消失，兴趣也会自然逝去。

2. 乐趣

第二阶段为乐趣，乐趣又被称为爱好。它是在有趣定向发展的基础上形成的，是兴趣发展的中级水平。

3. 志趣

当乐趣同一个人的社会责任感、理想、奋斗目标结合起来时，便会转化为志趣。它是兴趣发展的高级水平。志趣是取得成就的根本动力，是成功的重要保证，具有社会性、自觉性和方向性三个特点。

【职场箴言】

哪里没有兴趣，哪里就没有记忆。——歌德

成功的秘诀在于兴趣。——杨振宁

案例

一份来自哈佛的研究报告

1960—1980 年，哈佛商学院对 1 500 名毕业生进行了研究，一开始将这些学生分成两组：第一组，计划先赚钱，然后做自己想做的事，共 1 245 人，占 83%；第二组，先追求自己真正的兴趣，这些人认为以后财源自然会滚滚而来，共 255 人，占 17%。20 年后，两组共诞生 101 位百万富翁，其中，1 人属于第一组，100 人属于第二组。

分析：兴趣可以激励人更好地从事某种职业。如果一个人对其所从事的工作有浓厚的兴趣，他就有坚持下去且为之努力的动力，这也揭示了为什么人们常说“兴趣是最好的老师”。

（四）发挥兴趣的影响作用

兴趣是人认识某种事物或从事某项活动时的心理倾向。一般来说，兴趣对于人的一生具有很大的作用。

1. 兴趣可以开发智力

兴趣是一种强大的精神力量，可以使人集中精力去获得知识，并创造性地开展工作。

2. 兴趣可提高人的工作效率

一个人对某一工作有兴趣时，即便是枯燥的工作，也是趣味无穷的。兴趣可以让工作是一种享受。兴趣可以调动一个人的全部精力，使其以敏锐的观察力、高度集中的注意力、深刻的思维和丰富的想象投入工作，从而有助于工作效率的提高。

3. 兴趣是行动的动力

找到了自己最感兴趣的工作，就等于踏上了通向成功的道路。美籍华裔物理学家丁肇中说过：“兴趣比天才重要。”对一个人来说，对工作感兴趣，就有钻劲，就会出成就。这就是兴趣的作用之所在。

二、兴趣类型及相适应的职业

可以根据职业的种类进行分类，这样就出现了职业兴趣类型。不同的职业需要不同的兴趣特征。《加拿大职业分类词典》分析了兴趣类型、特点与适宜从事的职业，具体见表 3－2。

表 3－2　10 种兴趣类型的特点及适宜从事的职业

序号	兴趣类型	特点	适宜从事的职业
1	喜欢与具体事物打交道	喜欢接触工具、器具和数字，不喜欢与人打交道。希望能很快看到自己的劳动成果，并从完成的产品中得到满足	制图员、修理工、裁缝、木匠、建筑工、出纳员、会计、勘测人员、工程技术人员、机器制造人员等
2	喜欢与人打交道	喜欢与人交往，一般对销售、采访、传递信息一类的工作感兴趣	记者、推销员、营业员、服务员、教师、行政管理人员、外交联络人员等
3	喜欢与文字打交道	喜欢有规律的活动，习惯在预先安排的程序中工作，愿意干有规律的工作	邮件分类员、办公室职员、图书管理员、档案整理员、打字员、统计员
4	喜欢从事农业、生物、化学类工作	喜欢生物、化工方面的实验性活动	农业技术员、饲养员、化验员、制药工、菜农

续表

序号	兴趣类型	特点	适宜从事的职业
5	喜欢从事社会福利和帮助人的工作	喜欢帮助别人解决困难，这类人乐于助人，试图改善他人状况，为他人排忧解难	律师、咨询人员、科技推广人员、教师、医生、护士
6	喜欢做组织和管理工作	喜欢掌管一些事情，以发挥重要作用，希望受到众人尊敬和获得声望，愿做组织管理工作	各级各类组织管理者，如行政人员、企业管理干部、学校领导和辅导员等
7	喜欢研究人的行为和心理	喜欢涉及人的话题，对个人的行为举止和心理状态感兴趣	研究人、管理人的工作，如心理学、政治学、人类学、人事管理、思想政治教育等研究工作者，以及教育工作者、经济管理工作者、社会科学工作者、作家等
8	喜欢从事科学技术工作	喜欢通过逻辑推理、理论分析、独立思考和实验去发现和解决问题，对分析、推理、测试活动感兴趣，善于理论分析，喜欢独立地解决问题，也喜欢通过实验有新发现	生物、化学、工程学、自然科学工作者和工程技术人员等
9	喜欢从事有想象力和创造力的工作	大都喜欢独立的工作，对自己的学识和才能非常自信，乐于解决抽象的问题，而且乐于了解周围的世界	社会调查员、经济分析员、各类科学研究工作者、演员、画家等
10	喜欢从事操作机器的技术性工作	对运用一定技术操作各种机械、制造产品感兴趣	飞行员、驾驶员、机械制造人员、建筑工人、石油和煤炭开采人员等

三、霍兰德的职业兴趣理论

美国著名职业指导专家霍兰德（John Henry Holland），于 1959 年提出了具有广泛社会影响的职业兴趣理论。该理论认为，职业选择是个人兴趣的延伸和表现；每一个特定兴趣类型的人，会对相应的职业类型中的工作或学习感兴趣；个人的兴趣与工作环境之间的适配与对应，是职业满意度、职业稳定性与职业成就的基础。

霍兰德将职业兴趣分为六种基本类型，具体如图 3－3 所示。

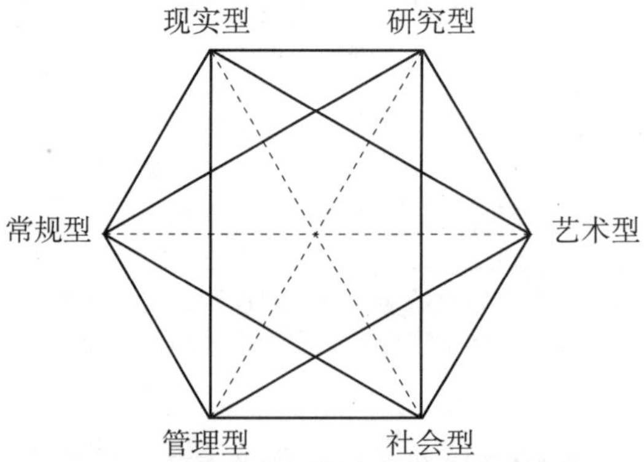

图 3－3　霍兰德职业兴趣的六种基本类型

现实型（R）：这类人习惯于发现目标、创造目标。其特点是遵守纪律、喜欢安定、感情较为贫乏、洞察力不够敏锐。他们喜欢操纵工具、机器，能适应客观自然和具有明确任务的环境，重视物质的实际收益。这类人比较适合从事有明确要求和需要一定技能技巧、能按一定程序进行的工作，如农业、机械、电子技术、采矿等行业。

社会型（S）：这类人乐于助人、惯于交际、容易合作、重视友谊、责任心强。他们适合要求理解、缓和他人行为的环境。他们对那些为他人直接服务、为别人谋福利、与他人建立和发展各种关系的职业一往情深，如教育、咨询、医疗等行业。

研究型（I）：这类人好奇心强、强调分析和反省。他们乐于选择观念革新、具有开拓性的生产环境。他们喜欢需要观察和科学分析的创造性活动与需要探索精神的工作项目，如科研、创作、计算机编程等行业。

艺术型（A）：这类人具有丰富的想象力，有理想、好激动、善于创新。他们精于利用情感、直觉与想象来开创艺术形式或创造艺术作品。他们习惯从事非系统的、自由的、要求利用感情和直觉来欣赏、领会或创造艺术形式的行业，如美工、作曲、影视、文学创作等。

管理型（E）：这类人具有高度热忱和冒险精神，他们自信、交友广泛、精力旺盛、善于表达自己的意见。管理、生产销售、政治、外交等方面的职业比较适合他们。

常规型（C）：这类人顺从，具有良好自我控制能力，但缺乏想象力。他们喜欢稳定、有秩序的工作环境。他们适合从事对众多信息进行加工和整理的工作，如办事员、仓库管理员、会计等。

大多数人都并非只有一种性向（倾向性或适应性），比如，一个人的性向中很有可能同时包含着社会性向、现实性向和研究性向。霍兰德认为，一个人的这些性向越相似，相容性越强，则他在选择职业时所面临的内在冲突和犹豫就会越少。

【职场箴言】

人生最困难的事情就是认识自己。——特莱斯

四、挖掘个人职业兴趣

找到自己的兴趣点，也就回答了职业生涯规划的第一个基本问题，即“我到底想干什么?”常见的职业兴趣测验还有：库德测验、霍兰德测验、ACT 测验等。

以下给出一个包含 90 道题目的问卷，请你根据自己的真实情况对这些陈述进行评价，符合实际情况在相应的题目前打“√”，否则打“×”，不要漏答。

（　　）1. 强壮而敏捷的身体对我很重要。
（　　）2. 我必须彻底地了解事情的真相。
（　　）3. 我的心情受音乐、色彩和美丽事物的影响极大。
（　　）4. 和他人的关系丰富了我的生命，并使它有意义。
（　　）5. 我相信自己会成功。
（　　）6. 我做事必须有清楚的指引。

（　）7. 我擅长自己制作、修理东西。
（　）8. 我可以花很长的时间去想通事情的道理。
（　）9. 我重视美丽的环境。
（　）10. 我愿意花时间帮别人解决个人危机。
（　）11. 我喜欢竞争。
（　）12. 我在开始实施一个计划前会花很多时间去计划。
（　）13. 我喜欢使用双手做事。
（　）14. 探索新构思使我满意。
（　）15. 我希望寻求新方法来发挥我的创造力。
（　）16. 我认为能把自己的焦虑让别人分担是很重要的。
（　）17. 成为群体中的关键任务执行者对我很重要。
（　）18. 我对于自己能重视工作中的所有细节而感到骄傲。
（　）19. 我不在乎工作时把手弄脏。
（　）20. 我认为教育是一个发展及磨炼脑力的终身学习过程。
（　）21. 我喜欢非正式的穿着，尝试新颜色和款式。
（　）22. 我常能体会到某人想要和他人沟通的需要。
（　）23. 我喜欢帮助别人不断改进。
（　）24. 我在决策时，通常不愿冒险。
（　）25. 我喜欢购买小零件，做成成品。
（　）26. 有时我长时间阅读、玩拼图游戏、冥想生命本质。
（　）27. 我有很强的想象力。
（　）28. 我喜欢帮助别人发挥天赋和才能。
（　）29. 我喜欢监督事情直至完工。
（　）30. 如果面对一个新情境，我会在事前做充分的准备。
（　）31. 我喜欢独立完成一项任务。
（　）32. 我渴望阅读或思考任何可以引发我好奇心的东西。
（　）33. 我喜欢尝试创新的概念。
（　）34. 如果我和别人有摩擦，我会不断尝试化干戈为玉帛。
（　）35. 要成功就必须定高目标。
（　）36. 我喜欢为重大决策负责。
（　）37. 我喜欢直言不讳，不喜欢拐弯抹角。
（　）38. 我在解决问题前，必须对问题进行彻底分析。
（　）39. 我喜欢重新布置我的环境，使它们与众不同。
（　）40. 我经常借着和别人交谈来解决自己的问题。
（　）41. 我常想起草一个计划，而由别人完成细节。
（　）42. 准时对我来说非常重要。
（　）43. 从事户外活动令我神清气爽。
（　）44. 我不断地问：为什么？
（　）45. 我喜欢自己的工作，它能够表达我的情绪和感觉。
（　）46. 我喜欢通过帮助别人找到和他人相互关注的办法。
（　）47. 能够参与重大决策是一件令人兴奋的事情。
（　）48. 我经常保持清洁，喜欢有条不紊。

( ) 49. 我喜欢周边环境简单而实际。
( ) 50. 我会不断地思索一个问题，直到找到答案为止。
( ) 51. 大自然的美会深深地触动我的灵魂。
( ) 52. 亲密的人际关系对我很重要。
( ) 53. 升迁和进步对我极重要。
( ) 54. 当我把每日工作计划好时，我会较有安全感。
( ) 55. 我不害怕过重的工作负担，且知道工作的重点。
( ) 56. 我喜欢能使我思考、给我新观念的书。
( ) 57. 我希望能看到艺术表演、戏剧及好的电影。
( ) 58. 我对别人的情绪低潮相当敏感。
( ) 59. 能影响别人使我感到兴奋。
( ) 60. 当我答应一件事情时，我会尽力监督所有细节。
( ) 61. 我希望粗重的肢体劳动，不会伤害任何人。
( ) 62. 我希望能学习所有使我感兴趣的科目。
( ) 63. 我希望能做些与众不同的事。
( ) 64. 我对别人的困难乐于伸出援手。
( ) 65. 我愿意冒一点险以求进步。
( ) 66. 当我遵循成规时，我感到安全。
( ) 67. 我选车时，最先注意的是好的引擎。
( ) 68. 我喜欢能刺激我思考的话。
( ) 69. 当我从事创造性的工作时，我会忘掉一切旧经验。
( ) 70. 我对社会上有许多人需要帮助比较关注。
( ) 71. 说服别人依计划行事是件有趣的事情。
( ) 72. 我擅长检查细节。
( ) 73. 我通常知道如何应对紧急事件。
( ) 74. 阅读新发现的书是件令人兴奋的事情。
( ) 75. 我喜欢美丽、不平凡的东西。
( ) 76. 我经常关心孤独、不友善的人。
( ) 77. 我喜欢讨价还价。
( ) 78. 我花钱时小心翼翼。
( ) 79. 我用运动来保持身体的强壮。
( ) 80. 我经常对大自然的奥秘感到好奇。
( ) 81. 尝试不平凡的新事物是件相当有趣的事情。
( ) 82. 当别人向我诉说他的困难时，我是一个好听众。
( ) 83. 做事失败了，我会再接再厉。
( ) 84. 我需要确切地知道别人对我的要求是什么。
( ) 85. 我喜欢把东西拆开，看看能否修理它们。
( ) 86. 我喜欢研读所有的事实，然后有逻辑地作出决定。
( ) 87. 没有美丽事物的生活，对我而言是不可思议的。
( ) 88. 人们经常告诉我他们的问题。
( ) 89. 我常能借着资讯网络和别人取得联系。
( ) 90. 小心谨慎地完成一件事会让人有成就感。

评分办法：表 3－3 的数字代表上述测验中的题号。

表 3-3 评分办法

现实型（R）	1	7	13	19	25	31	37	43	49	55	61	67	73	79	85
研究型（I）	2	8	14	20	26	32	38	44	50	56	62	68	74	80	86
艺术型（A）	3	9	15	21	27	33	39	45	51	57	63	69	75	81	87
社会型（S）	4	10	16	22	28	34	40	46	52	58	64	70	76	82	88
企业型（E）	5	11	17	23	29	35	41	47	53	59	65	71	77	83	89
传统型（C）	6	12	18	24	30	36	42	48	54	60	66	72	78	84	90

请算出每种类型打“√”的数目，并填在下面：

现实型____；研究型____；艺术型____；社会型____；企业型____；传统型____。

将上述数目从高到低依次排好，并填在下面：

第一位____；第二位____；第三位____；第四位____；第五位____；第六位____。

根据以上的探索和测试结果，对照表 3-4 中的霍兰德职业代码，就可以找出与自己职业兴趣类型相符的职业。

表 3-4 霍兰德职业代码

职业代码		对应的职业
现实型(R)	RIA	牙科医师、制陶工、建筑设计师、模型工、细木工
	RIS	厨师、林务员、跳水员、潜水员、染色员、电器修理工、眼镜制作工、电工、纺织机器装配工、服务员、装玻璃工人、发电厂工人、焊接工
	RIE	建筑和桥梁工程人员、环境工程人员、航空工程人员、公路工程人员、电力工程人员、信号工程人员、电话工程人员、一般机械工程人员、自动工程人员、矿业工程人员、海洋工程人员、交通工程技术人员、制图员、家政人员、计量员、农民、农场工人、农业机械操作人员、清洁工、无线电修理工、汽车修理工、手表修理工、管工、线路装配工、仓库管理员
	RIC	船上工作人员、接待员、牙医助手、磨坊工、石匠、机器制造人员、机车（火车头）制造人员、农业机器装配工、汽车装配工、缝纫机装配工、钟表装配和检验人员、电动器具装配工、鞋匠、锁匠、货物检验员、电梯机修工、托儿所所长、钢琴调音员、装配工、印刷工、建筑工人、钢铁工人、卡车司机
	RAI	手工雕刻工、玻璃雕刻工、制作模型人员、木工、制作皮革品人员、手工绣花人员、手工钩针纺织工、排字工、印刷工、图画雕刻工、装订工
	RSE	消防员、交通巡警、警察、门卫、理发师、房间清洁工、屠夫、锻工、开凿工人、管道安装工、出租汽车驾驶员、货物搬运工、送报员、勘探员、娱乐场所的服务员、起卸机操作工、灭害虫者、电梯操作工、厨房助手
	RSI	纺织工、编织工、农业学校教师、某些职业课程教师（诸如艺术、商业、技术、工艺课程）
	REC	抄水表员、保姆、实验室动物饲养员、动物管理员
	REI	轮船船长、航海领航员、大副、试管实验员
	RES	旅馆服务员、家畜饲养员、渔民、渔网修补工、水手长、收割机操作工、搬运行李工人、公园服务员、救生员、火车工程技术员、建筑工、铺轨工人

续表

职业代码		对应的职业
现实型(R)	RCI	测量员、勘测员、仪表操作者、农业工程技术员、化学工程技师、民用工程技师、石油工程技师、资料室管理员、探矿工、煅烧工、烧窑工、矿工、保养工、磨床工、样品检验员、纺纱工、炮手、漂洗工、电焊工、锯木工、刨床工、制帽工、手工缝纫工、油漆工、染色工、按摩工、木匠、电影放映员、勘测员助手
	RCS	公共汽车驾驶员、一等水手、游泳池服务员、裁缝、建筑工、烟囱修建工、混凝土工、电话修理工、爆炸手、邮递员、矿工、裱糊工人、纺纱工
	RCE	打井工、吊车驾驶员、农场工人、邮件分类员、铲车司机、拖拉机司机
研究型(I)	IAS	普通经济学家、农场经济学家、财政经济学家、国际贸易经济学家、实验心理学家、工程心理学家、心理学家、哲学家、内科医生、数学家
	IAR	人类学家、天文学家、化学家、物理学家、动物标本剥制者、艺术品管理者
	ISE	营养学家、饮食顾问、火灾检查员、邮政服务检查员
	ISC	侦察员、电视播音室修理员、电视修理服务员、验尸室人员、编目录者、医学实验室技师、调查研究者
	ISR	水生生物学者、昆虫学者、微生物学家、配镜师、矫正视力者、细菌学家、牙科医生、骨科医生
	ISA	实验心理学家、普通心理学家、发展心理学家、教育心理学家、社会心理学家、临床心理学家、目标学家、皮肤病学家、精神病学家、妇产科医师、眼科医生、五官科医生、医学实验室技术专家、民航医务人员、护士
	IES	细菌学家、生理学家、化学专家、地质专家、地理物理学专家、纺织技术专家、医院药剂师、工业药剂师、药房营业员
	IEC	档案保管员、保险统计员
	ICR	质量检验技术员、地质学技师、工程师、法官、图书馆技术辅导员、计算机操作员、医院听诊员、家禽检查员
	IRA	地理学家、地质学家、声学物理学家、矿物学家、古生物学家、石油学家、地震学家、声学物理学家、原子和分子物理学家、电学和磁学物理学家、气象学家、设计审核员、人口统计学家、数学统计学家、外科医生、城市规划家、气象员
	IRS	流体物理学家、物理海洋学家、农业科学家、动物学家、食品科学家、园艺学家、植物学家、细菌学家、解剖学家、动物病理学家、作物病理学家、药物学家、生物化学家、生物物理学家、细胞生物学家、临床化学家、遗传学家、分子生物学家、质量控制工程师、地理学家、兽医、放射性治疗技师
	IRE	化验员、化学工程师、纺织工程师、食品技师、渔业技术专家、材料和测试工程师、电气工程师、土木工程师、航空工程师、行政官员、冶金专家、原子核工程师、陶瓷工程师、地质工程师、电力工程师、口腔科医生、牙科医生
	IRC	飞机领航员、飞行员、物理实验室技师、文献检查员、农业技术专家、动植物技术专家、生物技师、油管检查员、工商业规划者、矿藏安全检查员、纺织品检验员、照相机修理者、工程技术员、程序员、工具设计者、仪器维修工

续表

职业代码		对应的职业
传统型(C)	CRI	簿记员、会计、记时员、铸造机操作工、打字员、按键操作工
	CRS	仓库保管员、档案管理员、缝纫工、讲述员、收款员
	CRE	标价员、实验室工作者、广告管理员、自动打字机操作员、电动机装配工、缝纫机操作工
	CIS	记账员、顾客服务员、报刊发行员、土地测量员、保险公司职员、会计师、估价员、邮政检查员、外贸检查员
	CIE	打字员、统计员、支票记录员、订货员、校对员、办公室工作人员
	CIR	校对员、工程职员、检修计划员
	CSE	接待员、通信员、电话接线员、卖票员、旅馆服务员、私人职员、商学教师、旅游办事员
	CSR	货运代理商、铁路职员、交通检查员、办公室通信员、簿记员、出纳、银行职员
	CSA	秘书、图书管理员、办公室办事员
	CER	邮递员、数据处理员、办公室办事员
	CEI	推销员、经济分析家
	CES	银行会计、记账员、速记员
企业型(E)	ECI	银行行长、审计员、信用管理员、地产管理员、商业管理员
	ECS	信用办事员、保险人员、各类进货员、海关服务经理、售货员、购买员、会计
	ERI	建筑物管理员、工业工程师、农场管理员、护士长、农业经营管理人员
	ERS	仓库管理员、房屋管理员、货栈监督管理员
	ERC	邮政局长、渔船船长、机械操作领班、木工领班、瓦工领班、驾驶员领班
	EIR	科学、技术和有关刊物的管理员
	EIC	专利代理人、鉴定人、运输服务检查员、安全检查员、废品收购人员
	EIS	警官、侦察员、交通检验员、安全咨询员、合同管理者、商人
	EAS	法官、律师、公证人
	EAR	展览室管理员、舞台管理员、播音员、驯兽员
	ESC	理发师、裁判员、政府行政管理员、财政管理员、工程管理员、职业病防治人员、售货员、商场经理、办公室主任、人事负责人、调度员
	ESR	家具售货员、书店营业员、公共汽车的驾驶员、日用品售货员、护士长、自然科学和工程的行政领导
	ESI	博物馆管理员、图书管理员、古迹管理员、饮食业经理、地区安全服务管理员、技术服务咨询者、超级市场管理员、零售店店员、批发商、出租车服务站调度
	ESA	博物馆馆长、报刊管理员、音乐器材售货员、导游、（轮船或班机上的）事务长、飞机上的服务员、船员、法官、律师

续表

职业代码		对应的职业
艺术型(A)	ASE	戏剧导演、舞蹈教师、广告撰稿人、报刊专栏作者、记者、演员、英语翻译
	ASI	音乐教师、乐器教师、美术教师、管弦乐指挥、合唱队指挥、歌星、演奏家、哲学家、作家、广告经理、时装模特
	AER	新闻摄影师、电视摄影师、艺术指导、录音指导、丑角演员、魔术师、木偶戏演员、跳水员
	AEI	音乐指挥、舞台指导、电影导演
	AES	流行歌手、舞蹈演员、电影导演、广播节目主持人、舞蹈教师、口技表演者、喜剧演员、模特
	AIS	画家、剧作家、编辑、评论家、时装艺术大师、新闻摄影师、男演员、文学作者
	AIE	花匠、皮衣设计师、工业产品设计师、剪影艺术家、复制雕刻品大师
	AIR	建筑师、画家、摄影师、绘图员、环境美化工、雕刻家、包装设计师、陶器设计师、绣花工、漫画工
社会型(S)	SEC	社会活动家、退伍军人服务官员、工（商）会事务代表、教育咨询者、宿舍管理员、旅馆经理、饮食服务管理员
	SER	体育教练
	SEI	大学校长、学院院长、医院行政管理员、历史学家、职业学校教师、资料员
	SEA	娱乐活动管理员、国外服务办事员、社会服务助理、一般咨询者、宗教教育工作者
	SCE	部长助理、福利机构职员、生产协调人、环境卫生管理人员、戏院经理、餐馆经理、售票员
	SRI	外科医师助手、医院服务人员
	SRE	体育教师、职业病治疗者、体育教练、专业运动员、房管员、儿童家庭教师、警察、引座员、传达员、保姆
	SRC	护理员、护理助理、医院勤杂工、理发师、学校儿童服务人员
	SIA	社会学家、心理咨询者、学校心理学家、政治科学家、大学或学院的教育学教师、大学农业教师、大学工程和建筑课程的教师、大学法律教师、大学数学教师、大学医学教师、大学物理教师、大学社会科学教师、大学生命科学教师、研究生助教、成人教育教师
	SIE	营养学家、饮食学家、海关检查员、安全检查员、税务稽查员
	SIC	描图员、兽医助手、诊所助理、体检检查员、监督缓刑犯的工作者、娱乐指导者、咨询人员、社会科学教师
	SIR	理疗员、救护队工作人员、手足病医生、职业病治疗助手

总结案例

追梦人

北京信息职业技术学院交通工程系学生小张满怀激情、始终坚持自己的梦想，毕业后在自己热爱的汽车行业持续努力，收获了职业生涯的第一份高分答卷。

毕业时，他选择东风日产东风南方三合专营店，先分配到机修车间，冬季的北京很冷，车间里没有暖气，刚入职老做错事，与师傅的交流也不顺畅，实际工作与自己的期望产生了落差，但他没有打退堂鼓，一直坚持下去。在销售轮岗期间，他认真积极的工作态度得到了单位领导的肯定。任职售后服务部服务顾问后，获得首届东风南方标准化大赛全国季军、服务技能大赛华北区第一名、“年度优秀员工”称号。其后，他屡受提拔，被任命为车间主任、定保中心经理等职。

分析：兴趣是成功的奠基石。“汽车专业背景＋持续努力”，最终使小张成为一名金牌汽车经理人。他的成功说明兴趣是事业发展的持久动力，只要在自己热爱的行业中坚持下去，任何困难都阻止不了追梦人前进的步伐。

课堂活动

岛屿度假计划

一、活动目的

通过岛屿度假计划，体验职业兴趣与职业发展的关系，初步规划职业路线。

二、活动过程

（1）假如你获得一次免费度假的机会，可以去表 3－5 所示的 6 个岛屿中的一个旅游，唯一的要求是你必须在这个岛上待满半年的时间。请不要考虑其他因素，按照自己的喜欢程度选出你最想前往的岛屿。

表 3－5　岛屿名称及说明

岛屿名称	说明
A 岛：美丽浪漫的岛屿	岛上遍布着美术馆、音乐厅，弥漫着浓厚的文化艺术气息。同时，当地的原住民还保留了传统的舞蹈、音乐与绘画，许多文艺界的朋友都喜欢来这里寻找灵感
I 岛：沉思冥想的岛屿	岛上人迹较少，建筑物多僻处一隅，视野开阔，适合夜观星象。岛上有多处天文馆、科博馆以及科学图书馆等。岛上的居民喜好沉思、追求真知，喜欢和来自各地的哲学家、科学家、心理学家等交流心得
C 岛：现代化气息浓郁的岛屿	岛上的建筑物十分现代化，是进步的都市形态，以完善的户政管理、地政管理、金融管理见长。岛上的居民个性冷静保守，处事有条不紊，善于组织规划，细心高效
R 岛：自然原始的岛屿	岛上保留有热带的原始植物，自然生态保持得很好，也有相当规模的动物园、植物园、水族馆。岛上的居民以手工见长，自己种植瓜果蔬菜、修缮房屋、打造器物、制作工具，喜欢户外运动
S 岛：温暖友善的岛屿	岛上的居民个性温和、十分友善、乐于助人，社区自成一个密切互动的服务网络，人们互助合作、重视教育、关怀他人，充满着人文气息
E 岛：显赫富庶的岛屿	岛上的居民热情豪爽，善于企业经营和贸易。岛上的经济高度发展，处处是高级饭店、俱乐部、高尔夫球场。来往者多是企业家、经理人、政治家、律师等，财富论坛和其他行业峰会曾多次在这里召开

（2）按自己选择的岛屿分组就座。

(3) 同一岛屿的人交流一下：自己为什么选择这个岛屿，看看大家有什么共同的兴趣爱好，归纳为关键词。

(4) 根据大家的交流给自己的小组命名，并选取一个标志物和 LOGO 标识，在白纸上制作一张本小组的宣传海报。

(5) 每个小组请一位同学用 2 分钟时间展示自己小组的宣传海报并在全班介绍一下本小组成员的共同特点。

三、活动思考

(1) 在选择度假岛屿的活动中，你对自己的职业兴趣是否有了初步的认识？

(2) 你的理想岛屿适合什么职业岗位的人度假？

(3) 怎样才能发挥你的职业兴趣？

课后思考

(1) 结合自己所学的专业，阐述如何将职业兴趣与职业发展结合起来？

(2) 结合你所知道的成功校友事迹，分析他们的职业兴趣是什么？

单元 3.3　探索职业性格

导入案例

小云的烦恼

小云从小就不喜欢热闹。别的小朋友嘻嘻哈哈地玩在一块儿的时候，她就静静地坐在旁边看，或者自己躲在一边安静地看书、玩自己的游戏。

小云特别羡慕班上的小丽同学，因为小丽和谁都自来熟。她不敢像小丽那样主动去交新朋友。和同学们在一起的时候，小云大多数时间是“听众”。通常情况下，她不会主动发表自己的看法。小云还有一些烦恼，就是她觉得自己的想象力不如别人，鉴赏课上，别人可以捕捉到画外的意义，而她看到的只是画面上的实际情况而已；在她觉得明明是一件很合理的事情，到了别人那里又不按常理去理解；和同学组织一次活动，她做了很久的详细计划，还不如人家最后一分钟的决定。

对此，你怎么看待小云的烦恼呢？

分析：每个人都有自己独特的性格特点，性格不分好坏，如果能够找到一个适合的环境，让个体在其中发挥自己的长处和优势，用己所长，就能让自己发挥出最大的作用，所以我们要了解自己的性格类型，让自己能够更好地扬长避短，甚至变短为长，不断地理解和完善自我。

一、职业性格与求职择业

什么样性格的人适合从事什么样的职业。在职业选择上，性格和职业相匹配，能够提高人的职业幸福感，这也是近年来许多用人单位在招聘时增加性格测试这一项目的原因。

（一）性格的概念

性格是一个人在对现实的稳定态度和习惯化了的行为方式中所表现出来的个性心理特征。人的性格特点主要表现在态度、意志、情绪、理智四个方面。

（二）职业性格

职业性格是指人们从事某种职业后，因为职业需求或者对该职业从业普遍要求所形成的较为固定的性格要素集合。如果一个人的性格能和职业性格相匹配，无疑是一件幸福的事情；反之，对从业者来说就是一种“折磨”。

【职场箴言】

每个人都有他隐藏的才华，和别人的才华不同，它使人具有自己的气味。

二、性格类型与职业偏好

迄今为止，MBTI是最常使用的性格评价工具。性格类型的概念是由瑞士的精神分析家卡尔·G. 荣格于1920年在他的《心理学类型》中提出来的。

MBTI性格类型理论把人的性格分为四个维度，每个维度有两个方面，共计八个方面，分别是：

（1）精神关注的方向：外向（E）、内向（I）。

（2）收集信息的方式：感觉（S）、直觉（N）。

（3）决策的方式：思维（T）、情感（F）。

（4）行事方式：判断（J）、知觉（P）。

由MBTI的四个维度和每个维度的两个方面，一共可以组成16种性格类型，具体如表3－6所示。

表3－6　MBTI人格理论的16种人格类型的职业偏好、可能适应的职业环境类型

性格类型	职业偏好	可能适应的职业环境类型
ISTJ （内向/感觉/思维/判断）	会计/办公室管理；工程师；警察/法律工作；生产、建设、保健	注重事实和结果 提供安全结构和顺序 能保持稳定的情绪
ISTP （内向/感觉/思维/知觉）	科研、机械、修理；农业；工程师和科学技术	注重迅速解决问题 目标和行动取向 不受规律限制 着眼于眼前的经历
ESTP （外向/感觉/思维/知觉）	市场销售、工程和技术；信用调查、健康技术；建筑、生产、娱乐	注重第一手经验 工作具有灵活性 及时满足需要，技术取向

续表

性格类型	职业偏好	可能适应的职业环境类型
ESTJ （外向/感觉/思维/判断）	商业管理、银行、金融；建筑生产、教育、技术、服务	注重正确、高效地做事 任务取向、注重组织结构 提供稳定性和可预知性
ISFJ （内向/感觉/情感/判断）	保健员、教学/图书馆工作；办公室管理、个人服务、文书管理	看重有条理的任务 注重安全与隐私 结构清晰、有效率、安静、服务取向
ISFP （内向/感觉/情感/知觉）	机械和维修、工厂操作、饮食服务、办公室工作、家务工作	善于合作、喜爱自己的工作 允许有自己的私人空间 灵活、具有审美能力、谦恭
ESFP （外向/感觉/情感/知觉）	保健服务、销售工作/设计交通工作、管理工作、机械操作、办公室工作	注重现实、行动取向 活泼、精力充沛、适应性强、和谐 以人为本、舒适的工作环境
ESFJ （外向/感觉/情感/判断）	保健服务、接待员、销售；看护孩子、家务工作	喜欢帮助他人 目标明确的人和组织 气氛友好的、善于欣赏的
INFJ （内向/直觉/情感/判断）	宗教工作、教学/图书馆工作；媒体专家；社会服务、研究和发展	关注人类的思想和心理健康 协调、安静、有组织的 有情感、喜欢有反省的时间和空间
INFP （内向/直觉/情感/知觉）	咨询、教学、文学、艺术；戏剧、科学、心理学；写作、新闻工作室	关注他人的价值 合作的氛围 允许有思考的时间和空间 灵活、安静、不官僚
ENFP （外向/直觉/情感/知觉）	教学、咨询、宗教工作；广告、销售、艺术、戏剧；音乐	关注潜能、丰富多彩、积极参与的氛围 活泼的、不受限制的 提供变化和挑战、积极进取
ENFJ （外向/直觉/情感/判断）	销售、艺术家、演艺人员；宗教工作、咨询；教学、保健	愿意为帮助他人而改变 社会化的、和谐的 有秩序、以人为本、鼓励自我表达
INTJ （内向/直觉/思维/判断）	科学、工程师、政治/法律；哲学、计算机专家	注重长远规划的实现 有效率的、以任务为重 允许独自一人思考 支持创造性和独立、多产、有效率
INTP （内向/直觉/思维/知觉）	科学、研究、工程师；社会服务、计算机程序；心理学、法律	喜欢解决复杂的问题 鼓励独立、隐私 灵活的、不受限制的、安静的 喜欢自我决定
ENTP （外向/直觉/思维/知觉）	管理；操作和系统分析；销售经理、市场营销；人事关系	结果取向的、独立的 喜欢解决复杂的问题 目标取向、果断 挑战性的、结构性的、顽强的人员
ENTJ （外向/直觉/思维/判断）	战略规划师；项目经理；企业高管	具有明确层级结构 鼓励创新与高效执行

总结案例

20美元的启示

有个关于哈佛教授上课的视频。讲的是一位教授在走进教室之后，从口袋里掏出来一张20美元的钞票。面对众人问道："谁想要这张钞票？"只见台下一个个都举起了手。然后，他把钞票揉皱，接着问："谁还想要？"台下仍然举起好多只手。泰勒得意地笑了笑，把钞票往地上一扔，开始用脚狠命地踩啊踩。然后，他弯下腰，捡起钞票。现在，这张钞票已经皱巴巴、脏兮兮的了。他抖了抖钞票上的灰尘，展开钞票，说："现在谁还想要？"大家仍然举着手。这时，泰勒认真地说："我亲爱的朋友们，你们都已经学了一堂非常有价值的课。不管我怎么蹂躏这张钞票，你们仍然想要它，那是因为无论再皱再脏的钞票，它的价值并没有减少，它仍然值20美元。"

分析：这个故事告诉我们，生命的价值取决于我们自身。20美元纸币无论多脏、多旧，它依然价值20美元。我们性格的形成既有天生的因素，也有后天环境的影响。但每个人都是独特的，我们不要因为一时的挫折而轻易怀疑自己的价值，在遇到挫折时，不气馁、不放弃，并为之努力付出，我们可以直面命运，最终实现自己的梦想。

课堂活动

探索职业性格

一、活动目的

运用MBTI方法探索职业性格。

二、活动过程

（1）如实填写教师准备的测试题（略）。

（2）"E-I""S-N""T-F"和"J-P"。请你比较四个组别的得分。每个子组别中，获得较高分数的那个类型，就是你的性格类型倾向。例如：你的得分是：E（外向）12分，I（内向）9分，那你的类型倾向便是E（外向）了。

（3）根据评分标准得到一个确实和你的性格相匹配的类型。

三、活动思考

（1）在职业性格测试中，你对自己的性格类型倾向是否有了初步的了解？

（2）怎样才能找到适合自己职业性格的工作？

四、活动总结

MBTI提供的性格类型描述仅供测试者确定自己的性格类型之用，性格类型没有好坏，只有不同。每一种性格特征都有其价值和优点，也有缺点和需要注意的地方。清楚地了解自己的性格优劣势，有利于发挥自己的特长，避免自己性格中的劣势，更好地和他人相处，更好地作出重要的决策。

课后思考

（1）自己的性格究竟适合怎样的职业？

（2）观察身边的人，思考性格类型与职业之间的关系。

单元 3.4　探索职业能力

导入案例

乞丐与商人

一位乞丐站在地铁出口卖铅笔，一位商人匆匆而过，向乞丐杯子里投入几枚硬币，但忘了取铅笔。过了一会儿，这位商人返回，取了一根铅笔，对乞丐说：“对不起，我忘了拿铅笔，因为你我毕竟都是商人。”然后匆匆离去。几年以后，这位商人参加一次高级酒会时，一位衣冠楚楚的人士向他致谢，告诉商人说他就是当初卖铅笔的乞丐，他的生活改变，得益于商人的那句话：“你我都是商人。”而在这以前，他仅仅把自己看成一个乞丐。

分析：很多时候，人与人之间本来都处在同一起跑线上，但后来由于各自对职业生涯的定位不同，各自的未来也就有了很大差异。一个人要有光明的未来，一定要对自己的职业生涯作一个定位，从而明确自己的努力方向，并以顽强的毅力朝这个目标奋斗。每个人都有自己独特的能力和特长，我们要发掘和发展自己的优点，在自己擅长的领域做出自己的成绩。

一、职业能力的含义

按照能力的适用性，可以将人的能力分为一般能力和特殊能力。一般能力是指顺利完成各种活动所必备的基本能力。特殊能力是指顺利完成某种特殊活动所必备的专门能力，与某些职业活动密切相关。能力按照其获得的方式（先天具有与后天培养），可以分为能力倾向和技能两大类。能力倾向是每个人与生俱来的特殊才能。技能是人通过后天学习和练习而获得的能力。职业能力可以定义为个体将所学的知识、技能和态度在特定的职业活动或情境中进行类化迁移与整合而形成的多种能力的综合。职业能力可以分为职业核心能力、行业通用能力、职业特定能力。

影响职业能力发挥的因素有以下两方面。

（一）个人因素

1. 职业兴趣

职业兴趣是指人们对某类专业或工作所抱的积极态度。不同的人对于同一职业可能抱积极的、消极的态度，也可能抱无所谓的态度。

2. 性格

性格影响着一个人对职业的适应性，一定的性格适合从事一定的职业；同时，不同的职业对人有不同的性格要求。

3. **职业发展愿望**

职业发展愿望即自己愿意从事何种职业。一个人对某一种职业产生兴趣，就会迸发出强大的行为动力，推动着他去挖掘自身的全部潜能，大大提高自身的工作效率。

4. **能力**

这里所说的能力，是指劳动者从事社会生产活动的能力，即职业工作能力。

5. **教育**

教育上的成功与社会阶层的晋升有明显的关联。社会阶层高过父母所属阶层的人，都觉得教育是改变社会阶层的主要动力。

（二）社会因素

1. **社会阶层**

社交圈为某一类型的人提供机会，“生存机会”多半由社交圈决定。虽然社会阶层深深地影响着个人的职业生涯，但是阶层界限并非牢不可破。它有变动的可能，且是被人接受的。

2. **经济发展水平**

经济发展水平高的地区，优秀企业较多，个人职业选择的机会比较多，有利于个人职业的发展；反之，在经济落后的地区，个人职业选择的机会较少，个人职业生涯也会受到限制。

3. **社会文化环境**

社会文化是影响人们行为、欲望的基本因素。主要包括教育水平、教育条件和社会文化设施等。在良好的社会文化环境中，个人能力受到良好的教育和熏陶，从而能够为职业生涯打下更好的基础。

4. **政治制度和氛围**

政治不仅影响着一国的经济体制，而且影响着企业的组织体制，政治制度和氛围会潜移默化地影响个人的追求，从而对个人的职业生涯产生影响。

二、能力和职业的关系

能力与职业的关系非常密切，是职业选择的重要依据，因此，我们要根据自己的能力选择相应的职业，选准与自己职业能力一致的职业，让自己在社会的竞争中立于不败之地。

三、职业核心能力

职业核心能力是人们职业生涯中除岗位专业能力之外的基本能力，它可以让人自信和成功地展示自己，它适用于各种职业，适应岗位的不断变换，是伴随人终身的可持续发展能力。

【职场箴言】

只有经过长时间完成其发展的艰苦工作，并长期埋头沉浸于其中的任务，方可有所成就。

四、探索你的职业能力

2023年《前程无忧人力资源白皮书》显示，对于一般员工，企业培训投入情况所占比重分别为：专业岗位技能（75.6%）、执行力（42.8%）、团队合作与建设（28.1%）、创新技能（35.2%）、沟通与技巧（28.4%）。通过以上数据，我们可以看出企业现在对于大学生在职业能力方面的关键需求点。

（一）能力倾向测试

能力倾向测试又称性向测试，它可以预测一个人将来在某方面的“可能”成就，挖掘其职业发展潜能。

（二）经验分析

经验分析是指通过对自己过去的成就事件进行分析总结，对自己的能力进行排序，从而了解自己所具备的职业能力，常用的有“我的成就故事清单”等方法。

五、提升自我效能感

（一）自我效能感的概念和功能

自我效能感（self-efficacy）是指人对自己是否能够成功地进行某一成就行为的主观推测与判断。

自我效能感具有下述功能：决定人们活动的选择及坚持性；影响人们在困难面前的态度；影响新行为的获得和习得行为的表现；影响活动时的情绪。

（二）影响自我效能感形成的因素

1. 个人自身行为的成败经验

效能信息源对自我效能感的影响最大。一般来说，成功经验会提高效能期望，反复的失败会降低效能期望。成功经验对效能期望的影响还要受个体归因方式的左右，归因方式直接影响自我效能感的形成。

2. 替代经验或模仿

人的许多效能期望来源于观察他人的替代经验。关键是观察者与榜样的一致性，即榜样的情况与观察者非常相似。

3. 言语劝说

言语劝说因其简便、有效而得到广泛应用。言语劝说的价值取决于它是否切合实际，在直接经验或替代性经验基础上进行劝说的效果会更好。

4. 情绪唤醒

当人们不为厌恶刺激所困扰时更期望能成功，但个体在面临某项活动任务时的身心反应通常会妨碍行为表现，降低自我效能感。

5. 情境条件

不同的环境提供给人们的信息是大不一样的，当一个人进入陌生而又易引起焦虑的情境中时，其自我效能感水平与强度就会降低。

上述几种信息对效能期望的作用依赖于人们对其是如何认知和评价的。人们必须对与能力有关的因素和非能力因素对成败的作用加以权衡。人们觉察到效能的程度取决于任务的难度、付出努力的程度、接受外界援助的多少、取得成绩的情境条件及成败的暂时模式。班杜拉的社会学习理论认为，这些因素作为效能信息的载体而影响成绩，主要是通过自我效能感的中介影响发生的。

（三）通过计划提高自我效能

通过合理地制定职业生涯规划和设定合理的目标，可以有效提升自我效能感。研究自我管理的心理学家们为我们提供了以下建议。

1. 设定的目标可以用数字来衡量

模糊的目标会让人感觉不真实，并且遥不可及，而不能量化的任务会使人难以评估自己是否正在按照计划行事。

2. 计划必须是可以完成的

每一个小小的、稳定的进步都构成了成就经验。这些成功经验可以提高你的效能感，改变你对自己能力的信念。你会借助这些小小的成功，挑战更高更难的其他任务。

3. 计划中的每一条都加上明确的时间限制

这个世界会发生无数种可能，但没有约束力的计划难以推动我们马上采取行动。

总结案例

大国工匠顾秋亮

顾秋亮从1972年起在中国船舶重工集团公司第七〇二研究所工作，在钳工安装及科研试验工作方面已经工作了四十多年，先后参加和主持过数十项机械加工和大型工程项目的安装调试工作，是一名安装经验丰富、技术水平过硬的钳工技师。

2004年，为了确保蛟龙号载人潜水器的顺利安装，七〇二所抽调技术过硬的技术骨干参加该项目的总装工作，顾秋亮为其中之一。在潜水器总装及调试过程中，顾秋亮作为潜水器装配保障组组长，工作认真负责，吃苦耐劳，带领全组成员积极配合设计人员，对每个细节进行精细操作，任劳任怨，以严肃的科学态度和踏实的工作作风，扎实的技术技能和实践经验，主动勇挑重担，解决了一个又一个难题，保证了潜水器顺利按时完成总装联调。

分析：热爱、坚守与追求极致，再普通的岗位也能收获不平凡的职业荣誉。我们在职业生涯发展规划中，一定要增强技能成才的信心和技能报国的决心，在职业能力和职场规划相互吻合中，不断提升自己的职业技能，在精益求精的态度和不断学习的恒心下，创造出属于自己的天地。

课堂活动

本专业所需要的职业能力分析

一、活动目的

通过分析本专业所需要的职业能力，为今后生涯规划提供坚实基础，确保自己在毕业时达到用人单位的岗位要求。

二、活动过程

（1）分组：3～5人为一个小组。

（2）小组讨论：本专业的毕业生可以从事哪些具体职业？

（3）讨论该职业所需要的各方面能力的掌握程度，并填写表3－7。

表3－7　本专业所需要的职业能力分析表

职业	语言能力	逻辑思维能力	管理能力	动手能力	身体协调能力	沟通能力	自省能力
秘书	一般	较强	一般	较弱	一般	较强	较强

三、活动思考

（1）你心仪的岗位在职业能力方面有什么要求？

（2）你的现有能力与岗位要求之间主要的差距是什么？

（3）怎样才能实现你的职业梦想？

四、活动总结

成功就是扬长避短。在你朝自己的目标前进的时候，要通过发挥自己的优势能力克服障碍。因此，在分析职业能力后，要客观冷静地分析自我，不要想当然地进行规划。

课后思考

（1）自己所期望的目标岗位究竟需要哪些能力？

（2）应该从哪些方面去促进自己职业能力的提高？

单元3.5　澄清职业价值观

导入案例

心中的顽石

有个故事叫《心中的顽石》。它的内容是：有一户人家的菜地上有一块石头，宽四十厘米，高十厘米。经常会把人弄跌倒，儿子想把石头挖走，爸爸认为石头很大，儿子是挖不走它的。日复一日，年复一年，儿子长大了也没有挖石头。

儿子娶了媳妇，当了爸爸。一天，儿媳妇来问他："可不可以把石头挖走？"因为儿媳妇经常被这石头绊倒。他却认为石头很重，儿媳妇是挖不走的。一天早上，儿媳妇带来一桶水和锄头，先在石头边浇了水，十几分钟后便开始挖。大家都以为挖这块石头要用一天时间，结果儿媳妇只花了几分钟就挖出来了。原来石头并不大，只是大家被它那巨大的外表迷惑了。

印象最深的就是最后一段儿媳妇的惊讶与豁然开朗，说明她已经明白他们都是被那个石头巨大的外表给骗了。

很多时候，我们往往被事物的表面现象所迷惑，从而在内心里产生畏惧的“顽石”。只要你抱着坚定的信念，就能爬上任何一座陡峭的山峰。“改变你的世界，必先改变你的心态。”如果能做到这样，你就会觉得成功并没有你想象的那么难。

分析：你的心中有这样一块顽石吗？如果有，我们一定要勇敢地搬走它。职业规划过程中，这块顽石会让我们缩手缩脚，不敢前进，因此，正确地认识自己，树立正确的职业价值观，改变陈旧的就业观念，进行自我职业价值取向分析与调整，我们就能够在职场中更加坚定、稳步地前进。

一、职业价值观的含义

职业价值观是人们在选择职业时的一种内心尺度，是一个人对各种职业价值的基本认识和基本态度。理想工作是什么？哪个岗位更适合自己？这些问题都是职业价值观的具体表现。

职业价值观是一种具有明确的目的性、自觉性和坚定性的职业选择的态度和行为，它对一个人的择业动机、职业目标和职业方向的选择起着决定性的作用。由于职业价值观的不同，人们的职业选择也就会不同。因此，认真分析和了解个人的职业价值观，对于正确进行职业定位、开展职业生涯规划具有重要意义。

二、职业价值观的类型

依据不同的标准，职业价值观的类型有多种划分。洛特克在其所著的《人类价值观的本质》一书中，提出 13 种价值观：成就感、审美追求、挑战、健康、收入与财富、独立性、爱、家庭与人际关系、道德感、欢乐、权利、安全感、自我成长和社会交往。

三、职业价值观的确立

（一）职业价值观与职业选择的关系

求职者由于其所受教育的不同、兴趣爱好的差异和所处环境的影响，在职业取向上的目标和要求也是不相同的。在许多场合，求职者往往要在一些得失中作出选择。例如，是要工作舒适轻松，还是要高标准的工资待遇？当两者有冲突时，最终影响求职者决策的是存在于内心的职业价值观。因此，我们很有必要明确并不断审视自己的职业价值观。

（二）职业价值观的排序与取舍

职业价值观的特性决定人们不会只有唯一的职业价值观，但在现实生活中“鱼和熊掌”是不可兼得的。既然是选择，必然有“舍”，才能有“得”。

（三）职业价值观中个人与社会的关系

人不能离开社会而独立存在，个人只有在工作中为社会做贡献，才能实现自己的职业价值。当然，我们并不是说要忽略择业中的个人因素，如果只关注社会责任，这样不但不利于个人发展，而且也是社会的损失。

【职场箴言】

青年的价值取向决定了未来整个社会的价值取向，而青年又处在价值观形成和确立的时期，抓好这一时期的价值观养成十分重要。

总结案例

从零开始的勇气

张泉灵

尊敬的校领导、老师、家长，亲爱的师弟师妹们：

大家上午好！

当我站在这里，回想起自己曾经走过的北大岁月，感慨万分。这里不仅培养了我，也孕育了无数有理想、有抱负的青年才俊。今天，我想和大家分享的主题是“从零开始的勇气”。

我想起了1996年7月，即将离开这片熟悉的土地时，我的复杂心情。我在未名湖边徘徊，在29楼前留影，那是我们即将告别的宿舍楼。那一刻，我意识到这四年，就像一本书的最后一章，结束了，但同时也是新篇章的开始。句号，既意味着完美的结束，也预示着从零开始的新旅程。

面对从零开始的时刻，你可能会迷茫，可能会焦虑。但是请记住，每一个伟大的成就，都是从零开始的。这需要勇气，更需要坚持和努力。

以我自己的经历为例。我在北大学的是德国语言文学，一个我并不喜欢的专业。毕业后，我被分配到一个与专业毫不相干的单位——神华集团，一个卖煤的公司。那时候，我真的很茫然，不知道自己的人生将如何发展。但我清楚地知道，我想要的是什么。我对新闻工作有着浓厚的兴趣，我渴望成为一名新闻人。所以，当中央电视台招聘时，我抓住了这个机会，最终走上了新闻道路。

在这15年的职业生涯中，我深刻体会到，成功并非偶然。它来自对自己目标的清晰认知和不懈努力。我首先是一个新闻人，然后是一个电视人，最后才是一个主持人。这种清晰的定位让我在面临选择时，总能坚持自己的方向。比如，当大多数主持人不愿意去现场做报道时，我选择了去；当有人邀请我主持娱乐节目时，我因为心中的那份对新闻的执着而婉拒了。因为我明白，成功不仅仅是名和利的累积，更是内心的满足和快乐。

所以，当你离开北大这个温室，踏入社会的大熔炉时，一定要保持对自己的了解，明确自己的目标。无论你将来走向哪里，做什么工作，都要记得：成功是内心的目标感和过程中的快乐。不要被名利蒙蔽了双眼，不要让外界的声音打乱了你的脚步。相信自己的内心，相信北大赋予你的能力，勇敢地从零开始。

最后，我想说的是，无论你们身在何处，无论遇到什么困难，北大永远是你们的后盾。希望你们在未来的旅程中，始终保持一颗热爱学习的心，不断充实自己，用你们的行动证明北大的价值。

谢谢大家！

分析：张泉灵的故事是关于从零开始的勇气的生动演绎，她的人生轨迹和职业转变提供了对勇气这一概念深刻的理解。这不仅是一个关于职业转变的故事，更是一段关于如何从零开始，勇敢地追寻内心目标和热情的启示。她的经历教会人们，拥有明确的目标、找到真正的内驱力、勇于逼迫自己以及保持持续学习的态度，是从零开始走向成功的关键。

课堂活动

职业价值观测试

一、活动目的

通过本测试，学生可以大致了解自己的职业价值观倾向，从而为自己选择理想的职业提供信息。

二、活动过程

1. 本测验共52题，每道题在“很不重要”“较不重要”“一般”“比较重要”“非常重要”中选出一个作答。

（1）你的工作必须经常解决新的问题。
（2）你的工作能为社会福利带来看得见的效果。
（3）你的工作奖金很高。
（4）你的工作内容经常变换。
（5）你能在你的工作范围内自由发挥。
（6）你的工作能使你的同学、朋友非常羡慕你。
（7）你的工作带有艺术性。
（8）你的工作能使人感觉到你是团体中的一分子。
（9）不论你怎么干，你总能和大多数人一样晋级和涨工资。
（10）你的工作使你有可能经常变换工作地点、场所或方式。
（11）在工作中，你能接触到各种不同的人。
（12）你的工作上下班时间比较随便、自由。
（13）你的工作使你不断获得成功的感觉。
（14）你的工作赋予你高于别人的权力。
（15）在工作中，你能试行一些自己的新想法。
（16）在工作中，你不会因为身体或能力等因素，被人瞧不起。
（17）你能从工作的成果中，知道自己做得不错。
（18）你的工作经常要外出，参加各种集会和活动。
（19）只要你干上这份工作，就不再被调到其他意想不到的单位和工种上去。
（20）你的工作能使世界更美丽。
（21）在你的工作中，不会有人常来打扰你。
（22）只要努力，你的工资会高于其他同年龄的人，升级或涨工资的可能性比干其他工作大得多。
（23）你的工作是一项对智力的挑战。
（24）你的工作要求你把一些事务管理得井井有条。

(25) 你的工作单位有舒适的休息室、更衣室、浴室及其他设备。
(26) 你的工作有可能结识各行各业的知名人物。
(27) 在你的工作中，能和同事建立良好的关系。
(28) 在别人眼中，你的工作是很重要的。
(29) 在工作中，你经常接触到新鲜的事物。
(30) 你的工作使你能常常帮助别人。
(31) 你在工作单位中，有可能经常变换工作。
(32) 你的作风使你被别人尊重。
(33) 同事和领导人品较好，相处比较随便。
(34) 你的工作会使许多人认识你。
(35) 你的工作场所很好，比如，安静、清洁的工作环境，甚至恒温、恒湿等优越的条件。
(36) 在工作中，你为他人服务，使他人感到很满意，你自己也很高兴。
(37) 你的工作需要计划和组织别人的工作。
(38) 你的工作需要敏锐的思考。
(39) 你的工作可以使你获得较多的额外收入，比如，常发放实物福利、常能购买打折扣的商品、常发放优惠券等。
(40) 在工作中你是不受别人差遣的。
(41) 你的工作结果应该是一种艺术而不是一般的产品。
(42) 在工作中你不必担心会因为所做的事情领导不满意而受到训斥或经济惩罚。
(43) 在你的工作中能和领导建立融洽的关系。
(44) 你可以看见你努力工作的成果。
(45) 在工作中常常要你提出许多新的想法。
(46) 由于工作的关系，经常有许多人来感谢你。
(47) 你的工作成果常常能得到上级、同事或社会的肯定。
(48) 在工作中，你可能做一个负责人，虽然可能只领导很少几个人。
(49) 你从事的工作，经常在报刊、电视中被提到，因而在人们的心目中很有地位。
(50) 你的工作有数量可观的夜班费、加班费、保健费或营养费等。
(51) 你的工作比较轻松，精神上也不紧张。
(52) 你的工作需要和影视、戏剧、音乐、美术、文学等艺术打交道。

2. “很不重要”记 1 分，“较不重要”记 2 分，“一般”记 3 分，“比较重要”记 4 分，“非常重要”记 5 分。

3. 将答案记录于表 3－8。

表 3－8　职业价值观测量得分表

项目	价值观	所属项目	总得分	项目	价值观	所属项目	总得分
1	利他主义	2、30、36、46		8	经济报酬	3、22、39、50	
2	美感	7、20、41、52		9	社会交际	11、18、26、34	
3	智力发展	1、23、38、45		10	安全感	9、16、19、42	
4	成就感	13、17、44、47		11	舒适	12、25、35、51	
5	独立性	5、15、21、40		12	人际关系	8、27、33、43	
6	社会地位	6、28、32、49		13	岗位变化	4、10、29、31	
7	管理	14、24、37、48					

4. 对照表 3－9，分析自己的职业价值观类型。

表 3－9 职业价值观的类型及基本含义

项目	价值观	所属项目	说明
1	利他主义	2、30、36、46	工作的目的和价值，在于直接为大众的幸福和利益尽一份力
2	美感	7、20、41、52	工作的目的和价值，在于能不断地追求美的东西，得到美的享受
3	智力发展	1、23、38、45	工作的目的和价值，在于不断进行智力的操作，动脑思考，学习和探索新事物，解决新问题
4	成就感	13、17、44、47	工作的目的和价值，在于不断创新，不断取得成就，不断得到领导与同事的赞扬，或不断实现自己的目标
5	独立性	5、15、21、40	工作的目的和价值，在于能充分发挥自己的独立性和主动性，按自己的方式、步调或想法去做，不受他人的干扰
6	社会地位	6、28、32、49	工作的目的和价值，在于从事的工作在人们的心目中有较高的社会地位，从而使自己得到他人的重视与尊敬
7	管理	14、24、37、48	工作的目的和价值，在于获得对他人或某事物的管理支配权，能指挥和调遣一定范围内的人或事物
8	经济报酬	3、22、39、50	工作的目的和价值，在于获得优厚的报酬，使自己有足够的财力去获得自己想要的东西，使生活过得较为富足
9	社会交际	11、18、26、34	工作的目的和价值，在于能和各种人交往，建立比较广泛的社会联系和关系，甚至能和知名人物结识
10	安全感	9、16、19、42	不管自己能力怎样，希望有一个安稳的工作，不会因为奖金、加工资、调动工作或领导训斥等经常提心吊胆、心烦意乱
11	舒适	12、25、35、51	希望能将工作作为一种消遣、休息或享受的形式，追求比较舒适、轻松、自由、优越的工作条件和环境
12	人际关系	8、27、33、43	希望一起工作的大多数同事和领导人品较好，相处在一起感到愉快、自然，认为这就是很有价值的事，是一种极大的满足
13	岗位变化	4、10、29、31	希望工作的内容应该经常变换，使工作和生活显得丰富多彩，不单调、枯燥

三、活动思考

1. 高职生进行职业规划时，最应该看重什么？
2. 俗话说：“人各有志”。请问你的“志”是如何表现在职业选择上的？
3. 怎样才能实现你的职业之“志”？

四、活动总结

在职业选择中，人们必须理性对待价值观。既然是选择，就要付出代价，只有“舍”，才能“得”。所以，要对自己的职业价值观进行排序，找出自己认为最重要、次重要的方面，并提醒自己不可能什么都得到，否则就会患得患失，不清楚自己到底想要什么，更谈不上职业生涯的成功和对社会的贡献了。

课后思考

（1）结合自己课堂所学，阐述如何弄清楚自己的职业价值观？

（2）结合毕业后可能去的城市，分析个人理想和价值的实现路径是什么？

模块四　探索职业和岗位

学习指南

探索职业和工作世界的过程，包括职业探索、专业探索、行业探索、企业探索和岗位探索五个方面。

随着社会生产力的进步和社会分工的高速发展，职场需要也在发生着迅速的变化。高职学生必须随时关注职场发展，调整职业方向，并积极采取必要措施，修订职业生涯发展规划，紧随时代，紧随市场，以自己的聪明才智和良好的职业素质，为自己今后的职业生涯开拓出宽广而又通畅的发展道路，将职业和发展机遇牢牢地掌握在自己手中。

能力标准

分类	具体内容
知识	1. 能够认识职业的概念、特点及发展趋势 2. 了解职业资格和职业技能等级 3. 了解组织的类型 4. 了解企业的类型 5. 了解岗位的概念
技能	1. 运用相关知识进行职业探索 2. 撰写典型职业生涯人物访谈报告 3. 进行企业探索 4. 进行岗位探索
态度	1. 形成积极的求职观 2. 形成开拓进取的职业精神 3. 具有适度的挑战精神 4. 具有战略眼光

单元 4.1　职业和专业

导入案例

人职匹配彰显人才本色

深圳某高校文化创意与策划专业 2017 级学生陈小婷想在深圳市找到一个企划的职位。经过职位调查，她了解到这一类型职位的要求是：负责公司品牌推广、营销工作，建立和发展公司的企业文化、产品文化、市场文化和管理文化；负责公司对外形象的建立与宣传，建立公司与上级部门的交流，建立公司与行业媒体的交流，还需要具备一定的实践经验。

于是，陈小婷在大学期间就着手培养相关职业素质：考取策划师证书、进入一些名企实习以积累实践经验、通过参加社团活动培养自己的组织能力和策划能力等。等到毕业的时候，她如愿地进入深圳市一家中国 500 强企业从事她所期望的企划专员职位，实现了“人职匹配”。

分析：大多数高职学生对社会上各行各业所知甚少，“职业”对于他们来说还是一个非常遥远的概念。目前，科技的高速发展使工作专精化。如果对工作世界没有明确认知，将无法了解工作的意义，对未来工作更加无从选择。职业认知是生涯发展的首要任务，高职学生应该以人职匹配为目标，认识与尝试各种职业工作，培养从事各种职业工作的基本能力；根据个人兴趣与能力，完备职业所需的知识与技能，使个人素质适应工作世界。

一、职业及其发展变迁

（一）职业的概念

职业是指人们从事的相对稳定的、有收入的、专门类别的工作。职业是某种精细的、专门的社会分工，能反映一个人的社会身份、社会地位、知识、能力、素质水平等。换言之，所谓职业，就是以生计维持、社会角色分担、个性发挥和自我实现为目的，持续进行的劳动或工作。

职业一定伴随着劳动行为。这里的劳动既可以是脑力劳动，也可以是体力劳动。从这个意义上说，没有劳动行为的利益分配等，都不能称作职业。

（二）职业的特性

1. 社会性

首先，职业是一种社会历史现象，是劳动者进行的社会生产劳动，所以职业是社会的职业。其次，职业劳动创造社会财富，为社会的发展奠定了物质基础。最后，职业是劳动者获得的社会角色，劳动者必须遵守社会结构中对该社会角色的规定。

2. 经济性

职业以获得经济收入、取得报酬或寻求发展为目的，这是职业活动区别于其他活动的重要标志。人们在取得个人经济利益的同时，也会为社会创造财富。劳动者以获得的劳动报酬来维持家庭生活，这也是保持整个社会稳定的基础。

3. 技术性

职业是社会分工的产物，是一种专业化的社会劳动岗位。专业化就意味着技术性，职业不同，对从业人员的技术性要求也不同。随着社会化分工的发展，职业的技术性越来越强。

4. 规范性

职业的规范性体现为职业行为规范和职业道德规范。职业行为规范是指从事一定职业的人员的行为标准，该规范可以由组织正式规定，也可以是非正式形成的。从业人员在职业活动中还应遵守一定的道德准则。

5. 时代性

职业的时代性体现在不同时期、不同时代会出现不同的热门职业。以我国为例，曾出现过“当兵热”“下海热”“考公务员热”等，这都反映出特定时期人们对某种职业的热衷程度。

6. 稳定性

虽然职业具有时代性，会随着时代的发展而演变，但这种演变一般是渐进的。职业的劳动内容和行为模式都是相对稳定的，由此劳动者也有了稳定的职业形象。

（三）职业的变迁

职业随着时代的发展在不断变化，职业的变迁与人类社会的发展紧密相连，从一个侧面折射出时代的进步，反映了人类社会的发展。

影响职业变化发展的因素包括社会及管理的变革、技术变革、经济发展、产业及行业的演变等。我国职业发展的态势主要有以下六种表现：

（1）由单一型、基础型向跨专业、复合型转化。

（2）由封闭型向信息化、开放型转化。

（3）由传统工艺型向智能型转化。

（4）由继承型向创新创造型转化。

（5）服务型职业由普通低端向个性化、知识型转化。

（6）职业活动趋向绿色、可持续、低碳。

（四）新经济背景下的职业发展新变化

互联网等新经济行业的快速发展，既对就业市场中传统职业造成了一定冲击，同时也为新兴职业的产生提供了良好的市场环境，创造了新的生机和活力。未来职业发展的新趋势主要表现在以下几个方面：一是高新技术行业优势领先，知识型劳动者比例直线攀升；二是传统职业逐渐萎缩，新兴职业的技术含量不断提高；三是职业更新速度逐步加快，职业发展边界逐渐趋于模糊。

（五）新职业

目前涌现出来的大批新职业，主要集中在第一、第二产业的高新技术领域和蓬勃发展的第三产业。从分布情况来看，新职业主要分布于基因和转基因工程、遗传工程、生态农业、生化试验等高新技术领域；加工中心、环境监测、计算机辅助设计、计算机辅助制造、纳米材料生产等领域也出现大批新职业；新职业分布最广的是社会服务领域。

例如2019年，人力资源和社会保障部、国家市场监督管理总局、国家统计局向社会发布数字化管理师、人工智能工程技术人员、物联网工程技术人员等13个新职业。这些职业都吸引了大量的就业人群，是广大青年学生实现自身职业理想的新战场。

【职场箴言】

世上充满了有趣的事情可做，在这令人兴奋的世界中，不要过着乏味的生活。

案例

新科技催生新职业

辛建英是江西省余江区平定乡洪万村人，除了会做一般的农活外，她还会开“飞机”——通过遥控植保无人机，进行喷洒作业。

“这款无人机能装10公斤药水，飞一次能完成8亩多稻田的作业。”辛建英说，以前人工喷洒一亩田需要20分钟，现在不到2分钟就能完成。

虽然已是经验丰富的“老手”，但提起学习的过程，辛建英依然印象深刻。“开‘飞机’不但要眼神好，控制的手感也要好。轻轻碰一下控制器，‘飞机’就能飞出去10多米，一不小心就会飞过或者撞在障碍物上。”花了整整一个月时间，辛建英成为一名合格的“飞手”。

“以前得背着药水在水稻田里走，现在有‘飞机’替我背，站在田埂上就能撒药。”辛建英说。

像辛建英一样，越来越多的中国农民有了一个新的职业——“无人机飞手”。

“随着科技化、机械化在农业领域的应用，一批不适应社会化大生产的职业类型逐渐消失，同时也催生了诸如无人机‘飞手’、茶叶采摘机操作工等新工种。”葛恒双说。

纵观科技的发展趋势，未来将在智能制造、物联网、无人机、电子游戏等领域催生出更多新兴职业。而在法律制度的规范下，这些新兴职业最终也会像已经长期存在的其他职业一样，成为社会职业金字塔中的一块基石，为促进社会发展贡献力量。

分析：改革开放以来，“工、农、兵、学、商”为主的单一职业体系发生了翻天覆地的变化，新的职业体系在细化与新生中重构。

（来源：新华社，2018-06-24，http：//news.cnr.cn/native/gd/20180624/t20180624_524280549.shtml）

二、职业、产业、行业和分类

（一）职业分类

职业分类就是按一定的规则、标准及方法，按照职业的性质和特点，把一般特征和本质特征相同或相似的社会职业，分成并统一归纳到一定类别系统中去的过程。同一性质的工作，往往具有共同的特点和规律。职业分类有助于建立合理的职业结构和职工配置体系，了解社会现有职业状况，更清晰地认识职业，为开展职业研究奠定基础。

1999年，我国第一部职业分类大典颁布，命名为《中华人民共和国职业分类大典

（1999 年版）》。由于经济社会的不断发展，我国社会职业构成发生了很大变化。为适应发展需要，国家先后于 2015 年、2022 年颁布了两次大典修订版。2022 年 7 月，人力资源和社会保障部等部门颁布了新修订的《中华人民共和国职业分类大典（2022 年版）》。

新版大典收录职业系类信息 1 639 个，如表 4－1 所示。

表 4－1　《中华人民共和国职业分类大典（2022 年版）》的职业划分

大类序号	大类名称	中类	小类	细类（职业）	工种
第一大类	党的机关、国家机关、群众团体和社会组织、企事业单位负责人	6	16	25	
第二大类	专业技术人员	11	125	492	
第三大类	办事人员和有关人员	4	12	36	24
第四大类	社会生产服务和生活服务人员	15	96	356	460
第五大类	农、林、牧、渔业生产及辅助人员	6	24	54	150
第六大类	生产制造及有关人员	32	172	671	2 333
第七大类	军队人员	4	4	4	
第八大类	不便分类的其他从业人员	1	1	1	
合计		79	450	1 639	2 967

《中华人民共和国职业分类大典（2022 年版）》标注了 97 个数字职业，占职业总数的 6%。同时，延续 2015 年版大典对绿色职业标注的做法，标注了 134 个绿色职业，占职业总数的 8%。其中既是数字职业也是绿色职业的，共有 23 个。

职业教育培养的技能人才主要集中在第三、四、五、六类职业，第七类也有分布。第二类有少量的技术技能类人才可由本科层次的职业教育培养。

（二）产业和行业分类

1. 产业

目前国际上流行的是三次产业划分思路，即按照人类生产发展的历史顺序对产业进行分类。具体如下：

第一产业，是指靠人类自身的体力劳动直接从自然界取得初级产品的生产部门，如农业、畜牧业和林业等，其产品用于满足人们的基本生活需要。

第二产业，是指把第一产业获得的原料加工成各种物品的活动，即对工农业产品进行再加工的生产部门，如制造业、建筑业等，产品通过加工，其形态发生了显著的变化，一般不再保留原来的自然物质形态。

第三产业，是指人们为生产、生活和社会发展提供产品交换和服务的部门，其所包含的门类比较多，如商业、邮电通信业、交通运输业、房地产业、文教卫生事业等。

2. 行业

行业是指按生产同类产品或具有相同工艺过程或提供同类劳动服务划分的企业或组织群体的集合。

根据我国《国民经济行业分类》（GB/T 4754—2017）国家标准，行业共分 20 个门类、97 个大类、473 个中类、1 380 个小类。产业、行业对照简表见表 4－2。

表 4－2　产业、行业对照简表

三次产业分类	《国民经济行业分类》	
第一产业	A	农、林、牧、渔业
第二产业	B	采矿业
	C	制造业
	D	电力、热力、燃气及水生产和供应业
	E	建筑业
第三产业（服务业）	F	批发和零售业
	G	交通运输、仓储和邮政业
	H	住宿和餐饮业
	I	信息传输、软件和信息技术服务业
	J	金融业
	K	房地产业
	L	租赁和商务服务业
	M	科学研究和技术服务业
	N	水利、环境和公共设施管理业
	O	居民服务、修理和其他服务业
	P	教育
	Q	卫生和社会工作
	R	文化、体育和娱乐业
	S	公共管理、社会保障和社会组织
	T	国际组织

【职场箴言】

没有了工作，生命就会腐蚀，但工作若失去意义，生命就会窒息、停止。

三、职业资格和职业技能等级

（一）职业资格管理

职业资格是对从事某一职业所必备的学识、技术和能力的基本要求，反映了劳动者为适应职业劳动需要而运用特定的知识、技术和技能的能力。

目前，纳入《国家职业资格目录》的职业资格共有 139 项，包括 59 项专业技术人员职业资格和 81 项技能人员职业资格。目录内的职业资格分为准入类和水平评价类。这些职业资格基本涵盖了经济、教育、卫生、司法、环保、建设、交通等国家重要的行业领域，符合国家职业资格设置的条件和要求。

（二）职业技能等级与职业资格

根据职业活动范围、工作内容、技术含量、工作责任及数量和质量要求等要素，我国将职业技能划分为八个级别，其中的主体部分为五个级别，如图 4－1 所示。

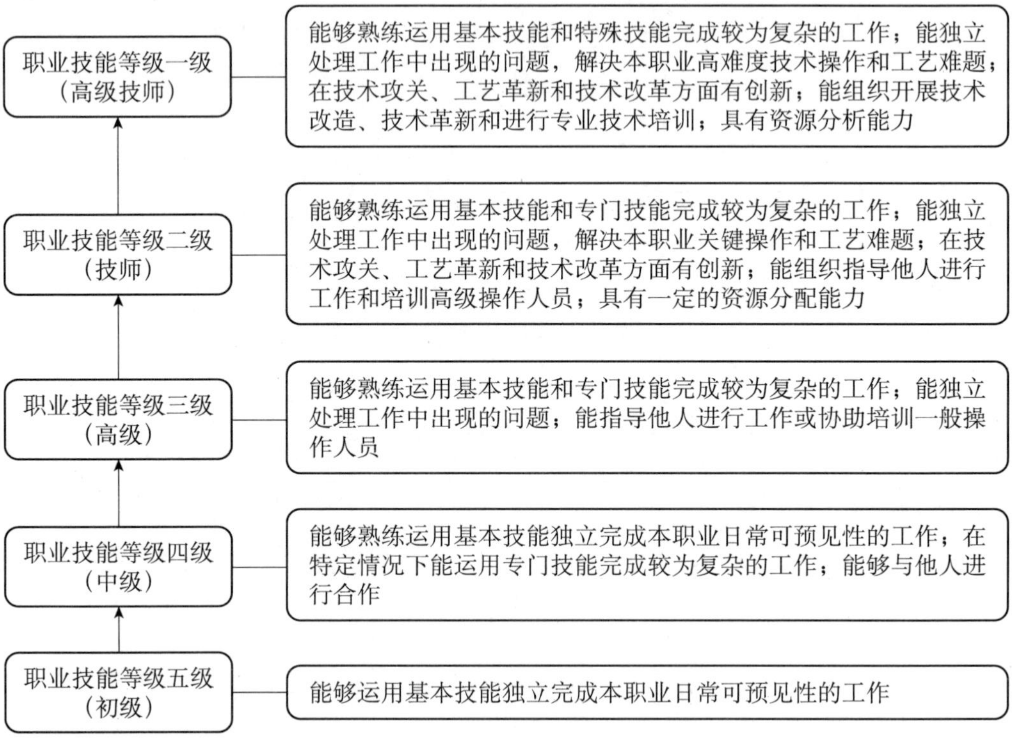

图 4－1　我国职业资格证书等级体系结构

任何一个进入高职院校的学生，都必须对自己的专业有详细的了解，熟悉本行业的发展趋势，明确专业课对应的就业岗位，以及岗位的职业要求。所学专业和相关职业技能等级有关联的，应争取在校期间就参加职业技能等级评价，获取相应的职业技能等级证书（一般建议为三级或四级）。

2019 年 12 月 30 日，国务院常务会议决定分步取消水平评价类技能人员职业资格，推行社会化职业技能等级认定，不再由政府或其授权的单位认定发证。2021 年 11 月，《国家职业资格目录（2021 年版）》颁布，共收录技能人员职业资格 13 项。目录中准入类职业资格关系公共利益或涉及国家安全、公共安全、人身健康、生命财产安全，均有法律法规或国务院决定作为依据；水平评价类职业资格具有较强的专业性和社会通用性，技术技能要求较高，行业管理和人才队伍建设确实需要。

2022 年，人力资源和社会保障部印发《关于健全完善新时代技能人才职业技能等级制度的意见（试行）》，在原有的“五级”技能等级基础上，往下补设学徒工，往上增设特级技师和首席技师，延伸和发展为新“八级工”制度。

四、职业探索的内容和方法

（一）职业探索的内容

职业探索是对自己喜欢或要从事的职业进行理论分析和实际调研的过程，目的是对目标职业有充分的了解，并在明确自身条件和职业要求的差距后制定求职策略。

1. 职业描述

职业描述是对职业最精练的概括和总结，是透彻理解职业和调研职业的基础。在罗列、学习别人对这个职业的看法后，也要给这个职业下一个自己的定义，为自己的职业报告做好准备。编写职业报告时，可以参照联合国国际劳工组织《职业展望手册》、我国人力资源和社会保障部颁布的《中华人民共和国职业分类大典》。这些资料都有对各类职业的详细介绍。

2. 职业的核心工作内容

每个职业都有核心的工作职责，职责背后对应的就是工作内容。了解职业的核心工作内容，有利于了解完成工作内容背后所必须具备的工作能力，这样就很容易找到自己与职业之间的差距。

3. 职业的发展前景及其对社会和生活的影响和作用

职业的发展前景，是国家、社会等对这个职业的需求程度，具体包括：职业在国家特定发展阶段的作用；职业对社会和大众的影响；职业对生活领域的影响。高职学生不仅要了解这个职业对国家、对社会、对行业的作用，也要了解这个职业对大众生活的影响、声望度以及人们对其的依存度如何。

4. 薪资待遇及潜在收入空间

职业是社会分工的产物，职业根据参与社会分工的量来确定相应的报酬，在某些行业、企业、岗位上还有一些潜在的收入空间。能赚多少钱是大家都关心的话题，很多人也会把赚钱多少作为择业的关键因素，所以在考量职业时，也要调研职业的薪资状况。

5. 岗位设置及不同行业、企业间的差别

了解职业的岗位设置，能加深对职业外延的理解，有针对性地将岗位需求与个人能力进行比较。一般来说，求职者可以从权威的人事网站、职业分类大典、业内资深人士那里获得某一职业的具体岗位设置情况。

6. 入门岗位及其职业发展道路

入门岗位是指面向应届毕业生开放的某职业的一些中低端岗位。应届毕业生需要了解这些岗位对应的日后职业发展道路是什么、这个岗位有哪些发展途径、高端岗位是什么等。

7. 职业标杆人物

职业标杆人物就是在这个领域做得最好的人。求职者应了解他是如何获得成功的、取得了什么成绩、遇到了什么困难、具备什么素质等。每个职业都有一流的人物，深入研究职业标杆人物，可以让自己了解他的奋斗轨迹，加深对相应职业的了解，也会让求职者找到在这个职业领域奋斗的途径。

【职场箴言】

选择职业是人生大事，因为职业决定了一个人的未来。选择职业，就是选择将来的自己。

（二）职业探索的方法

1. 职业生涯人物访谈

职业生涯人物访谈，是通过与一定数量的职场人士（通常是自己感兴趣的职业从业者）会谈所获取的关于某个行业、职业和单位“内部”信息的一种职业探索活动。职业生涯人物访谈是大学生职业选择和职业定向的一个重要平台，是在校期间职业生涯规划的环节之一，是一种获取职业信息的有效渠道。通过职业生涯人物访谈，可以使在校大学生正确认识自己的优势和不足，合理安排大学期间的学习、生活，帮助学生更好地适应未来从事的职业，满足社会需求。

2. 目标职业分析

目标职业分析是对自己已经选定的职业进行多角度分析。目标职业分析应包括：目标职位名称、岗位说明、工作内容、任职资格、工作条件、就业与发展前景等。因此，我们在全面认识了解自己的同时，还必须充分考虑目标职业环境的需求和变化趋势，清楚地认识目标职业环境的特征，通过评估职业机会谋求个人职业生涯的发展和成功。

首先，大学生应该了解社会上各种不同的职业，不仅要了解当前的职业种类，还要扩大自己的视野，对未来的职业有所预测，拓展自己职业选择的可能性；其次，大学生应该确定自己的目标职业，并进行目标职业分析。

案例

证书开路，艺不压身

郭莉曾是一名广告专业高职生，但是她坚信艺不压身，先后考取了会计师证书、会计电算化证书、计算机等级证书和英语测评证书，其中前两个是职业资格证书，后两个是等级和水平证书。现在，她在一家会计代理公司就职。

郭莉说：“有证书肯定是有竞争力的，同样到一个单位求职，你有职业资格证书，别人没有，你说用人单位会优先考虑谁？这是明摆着的事。你拿的证书多，说明你综合能力强。一些中小公司虽然需要某一方面的专才，但是更需要多面手，到了公司后，这类人才可以适应不同岗位，胜任不同部门的工作。”

郭莉的妈妈是会计，鼓励她求学期间考取会计证。现在看来这对郭莉的就业、任职很有好处。入职不久，善于沟通的郭莉已升为主管。

分析： 证书是块敲门砖，在求职应聘的道路上，多一个职业资格证书，就可能多一个就业门路。积极主动探索职业世界，对标岗位需求进行能力准备和证书准备，艺高人胆大的郭莉在就业方面开拓了很大空间。用人单位普遍需要的是有经验的技能型人才，所以在职业探索中应强调自身的实干优势，突出自身的实践能力。证书领进门，发展靠个人，一专多能的人才在职场上非常受欢迎。

总结案例

财经专业毕业生的新思路

徐小光是北京某高职学院财务管理专业 2016 届毕业生。他特别注重专业知识的积累，有扎实的专业基础，并且努力培养自己独立自主的能力和积极向上的心态，先后获得二等奖学金、校级优秀团员、院级优秀团员；通过了会计从业资格证考试，还考取了驾驶证。他的专长是熟悉会计政策与法规，熟悉工业企业会计。为了能够融会贯通自己所学的专业知识，他还研读了 MBA 有关的案例教材，如战略管理、公司管理、财务管理和资本运营等，并将其运用到自己的实习工作中。随着电子商务的蓬勃发展，北京出现了一波招工潮，需要大批财经专业的高职毕业生。他在辅导员的鼓励下投递了简历，并且以优异的表现通过了面试，获得入职拼多多集团的机会。来自农村的他朴素谦虚、不怕吃苦，很快就融入了职场环境。由于他聪明好学，能够积极为领导出谋划策，展示出了他扎实的专业功底，获得了晋升的机会。市场需要的是一专多能的复合型人才。为了更好地适应岗位，他在业余时间尽力完善各方面能力，英语已达到六级水平，具备良好的读、写和一定的听、说能力。他相信公司看中的不光是专业对口，更看中应聘者的能力和发展潜力。

分析：目标是前进的方向。高职生设定职业目标时不能妄自菲薄，只要能发挥专业优势，都可以去尝试，做到宽口径专业对口即可。求职前要储备技能，求职后要完善技能，不断提升个人核心竞争力。时代发展要求毕业生跟上潮流，做到专业基础扎实、行业技能优秀、社会视野广阔。

课堂活动

头脑风暴——“手机”

一、活动目的

通过头脑风暴，激发学生的发散思维，拓宽学生对职业世界的认知视野，引导他们学会检索职业信息，并能够将职业信息分类。

二、活动过程

（1）6～8 名同学为一组，选出组长与记录员。

（2）组员用头脑风暴法列举出与手机相关的尽可能多的职业，并将所有能联想到的职业都记录下来。

（3）各组挑选一名代表分享成果。

三、活动思考

（1）所列的职业有哪些是与自身所学的专业相关或相近的？

（2）你从这个活动中得到了什么启示？

四、活动总结

通过对手机相关职业的探索，可以了解到一个物品的制造与使用涉及许多的人工和职业，比如从管理到制造，从研发到市场。要认识到学习专业知识的目的是帮助人更好地发展自己，而不是限制人的发展。

课后思考

（1）结合自己所学的专业，阐述如何探索自己的目标职业。

（2）结合你所在的学校，调研如何取得必要的证书。

单元 4.2　组织和岗位

导入案例

某公司的招聘广告

张志豪是威海职业学院 2008 级餐饮服务与管理专业学生，在校期间品学兼优，2011 年 2 月 20 日入职山东东营蓝海集团。他最初从服务员做起，三个月后担任领班，后经过八个多月的努力，升任东营蓝海集团下设北京（石景山）钟鼎楼食府餐饮部经理，在短短一年多的时间里连升三级。

分析：张志豪的成功证明了探索职业的必要性，选对行业、选对公司、选对上级、选对岗位。要做到四个“选对”，就要改变心态，要以大局为重。然而，许多即将跨出校门的毕业生，对即将步入的社会感到陌生、茫然、恐慌、不知所措，究其原因，主要是其自身的社会适应性不强。

职业是劳动者的社会角色，也是一个人赖以谋生的工作。工作世界是一个系统，了解工作世界，不仅要了解职业、行业等，还要了解组织和岗位。本节将具体细化到工作岗位，通过对工作岗位的分析揭开工作世界的面纱。

一、组织机构（用人单位）的类型

组织（在本书中也称“用人单位”）是指人们为实现一定的目标，互相协作结合而成的集体或团体，如党团组织、工会组织、企业、军事组织等。这里所指的组织，主要指的是学生就业的组织，对于即将步入职场的大学生而言，不同的就业组织对于人才的需求也不同。学生就业组织类型如图 4－2 所示。

用人单位是指具有用人权利能力和用人行为能力，运用劳动力组织生产劳动，且向劳动者支付工资等劳动报酬的单位。

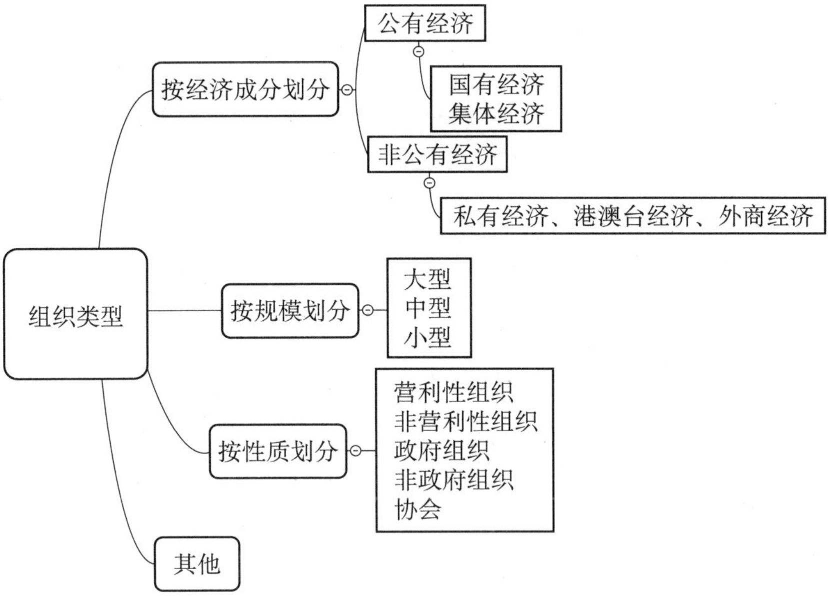

图 4-2　学生就业组织类型

二、企业的类型

只有在市场监管部门登记注册的组织，才能称为企业。行政单位、事业单位、社会团体或者非企业性单位不能以“企业”来称呼。从企业登记的角度来看，企业分为以下几种类型。

（一）公司

（1）有限责任公司，它可再细分为：自然人独资、法人独资、自然人投资或控股、国有独资、外商投资、外商独资。它还可以下设分公司，其性质为有限责任公司分公司。

（2）股份有限公司，它可再细分为上市公司和非上市公司两种。它也可下设分公司，性质为股份有限公司分公司。

（二）个人独资企业

个人独资企业由一个自然人投资设立，下设分支机构，性质为个人独资企业分支机构。

（三）合伙企业

合伙企业的合伙人可以是两个以上自然人，也可以是有限公司、企业法人、事业法人、社团法人等。它分为普通合伙和有限合伙，如下设分支机构，性质为合伙企业分支机构。

（四）全民所有制企业

全民所有制分为企业法人和营业单位两种。营业单位也可以由企业法人下设成立。

（五）集体所有制企业

集体所有制企业也分为企业法人和营业单位两种。集体所有制企业法人的主办单位一般是事业单位、社团组织、工会、村委会等。营业单位可以由企业法人下设成立，也可由事业单位、社团组织、工会、村委会等法人组织直接下设成立。

（六）私营企业

需要说明的是，平时人们所说的私营企业主要指个人独资企业、合伙企业和由自然人投资的有限公司。

还有一种类型为个体工商户，它规模较小，单从名称上看，容易与个人独资企业和合伙企业相混淆，但它们核发的营业执照不同。此外，个体工商户不是企业，不能以企业来对待。

三、其他组织机构

（一）事业单位

在我国，事业单位是指那些从事文化教育、科学技术、医疗卫生、体育等专业活动的社会组织。事业单位是相对于企业单位而言的，包括一些有公务员工作的单位，是国家机构的分支，指的是以增进社会福利，满足社会文化、教育、科学、卫生等方面需要，提供各种社会服务为直接目的的社会组织。事业单位类型如图 4－3 所示。

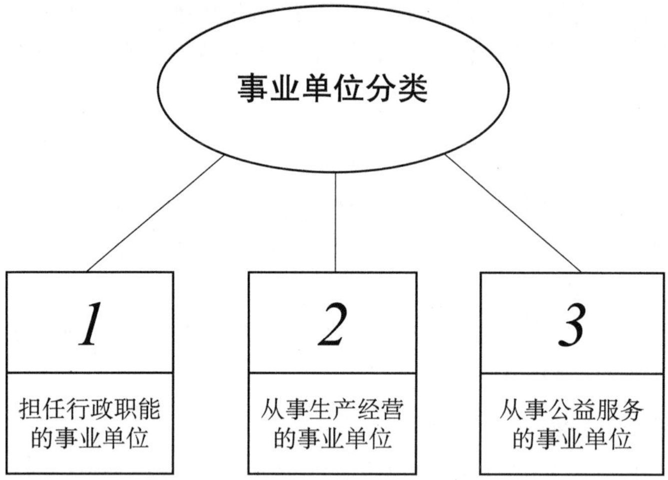

图 4－3　事业单位类型

目前，我国的事业单位有 260 多万个，从业人员 3 000 多万人。事业单位大多是人才荟萃之地，有公办的高等学校、中等学校、职业学校和初等学校；科学院、研究院、设计院；新闻广播电视、部分图书报刊出版单位；医院、保育院、疗养院、卫生机构；文化馆、图书馆、气象局、物资管理局、各级体育组织等。这些单位的职业有教师、研究员、设计师、工程师、记者、译审、节目主持人、医生、药剂师、护士、教练、运动员等。

（二）社会团体

社会团体简称社团，是由一定数量的社员（自然人或法人）组成、依法登记而成立的团体。按照有无法人地位，社会团体可以分成法人社团和非法人社团两种类型。全国性的社会团体必须具有法人地位，而其他社会团体则视具体情况而定，不一定必须具备法人资格。

四、企业探索

下面以高职学生就业最常见的组织机构——企业为例，介绍如何进行企业探索。

（一）企业探索的含义

企业探索就是学生通过理论分析和实际调研来对自己喜欢的企业进行多个方面的全方位解读。在校期间有针对性地了解企业是踏上职业之旅的重要一步。

（二）企业探索的具体内容

1. 企业调研

在进行企业探索时，要从十个方面去了解企业：简介历史（何时成立、对外的介绍是什么）；产品服务（核心产品、产品线或服务是什么）；经营战略（发展战略、经营策略是什么）；组织机构（规模和部门设置是怎样的，有哪些岗位）；企业文化；人力资源战略（校园招聘的途径和职位是什么）；薪酬福利（各级待遇是怎样的）；员工（创始人、现任领导、现任高层、核心员工、目标部门主管和员工、企业以往员工）；活动图片；其他文件。

2. 发展阶段

企业的发展如同人的生涯发展，有诞生、成长、壮大、衰退直到死亡的过程。一个企业从其诞生到死亡的生产经营活动的全部过程就是企业的生命周期。在生命周期的不同阶段，企业的发展战略、经营方针及人力资源制度都有着不同的特点。

3. 企业选择

当求职者以企业调研报告的形式完成对目标企业的调研时，求职者可能会发现自己不喜欢目前所调研的企业，那么求职者就要重新开始企业探索了，以便确定自己喜欢的企业。求职者可以通过了解世界 500 强企业、中国 500 强企业等方式来确定几个喜欢的行业，然后依照行业来选择喜欢的企业。

4. 确定企业

在对企业进行调研后，求职者就可以作出是否喜欢一家企业的选择了。但是，在衡量“喜欢”方面有一些具体的标准：熟悉企业调查信息；能写企业相关的文章；知道企业及其行业的最新活动和进展；能和企业领域的相关人士对话；明确企业的校园招聘；喜欢看与企业相关的书；总去参与企业或行业的相关活动；愿意和别人分享自己对企业及此领域的看法；愿去企业工作并确定在企业的长期发展目标。这些都是求职者确定“喜欢”的一些表现，如果求职者具备三个以上的表现，就找到自己喜欢的企业！

五、岗位和岗位探索

（一）岗位分类

一般情况下，企业的岗位分为生产岗位、执行岗位、专业岗位、监督岗位、管理岗位和决策岗位，其具体内容如表 4－3 所示。

表 4－3　企业岗位分类表

岗位名称	岗位内容
生产岗位	从事制造、安装、维护及为制造做辅助工作的岗位
执行岗位	从事行政或者服务性工作的岗位
专业岗位	从事各类专业技术工作的岗位
监督岗位	从事监督、检查企业各项工作的岗位
管理岗位	从事部门、科室管理的工作岗位
决策岗位	主要指企业的高级管理层

（二）岗位探索

岗位探索就是对岗位本身和影响岗位发展的因素进行初步调研。岗位是自己的阵地，当一个人要占领一片阵地时，一定要对阵地有全面、准确的了解，了解的方式是探索、调研。

（三）岗位说明书

岗位说明书是表明企业期望员工做些什么、规定员工应该做些什么、应该怎么做和在什么样的情况下履行职责的总汇。岗位说明书一般由企业人力资源部门负责编制。岗位说明书应该包括以下内容：岗位基本资料、岗位分析日期、岗位工作概述、岗位工作责任、岗位工作资格、岗位发展方向。

（四）职位探索

职位是指承担一系列工作职责的任职者所对应的组织位置，它是组织的基本构成单位。职位与任职者一一对应，同一岗位可以设置多个职位。求职者在求职时，最初一般考虑的是职业和专业的对口性，但真正入职时还要考虑到具体的职位。因此，对于职位的探索也是职业探索的重要组成部分。对职位的探索可以是多方面、多维度的，一般包括表 4－4 所示的内容。

表 4－4　职位探索的内容

探索维度	具体内容	
入职机会	招聘人数	职位招聘的人数
	招聘政策	招聘的灵活程度以及招聘途径等
	用工制度	聘用后是否有签约合同以及签约年限等

续表

<table>
<tr><th>探索维度</th><th colspan="4">具体内容</th></tr>
<tr><td rowspan="16">任职条件</td><td rowspan="6">基本条件和要求</td><td colspan="2">性别</td><td>是否对性别有特殊要求</td></tr>
<tr><td colspan="2">籍贯</td><td>是否对籍贯有特殊要求（特别是户口所在地）</td></tr>
<tr><td colspan="2">外形</td><td>是否对身高、容貌、裸眼视力等有特殊要求</td></tr>
<tr><td colspan="2">年龄</td><td>是否对年龄有特殊要求</td></tr>
<tr><td colspan="2">婚否</td><td>是否对婚姻状况有特殊要求</td></tr>
<tr><td colspan="2">政治面貌</td><td>对是否为党员、团员有无特殊要求</td></tr>
<tr><td rowspan="6">教育培训要求</td><td colspan="2">毕业院校</td><td>对毕业院校是否有特殊要求</td></tr>
<tr><td colspan="2">专业方向</td><td>对专业方向的要求</td></tr>
<tr><td colspan="2">学历程度</td><td>对学历程度的要求</td></tr>
<tr><td colspan="2">外语、计算机</td><td>对外语、计算机水平的要求</td></tr>
<tr><td colspan="2">培训经历</td><td>对是否接受过与职位工作有关的培训的要求</td></tr>
<tr><td colspan="2">资格证书</td><td>对所应取得的职业资格证书的要求</td></tr>
<tr><td rowspan="2">心理要求</td><td colspan="2">性格</td><td>对性格特征的特殊要求</td></tr>
<tr><td colspan="2">能力</td><td>对总体能力水平及强势能力的特殊要求</td></tr>
<tr><td colspan="3">工作经验</td><td>对有过与职位工作有关的工作经验的要求</td></tr>
<tr><td colspan="3">社会关系</td><td>对社会关系网的特殊要求</td></tr>
<tr><td rowspan="15">工作实况</td><td rowspan="3">工作内容</td><td colspan="2">对象</td><td>职业行动的直接动作对象以及为了完成职位职责所需的活动领域、对象</td></tr>
<tr><td colspan="2">任务、责任</td><td>需要做什么、达到什么目标</td></tr>
<tr><td colspan="2">设备</td><td>工作所借助的仪器、工具等</td></tr>
<tr><td rowspan="4">工作强度</td><td rowspan="4">工作时间</td><td>上下班</td><td>从事该职位工作的上下班时间</td></tr>
<tr><td>加班</td><td>从事该职位工作需要加班的时间或加班频率</td></tr>
<tr><td>节假日</td><td>从事该职位工作是否影响节假日休息</td></tr>
<tr><td>出差</td><td>从事该职位工作需要出差的频率和时间长度</td></tr>
<tr><td colspan="3">工作量</td><td>被访人员需要根据实情说出工作任务的饱满程度</td></tr>
<tr><td rowspan="4">工作环境</td><td>物理环境</td><td>工作设施</td><td>工作场所的办公设备、办公用品、设施等</td></tr>
<tr><td rowspan="3">社会环境</td><td>人际关系</td><td>工作场所的人际氛围、同事间的关系等</td></tr>
<tr><td>工作气氛</td><td>工作场所员工的工作积极性、配合性等</td></tr>
<tr><td>学习氛围</td><td>员工的学习积极性、谋求再培训和再发展的积极性</td></tr>
<tr><td colspan="2" rowspan="3">工作控制</td><td>直接上司</td><td>分管领导的领导风格、喜好、能力水平及价值倾向等</td></tr>
<tr><td>监督与管理</td><td>对该职位工作进行监督、管理的方式及严格程度等</td></tr>
<tr><td>绩效考评</td><td>如何对该职位工作进行考评</td></tr>
<tr><td rowspan="4">所得所感</td><td colspan="2" rowspan="4">薪酬福利</td><td>工资</td><td>根据职务等级、职位测评结果以及工龄、学历及资历等因素确定的报酬</td></tr>
<tr><td>奖金</td><td>根据职工的业绩及单位的经济效益支付给职工的额外报酬</td></tr>
<tr><td>津贴</td><td>一般不与职工的业绩直接挂钩，而是作为政策性的报酬，是薪酬的补充</td></tr>
<tr><td>福利</td><td>由单位及职位带来的所有非货币报酬</td></tr>
</table>

续表

探索维度	具体内容		
所得所感	个人发展	培训、进修	岗前、职后所能接受的培训及进修项目以及培训、进修的频率与机会
		晋升	从事该职位工作能得到的晋升空间与机会
		职业变通	横向转换职业或职位的机会
	社会关系	人际关系资源	从事该职位工作能获得的人际关系网

总结案例

生涯访谈助力职业规划

刘朵朵是北京某高职学院信息技术专业2020届毕业生。为了在求职时少走弯路，她特意通过QQ访谈了一位师兄。师兄张鹏介绍，他毕业前三年都是在不断地换工作中度过的，日子过得辛苦，但是进步很快，每次跳槽工资都会增加两千左右。前年年末的时候，张鹏跳槽进了阿里巴巴。他精通嵌入式系统的开发、能熟练使用各种相关的设计软件，会使用编程语言。工作期间，张鹏踏踏实实地去编写每一个程序，耐心地检查每一个语句，在自己没有能力解决问题的时候谦虚地向他人请教。目前，张鹏在单位发展得很好。张鹏最后建议刘朵朵：好好学习专业知识和英语。大学是一个展示自我、完善自我的平台，要对自己的前程作出规划，并一步一步去实现梦想。

生涯人物访谈活动是拟定职业生涯的一次探索性活动。访谈过后，刘朵朵首先梳理了自己已有的专业知识与能力，客观地评价自己的优势和劣势。然后，她有目的地提前锁定一些目标实习单位，有针对性地进行一些关注和调研，做到有的放矢。此外，她还经常向学长讨教实习方面的经验，以便让自己较快地转变心态和适应角色。刘朵朵的座右铭是："成功＝实干＋机遇"。毕业后，她也签约了阿里巴巴，成为一名研发人员。

分析："纸上得来终觉浅，绝知此事要躬行"。生涯访谈有助于高职生提前准备，做好职场规划，重视专业知识，关注行业动态，提高自己的综合业务素质和专业竞争实力，不断拓展自身优势。另外，访谈过程也是培养访谈者为人处世能力的过程。在校生初步经营包括学长学姐在内的人脉资源，开拓多元化就业渠道，毕业时积极投身行业发展大潮之中，定能事半功倍。

课堂活动

探索初始岗位

一、活动目的

通过探索职业世界，设定找到第一份工作的目标。

二、活动程序

（1）根据所学专业的培养目标，确定一个自己将来要从事的职业。

（2）尝试将自己的职业选择缩小为 1 个具体的岗位。

（3）收集这个岗位的岗位说明书。

（4）请同学帮助分析自己在竞争此岗位方面的优势与劣势。

（5）决定是否继续探索此岗位。

三、活动思考

（1）在探索初始岗位活动中，你对自己的职业路线是否有了初步的规划？

（2）你的现有能力与岗位要求之间主要的差距有哪些？

（3）怎样才能进入你的初始岗位？

四、活动总结

岗位说明书有利于员工明确职业发展目标，将自己的职业生涯规划与企业要求紧密结合起来。岗位描述就是岗位的定义、工作内容及基本素质要求。求职者应该充分了解应聘的岗位描述和具体要求，有针对性地做好应聘准备。求职者需要了解所应聘岗位对从业者技能、学历、资历、经验、品质、个性等方面的基本要求，并找到自身的差距，有针对性地提升。

课后思考

（1）究竟是基于工作世界的要求来塑造自我，还是基于自己的特征去寻找适合的工作世界？

（2）岗位说明书的主要内容是什么？

模块五　职业生涯决策

学习指南

美国著名心理学家麦克利兰的“冰山模型”理论提醒我们，及早地做好职业规划，就能更早地了解自己不易察觉的特点，及时做好提升计划，扬长避短，完善自我。歌德说：“志向和热爱是伟大行为的双翼。”在运用科学的方法对自身的职业生涯进行设计和规划时，张开我们的双翼坚定地去实施，一定能实现我们的鸿鹄之志。高职生如果缺乏职业生涯的目标，往往会匆匆踏上不合心意的工作岗位。所以，高职生要根据本人实际和经济社会发展需要，掌握确定职业生涯发展目标、构建发展台阶和制定发展措施的要领。高职生尤其应该形成实事求是的观念，确立“适合自己的发展目标才是最好的目标”的理念，形成脚踏实地实现发展目标的态度，整合与评估信息，设立目标与计划，处理决定过程中的各种问题，了解认知规律，掌握决策方法。

本模块通过对职业生涯规划设计的步骤和方法的介绍，帮助高职生认识和确立职业生涯目标，运用科学的方法对自身的职业生涯进行设计和规划，并逐步实施，从而走向成功的人生。

能力标准

分类	具体内容
知识	1. 认识职业生涯目标的重要性 2. 了解职业生涯设计的准则 3. 了解职业生涯发展理论 4. 了解职业生涯周期理论 5. 了解职业锚理论
技能	1. 运用 SMART 原则管理职业生涯目标 2. 利用 SWOT 分析方法确立职业生涯目标 3. 运用 CASVE 决策法进行职业生涯决策 4. 利用 PDCA 循环法规划自己的大学学业生涯
态度	1. 形成开朗的职业观 2. 形成务实的职业态度 3. 具有提早规划意识

单元 5.1　做好职业决策

导入案例

小刚的职业生涯目标

18 岁，高中毕业典礼上，小刚发誓要当中国首富！

20 岁，春节老同学聚会上，小刚想创立自己的公司，希望 30 岁时拥有资产 2 000 万元。

23 岁，在某工厂当技术员，第二职业是炒股。“在这里工作太没前途了。我将全力炒股，三年内用 5 万炒到 300 万元。”

25 岁，炒股失意情场得意，开始准备结婚，希望一年后能有 10 万元，风风光光地结婚。

26 岁，不太风光的婚礼上，小刚的理想是将来当个车间主任，别的不多想。

28 岁，工厂效益下滑，正逢妻子怀胎十月，小刚希望这次下岗名单里千万不要有自己的名字。

分析：一个切合实际的职业目标对于一个人的成功具有非常重要的意义。目标偏离自己的能力范围，就会产生重大失误，影响职业生涯的探索。

一、职业生涯目标

根据《现代汉语词典》中的解释，“目标”为想要达到的境地或标准。目标也指个人、部门或整个组织所期望的成果。目标具有精确性、现实性、可实现性、可测量性、致命性和被理解性的特点。

（一）职业生涯目标的含义

职业生涯目标是指个人在选定的职业领域内、在未来时点上所要达到的具体目标，是个人在职业领域理想的具体化。设立职业生涯目标是个人职业规划的首要内容。确立职业生涯目标是制订职业生涯规划的关键。有了职业生涯目标之后，我们便可以采取切实可行的措施，不断增强自身的职业竞争力和素质，从而在激烈的竞争环境中脱颖而出，抓住成功的机会，最终实现自己的职业理想。

【职场箴言】

目标之所以有用，是因为它能帮助我们从现在走向未来。

（二）职业生涯目标的分类

1. 按照时间分类

（1）短期职业目标（1～2 年）。

目标表述清晰、明确、精练；对于本人具有现实意义，与自我价值观和中长期目标一致，有明确的具体完成时间；有明确的努力方向，通过努力能达到适合环境需要的能力，实现起来完全有把握。

（2）中期职业目标（2～5 年）。

目标是结合自己的志愿、组织的环境及要求制订的，与长期目标相一致；基本符合自己的兴趣、价值观，有一定的挑战性；有比较明确的执行时间，根据外部环境变化可做适当的调整；实现的可能性非常大。

（3）长期职业目标（5～10 年）。

目标是自己认真选择的，和组织、社会的发展需求相结合；很符合自己的兴趣、价值观，有实现的可能，并有更大的挑战性；能够立志通过努力实现理想；与人生目标相统一，指导自己为创造美好未来坚持不懈。

2. 按照性质分类

（1）外职业生涯。

外职业生涯是指从事一种职业的工作时间、工作地点、工作单位、工作内容、工作职务与职称、工资待遇、荣誉称号等因素的组合及其变化过程，也就是通过我们的名片、证书、工资单等外在形式可以表现出来的东西。外职业生涯通常是由别人决定、给予、认可，也很容易被别人否定、收回或剥夺。

（2）内职业生涯。

内职业生涯是指从事一种职业时的知识、观念、经验、能力、心理素质、内心感受等内在因素的组合及其变化过程。

（3）内外职业生涯之间应该交替进行、互相促进。

根据人职匹配理论，人的内外职业生涯应该是一致的，在职业生涯道路上成功的秘诀就是内外职业生涯的不断发展。大学生更要关注自己内职业生涯的发展，不断地、全方位地锻炼和提高自己的综合素质，更新就业观念，完善知识结构，提高技能水平，等等。

二、确立职业生涯目标的原则和策略

（一）职业生涯目标管理原则

实施目标管理不仅为员工更加明确高效地工作提供了方向，而且为管理者实施绩效考核提供了考核目标和考核标准，使考核更加科学化、规范化。职业生涯目标管理遵循 SMART 原则，其具体内容如下。

1. 目标必须是具体的（specific）

这是指目标必须是清晰的、可产生行为导向的。比如“我要成为一名优秀的大学生”就不是一个具体的目标，但“我要获得今年的一等奖学金”就算得上是一个具体的目标了。

2. 目标必须是可以衡量的（measurable）

这是指目标必须用指标量化表达。比如“我要获得今年的一等奖学金”这个目标，就对应着许多可以量化的指标——出勤、考试成绩、参加活动的结果等。规划一定要从长远来考虑，集中精力紧紧围绕目标作出努力。

3. **目标必须是可达到的（achievable）**

"可达到"有两层意思：一是目标应该在能力范围内，二是目标要具有一定的挑战性。所提出的目标必须是经过相当的努力才能实现的目标。太容易达到的目标不仅很难激发自己要真正实现它的动机和潜能，长此以往也会让人失去向上的斗志。

4. **目标必须是切合实际的（realistic）**

这是指目标要与现实生活和环境一致，而不是简单的"白日梦"。规划一定要以事实为依据，根据自身特点、组织发展和社会发展需要来制订，应该具有相对的稳定性和连续性。

5. **目标必须具有明确的时间表（time-limited）**

必须确定完成目标的日期，不但要确定最终目标的完成时间，还要设立多个较小时间段上的"时间里程碑"，以便对进度进行监控。

（二）基本策略

职业生涯目标的确立最终决定一个人的职业发展。在进行职业生涯目标设定和职业定位时，高职生可以结合自身的实际，将以下五个原则作为确立职业生涯目标的基本策略。

1. **择己所爱**

一个人只有对所从事的职业有着浓厚的兴趣，才能激发起他对该项工作强烈的求知欲、探索欲，才会使他全身心地投入，在工作中有所发明、有所创造。这既是一种自我能力的开发和展现，又是对工作的促进和推动。

2. **择己所长**

每个人的性格特点以及工作能力都有所差异。在确定职业生涯目标时，高职生必须对照自己的能力，选择最有利于发挥自己优势的职业。如果己长不如人长，要敢于放弃选择；如果己长人短，则要扬长避短，敢于发展。

3. **择世所需**

社会需求是确定和调整职业生涯目标的重要参考，社会需求是不断变化的，要认真分析社会需求，准确预测未来行业或者职业的发展方向与趋势。

4. **择己所适**

确定职业生涯目标时要寻找最合适自己的，不必强求是别人眼中最好的，看起来风光的职业可能会让不适合的你身心俱疲，也达不到自己职业生涯的目标。

5. **择己所利**

职业生涯是我们个人整个生涯的一部分，确立职业生涯目标的时候，我们还需要考虑一个简单的动机——经济利益，要择己所利，本着利己、利他、利社会的原则，确立适合自己的目标。

三、确立职业生涯目标的思路和方法

职业生涯决策的思路要考虑到个人和环境两个方面，图 5－1 职业生涯决策的思考框架，比较清楚地表达了职业生涯决策的过程，即将个人的属性（能力、性格、学历及价值观等）与职业环境进行整合或匹配，最终确定自己理想的职业。

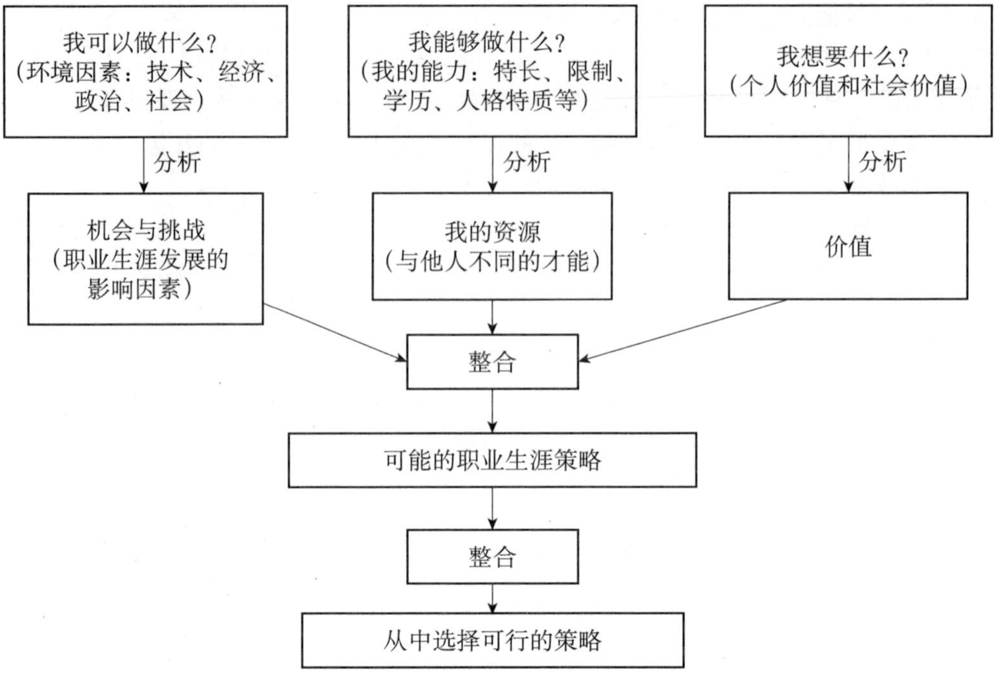

图 5－1　职业生涯决策的思考框架

在作出职业决策之前，全面地考虑影响决策的因素，是实行科学决策的前提。每个进行职业生涯决策的人都可以参照图 5－2“职业生涯与我”清单上的资料，仔细描绘出自己的个人特质与职业生涯期待。

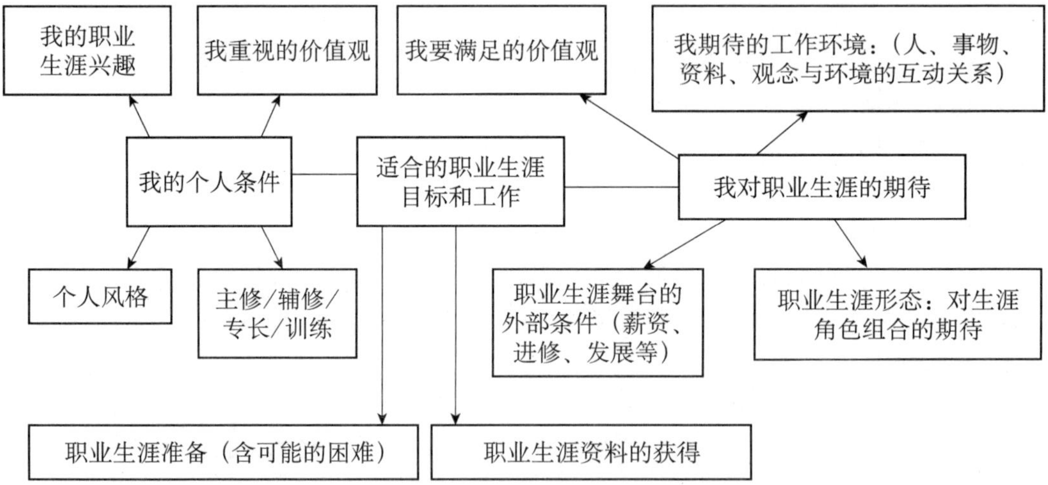

图 5－2　“职业生涯与我”清单

在对照清单对自我特征和职业生涯进行描绘时，常见的问题如下：

（1）在个人条件和职业生涯期待下，可以考虑哪些职业生涯目标。

（2）就职业生涯目标的追寻而言，个人需要哪些职业生涯能力或准备。

（3）在这些职业生涯目标的追寻中，个人可能遇到哪些困难。

(4) 如何得到关于这一职业生涯目标的进一步资料。

(5) 如何处理个人职业心理特性的冲突。个人在进行职业生涯决策时，会面临能力与兴趣和价值观的冲突。理智的选择是以能力为基础，再来考虑符合自己兴趣和价值观的职业。

(6) 如何确定影响外部的因素及力量。要作出最终的决策，需要考虑多方面的因素，并经过分析，找出可能的促进因素或冲突因素。如果找到了解决冲突的方法，就可以做最后的决定了。

(一)"5W"归零思考法

"5W"归零思考法是一种简单易行的决策辅助工具。通过问自己 5 个问题，帮助自己解决职业生涯规划与设计中的相关问题。这种方法因所问的每个问题的前面都有一个英文字母 W 而得名。这 5 个问题是：

Who am I (我是谁)?

What will I do (我想做什么)?

What can I do (我会做什么)?

What does the situation allow me to do (环境支持或允许我做什么)?

What is the plan of my career and life (我的职业与生活规划是什么)?

(二) SWOT 分析法

SWOT 分析法是基于内外部竞争环境和竞争条件下的态势分析，就是将与研究对象密切相关的各种主要内部优势与劣势和外部的机会与威胁等，通过调查列举出来，并依照矩阵形式排列，然后用系统分析的思想，把各种因素相互匹配起来加以分析，从中得出一系列相应的结论，而结论通常带有一定的决策性，是职业生涯规划设计的适用方法。

"SWOT"四个英文字母分别代表着优势（Strength)、劣势（Weakness)、机会(Opportunity)、威胁（Threat)。其中，"S"和"W"主要指内部条件分析，"O"和"T"主要指外部条件分析。利用这种方法，求职者可以找出对自己有利的、值得发扬的因素，发现存在的问题，找出解决的办法，明确以后的目标和发展方向。

(1)"S"："我"的优势及其利用，主要指自己的个性特征、个人成就、实践经验、专业知识等方面的优势。

(2)"W"："我"的弱势及其弥补，主要指自己身体条件、性格弱点、经验或经历中所欠缺的方面等劣势，并简要说明自己将如何克服。

(3)"O"："我"的机会及其利用，主要指社会大环境（如行业发展、工作环境、工作地点、人脉关系等）对自己职业发展的有利方面，并简要说明自己将如何把握。

(4)"T"："我"面临的威胁及其排除策略，主要指社会大环境（如行业发展、工作环境、工作地点、人脉关系等）对自己职业发展的不利方面，并简要说明自己如何规避。

决策者可以根据自己的实际情况，将个人的内部和外部因素实事求是地罗列到表 5-1 中，具体事项可以有多项，不一定仅仅局限于表格所列的。

表 5－1　SWOT 分析示例表格

外部因素	机会	威胁
	(1) (2) (3)	(1) (2) (3)
内部因素	优势	劣势
	(1) (2) (3)	(1) (2) (3)
分析之后的整体结论		

确立职业生涯目标时不能好高骛远，幅度不宜过宽。职业生涯目标往往需要经过一番波折才能够找到，只有充分了解自身内部条件，了解何种外部条件更适合自身的发挥，将两者结合起来进行分析，才会得到个人的职业生涯目标。

（三）决策平衡单法

决策平衡单法经常被应用于解决决策问题和职业选择咨询中，咨询者系统地分析每一个可能的选项，判断分别执行各选项的利弊得失，然后依据其在利弊得失上的加权计分排定各个选项的优先顺序，以执行最优先或偏好的选项。其实施程序如下：

（1）建立“职业生涯决策平衡单”，列出可能的职业选项，并在平衡单中列出有待深入评估的 3～5 个潜在职业选项。

（2）判断各个职业选项的利弊得失。决策平衡单中提供咨询者思考的重要得失，集中于四个方面，分别是：自我物质方面的得失、他人物质方面的得失、自我精神方面的得失、他人精神方面的得失。

（3）各项考虑因素的权重。咨询者在各个方面的利弊得失之间，会因身处不同情境而有不同的考量。因此，在详细列出各项考虑层面之后，须再进行加权计分。

（4）计算出各个职业选项的得分。把各因素的权重和利弊得失分数相乘后再累加，计算各个生涯选项的总分。

（5）排定各个职业选项的优先顺序。依据各职业选项总分的高低，排定优先次序。这样，职业选项的优先次序就可作为咨询者职业生涯决策的依据。

职业生涯决策平衡单法示例如表 5－2 所示。

表 5－2　职业生涯决策平衡单法示例

项目选项	权数（1～5 倍）	方案一		方案二		方案三	
		加分	减分	加分	减分	加分	减分
个人物质方面							
1. 收入							
2. 升迁的机会							
3. ……							
……							

续表

项目选项	权数（1～5倍）	方案一		方案二		方案三	
		加分	减分	加分	减分	加分	减分
个人精神方面							
1. 成就感							
2. 兴趣的满足							
3. ……							
……							
他人物质方面							
1. 家庭经济							
2. 家庭地位							
3. ……							
……							
他人精神方面							
1. 父母							
2. 配偶							
3. ……							
……							
总分							

（四）CASVE决策法

认知信息加工理论以信息加工取向看待生涯问题的解决。该理论把生涯发展与规划的过程视为学习信息加工能力的过程，认为生涯发展就是关于一个人是如何作出职业生涯决策以及在生涯问题解决和生涯决策过程中是如何使用信息的过程。在认知信息加工理论的金字塔中，CASVE循环（见图5-3）处于核心地位。它包含进行良好决策的沟通。

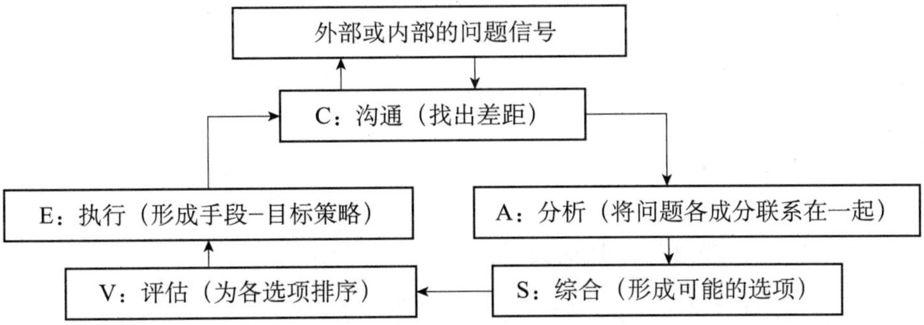

图5-3　CASVE循环图

沟通（Communication）、分析（Analysis）、综合（Synthesis）、评估（Valuing）和执行（Execution）五个阶段，构成了决策的CASVE循环。解决生涯问题需占用我们大脑中大量的记忆空间，并要求大脑具有很强的信息加工能力。

CASVE 循环是一个不断重复的过程，在执行阶段之后，生涯决策者又回到沟通阶段，以确定沟通阶段所存在的职业问题是否得到了很好的解决，是否能最有效地消除理想与现实之间的差距，依据是否需要再作出决策以及是否容易获得信息资源等，个体决定是否重新开始一次 CASVE 循环，直到职业生涯问题被解决为止。

总结案例

高职生一路高升

黄洁是某职业技术学院信息管理专业学生。毕业后，他应聘到华宇电脑工程有限公司做了市场营销部的一名普通业务员。

黄洁日复一日地骑着自行车穿梭在大街小巷。作为业务员，他的主要工作是了解客户需求，向客户解释推荐的产品的质量、性能、优点、缺点等。刚开始跑业务时，黄洁缺乏经验，有些业务知识和产品知识不太懂，于是他勤查资料学习，并经常向有经验的前辈虚心请教。

黄洁在工作上很用心，经过一年多时间的摸索，他在推荐产品方面逐渐有了自己独特的方法，会针对客户的特点来解说。

连续两年，黄洁的业务量为全公司第一。黄洁因业绩突出被提拔为市场部经理，后来被调到采购部担任经理一职，这距离他毕业还不到三年的时间。

分析：要达到目标，就要像上楼一样，一步一个台阶，把大目标分解为多个易于达到的小目标，脚踏实地地向前迈进。

课堂活动

决策模拟训练

——CASVE 循环在高职生职业生涯决策中的应用

一、沟通阶段（知道自己需要作出一个选择）

事件：为假期的社会实践选择一个工作任务。

（1）朋友和亲戚的意见（如同宿舍的舍友）：如果不尽快作出决定，就会出现问题。

（2）自己的感受：害怕承担责任，以至于选择过程犹豫不决。

（3）回避自己的问题：过几天再选吧。

（4）身体的问题：心烦，吃不下东西。

二、分析阶段（了解自己和各种选择）

（1）了解自己：我的性格是________，兴趣是________，气质是________，价值观是________，专业是________。

（2）了解自己可能进行的社会实践的项目：社会实践中自己可能进行的工作分为________类、________类、________类、________类等几种类别，每一大类包含的工作项目是______________；______________；______________；______________。

（3）了解自己作出重要决策的方法：一般自己作出重要决策，都是______________。

(4) 了解自己是如何思考决策的（通过自我对话和自我觉察，觉察到并能控制自我对话）。

三、综合阶段（扩大或者缩小自己的选择列表）

(1) 从众多社会实践活动中，找出最适合自己价值观、兴趣、能力、气质的实践项目或工作任务。

(2) 从这些实践项目中，选出 3～5 项。

四、评估阶段

(1) 评估每一项工作项目对于“我”自己、“我”的家庭、“我”的文化群体、“我”的社会的代价和收益。

(2) 评定社会实践项目等级，作出第一选择和第二选择。

五、执行阶段（执行自己的选择）

(1) 计划——作出进行此项社会实践工作的计划。

(2) 尝试——通过实际的社会实践检验自己的选择。

(3) 评价——针对实践中的优势和不足，提出改进意见。

六、再循环阶段（知道自己作出了恰当的选择）

(1) 事情是否发生了改变？

(2) 我的朋友和亲戚对我的选择有什么反应？

(3) 我现在感觉如何？

(4) 我是否回避了某些应该做的事？

七、确定职业生涯目标

试利用表 5-3，确定你的职业生涯目标。

表 5-3　职业生涯目标分析表

自我认识		环境认识
我的性格	MBTI：______ 我的性格特点：____	适合的职业： (1) ______；(2) ______；(3) ______
我的兴趣	兴趣岛测试：____ 我的兴趣：______	适合的职业： (1) ______；(2) ______；(3) ______
我的能力（在每个技能后写明支持事件）	知识技能：______ 事件：______	适合的职业： (1) ______；(2) ______；(3) ______
	通用技能：______ 事件：______	
我的价值观		适合的职业： (1) ______；(2) ______；(3) ______

续表

<table>
<tr><th colspan="2">自我认识</th><th>环境认识</th></tr>
<tr><td>我的职业目标群</td><td colspan="2">（1）________；（2）________；（3）________</td></tr>
<tr><td rowspan="2">SWOT 分析</td><td>长处：（你的类型）
________</td><td>短处（你需要改善的地方）：
________</td></tr>
<tr><td>与职业选择有关的有利外部条件：
________</td><td>与职业选择有关的不利外部条件：
________</td></tr>
</table>

课后思考

你能够利用 SWOT 分析方法确立自己的职业生涯目标吗？

单元 5.2　制定和实施职业生涯规划

导入案例

斯皮尔伯格的故事

斯皮尔伯格在 36 岁时就成为世界上最成功的制片人，电影史上十大卖座的影片中，他个人就有四部。他 17 岁时参观了一个电影制片厂，当时他就树立了目标：要拍最好的电影。第二天，他穿了一套西装，提着爸爸的公文包，里面装了一块三明治，再次来到制片厂。他故意装出一副大人的模样，骗过了警卫，来到了制片厂里面。他找到一辆废弃的车，用塑胶字母在车门上拼出“斯蒂芬·斯皮尔伯格”“导演”等字样。他利用整个夏天忙着去认识各个导演、编剧等，完全以一个导演的标准来要求自己，在与别人的交谈中学习、观察、思考。在 20 岁那年，斯皮尔伯格正式成为电影导演，开始了他的职业生涯。

分析：本案例讲述了斯皮尔伯格是如何确立自己的目标，并为之奋斗的。选择与个人的性格、兴趣、能力等相适应的职业生涯规划并付诸实施，会使自己的职业生涯充满幸福。目标与理想并不是就业后的事情，从小立志，并努力实现它，你就能拥有超人的力量。

一、对职业发展规律的认识

（一）金斯伯格职业生涯发展理论

金斯伯格的研究重点是从童年到青少年阶段的职业心理发展过程，他将职业生涯的发展分为幻想期、尝试期和现实期三个阶段，如表 5-4 所示。

表 5-4 金斯伯格的职业生涯发展阶段理论

阶段		主要心理和活动
幻想期（11 岁前儿童时期）	幻想阶段	以少年儿童想象“早日长大成人，成人后干某种工作”的空想或幻想为特征。对外面的信息充满好奇和幻想，在游戏中扮演自己喜爱的角色。此时的职业需求特点是，单纯由自己的兴趣爱好决定，并不考虑自己的条件、能力和水平，也不考虑社会需求和机遇
尝试期（11～17 岁）	兴趣阶段（11～12 岁）	开始注意并培养其对某些职业的兴趣，独立意识增强
	能力阶段（13～14 岁）	开始以个人的能力为核心，衡量并测验自己的能力，将其表现在各种相关的职业活动上
	价值观阶段（15～16 岁）	逐渐了解自己的职业价值观，注意职业的社会地位，并能兼顾个人与社会的需要，以职业的价值性选择职业
	综合阶段（17 岁左右）	将上述三个阶段进行综合考虑，并综合相关的职业选择资料，以此来正确了解和判定未来的职业生涯发展方向
现实期（17 岁以后，正式职业选择决策阶段）	试探阶段	根据尝试期的结果，进行各种试探活动，试探各种职业机会和可能的选择
	具体化阶段	根据试探阶段的经历做进一步的选择，对一种职业目标有所专注，并努力推进这一选择，进入具体化阶段
	特定化阶段	依据选择的目标做具体的就业准备。青年人为了特定的职业目的，进入更高一级学校或接受专业训练。已有工作但不满意者，想重新进修，再找工作，也属于这个阶段。能够客观地把自己的职业愿望或要求同自己的主观条件、能力以及社会需求密切联系和协调起来，已有具体的、现实的职业目标

金斯伯格的职业生涯发展阶段理论展示了从幼年到青年期个体职业心理发展的生动图景，实际上解释了初次就业前人们职业意识和职业追求的发展变化过程，表明早期职业心理的发展对人生职业选择有着重大的影响。

（二）舒伯的职业生涯发展理论与生涯彩虹理论

舒伯认为，可依据年龄将每个人生阶段与职业发展相配合，且每个阶段各有其发展任务。

1980 年，舒伯在原有的职业生涯发展阶段理论基础上加入了角色理论，提出了“生活广度-生活空间的职业生涯发展观”，并根据职业生涯发展阶段与角色彼此间交互影响的状况，描绘出一个多重角色生涯发展的综合图形，即生涯的彩虹图（Life-career Rainbow），具体见图 5-4。

在彩虹图中，既有代表横跨一生的生活广度的横向层面，显示人生主要的发展阶段和大致估算的年龄，也有代表纵贯上下的生活空间的纵向层面，由一组职位和角色（儿童、学生、休闲者、工作者、家长等）所组成。角色之间是相互影响的。

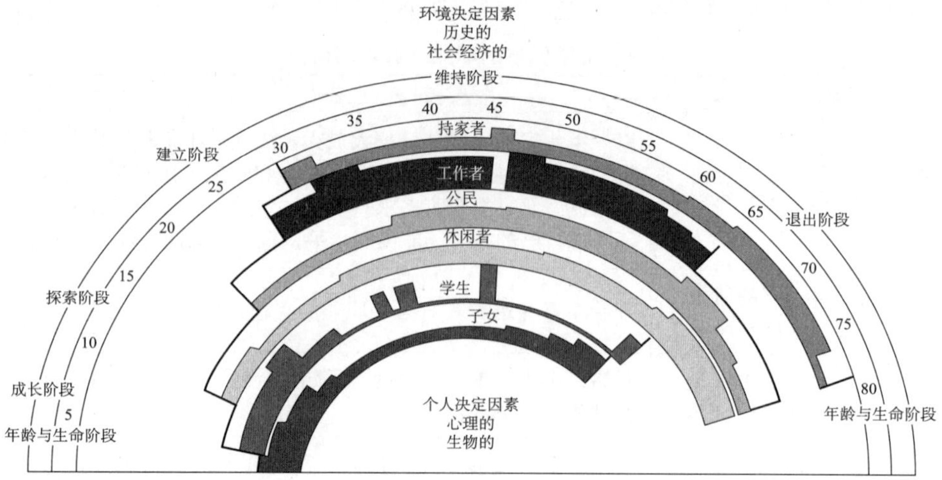

图 5－4　生涯彩虹图

（三）施恩的职业生涯周期理论

美国著名心理学家施恩教授认为：一个人一生要面临的问题有三个方面：一是成长、学习中遇到的问题；二是家庭婚姻中遇到的矛盾和难题；三是工作过程中的苦恼和困难。对此，施恩教授把人的一生归纳为下面三种周期相互交叉作用的结果：三种周期为“婚姻-家庭”生活周期、“生物-社会”生命周期、“工作-职业”生涯周期。每个周期存在重叠或矛盾冲突，具体如图 5－5 所示。

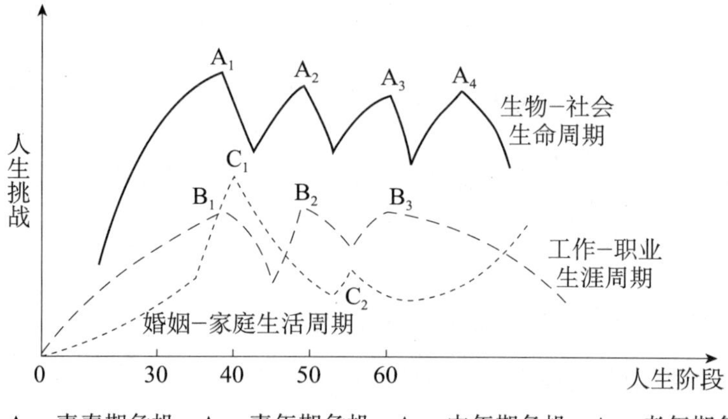

A_1—青春期危机，A_2—青年期危机，A_3—中年期危机，A_4—老年期危机；
B_1—进入职业组织，B_2—获得重要职能，B_3—面临退休压力；
C_1—结婚生子，C_2—子女抚育。

图 5－5　施恩的人生周期图

（四）职业锚理论

1. 职业锚的含义

职业锚（职业系留点）理论是由美国麻省理工学院教授施恩提出的。施恩发现，尽管每个参与者的职业经历各不相同，但他从职业决策和对关键职业事件的各种感受中发现了惊人的一致性：当人们从事自己不适合的工作时，一种意识会将其拉回到使其感觉更好的方向（职业）上，这就是职业锚。

职业锚中的“锚”是人们选择和发展自己的职业所围绕的中心，指当一个人不得不作出职业选择的时候，该人无论如何都不愿意放弃的职业中的至关重要的东西或价值。

2. 职业锚的类型

职业锚包括八种类型：技术/职能型、管理型、自主/独立型、安全/稳定型、创造/创业型、服务/奉献型、挑战型、生活型。

3. 职业锚的作用

职业锚在个人的职业生涯与工作生命周期中、在个人与组织的事业发展过程中，都发挥着重要的作用：一是有助于选择职业生涯发展道路；二是有助于确定职业生涯目标，发展职业角色形象；三是有助于提高个人的工作技能，提高职业竞争力。

二、职业发展路线及选择

职业生涯是个体职业生活的历程，包括职业的维持与变更、职务的升迁与职位的变动等，是个体职业发展的整体“路线图”。职业生涯是指一个人从职业能力的获得、职业准备、职业选择、职业发展、职业调整，直到退出职业活动的完整的职业发展过程。

职业发展路线的选择需要考虑以下几个问题：

（1）个人希望向哪条路线发展，主要考虑自己的价值观、理想、成就动机等，由此确定自己的目标取向（“想往哪个方面发展”）。

（2）个人适合向哪一条路线发展，主要考虑自己的性格、特长、经历、知识结构、能力水平等，由此确定自己的能力取向（“适合往哪个方面发展”）。

（3）个人能够向哪一条路线发展，主要考虑自身所处的社会环境、政治与经济环境、组织环境等因素，由此确定自己的机会取向（“可以往哪个方面发展”）。

职业发展路线选择具体如图 5－6 所示。

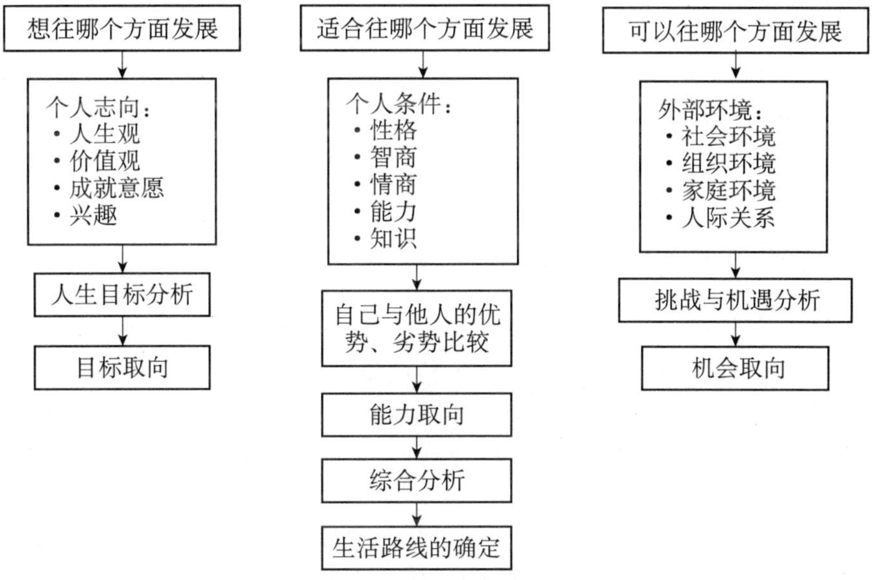

图 5－6　职业发展路线选择

路线选择的重点是对影响职业生涯选择的要素进行分析的基础上，确定自己的职业生涯路线。需要指出的是，职业生涯路线可能会出现交叉和转换，个人可以根据自身情况来决定。其中典型的职业发展路线如表 5-5 所示。

表 5-5　几种典型的职业发展路线

类型	典型特征	成功标准	主要职业领域	典型职业发展
技术型	主要注意力是工作的实际技术或职能内容。只愿在技术职能区提升	在本技术领域达到最高管理位置，保持技术优势	工程技术、财务分析、营销、计划、系统分析	例如：财务分析员—主管会计—财务部主任—公司财务副总裁
管理型	在信息不全的情况下，分析解决问题，善于影响、监督、操纵、控制组织成员，能为感情危机所激励，善于使用权力	管理越来越多的下级，承担的责任越来越大，独立性越来越强	政府机构、企业组织及其部门的主要负责人	例如：工人—生产组长—生产线经理—部门经理—行政副总裁—行政总裁
稳定型	依赖组织，希望平稳，怕被解雇，倾向于按组织要求行事，高度的感情安全，没有太大的抱负，考虑退休金	一种稳定、安全、氛围良好的家庭、工作环境	教师、医生、研究人员、勤杂人员	更多地追求支撑，比如追求职称的不断提升
创造型	要求有自主权、管理才能，能施展自己的特殊才能，喜好冒险，力求新的东西，经常转换职业	建立或创造某种东西，是完全属于自己的杰作	发明家、风险投资者、产品开发人员、企业家	无典型职业通路，极易变换职业或干脆自己单干
自主型	有着自己的步调、时间表、生活方式和习惯，认为组织生活是不自由的、侵犯个人的	在工作中得到自由与快乐	学者、研究人员、手工业者、个体工商户	在自由领域中发展自己的个人事业

三、职业生涯规划的制定及实施

（一）制定的原则

高职生职业生涯规划的制定、实施、评估和修正是一个复杂的系统工程，每个人根据自身特点所制定的个人职业生涯规划是不同的，内容可以丰富多彩，形式可以变化多样，但是其制定的过程依然要遵循一定的原则。

1. 系统性原则

“不谋万世者，不足谋一时；不谋全局者，不足谋一域。”个人职业生涯规划应该是综合“天时、地利、人和”而制定的具有宏观指导意义的方案。在规划的实施过程中，要关注各个子计划、系统的统筹发展，着重检视存在不足和缺陷的地方，避免“木桶效应”带来的消极影响，同时，要充分认识到各目标之间可能存在的矛盾与冲突。

2. 一致性原则

职业生涯目标的实现并不是一蹴而就的，因此要对整个职业生涯目标进行分解，制定每一时期的阶段性目标以及计划完成的时间和具体实施措施，各个阶段目标要与总目标保持一致，各阶段性目标与措施要相互衔接，不能割裂开来。

3. 长期性原则

职业生涯规划是一个具有战略性质的指导计划。做职业规划时一定要有长远的眼光，能够考虑到 5 年、10 年甚至更久以后可能的个人、家庭及社会的发展变化。规划的制定必须在充分考虑各种影响的基础上从长计议。

4. 可行性原则

可行性原则是指目标不要定得太高，不要超出自己的能力范围，否则一旦难以实现就会挫伤自己进一步实施职业生涯规划的积极性。个人的发展离不开企业（组织），个人必须按照社会的需求，认可企业（组织）的目标和价值观念，并把个人的价值观念、知识和努力集中于企业（组织）的需要上。

5. 动态性原则

职业生涯规划制定后，并不是一成不变的。职业生涯规划的动态性至少包含以下几个层次的含义：

（1）职业目标可能变动。职业目标会随着个人特点或环境因素而发生变化。

（2）职业计划实施可能需要调整。当发现职业计划不再具有可操作性时，应当及时进行调整。

（3）社会职业的需求发生了变化，原来的行动方案应作出必要的调整，以适应新的需求。

因此，在制定和落实职业生涯规划的具体措施时，要充分考虑变化与发展因素，如目标或措施是否依环境及个体的变化发展而作出调整。

（二）影响因素分析

职业生涯规划的影响因素包括个人因素、家庭因素、教育因素、组织因素、社会因素等。

（三）个人职业生涯管理

职业生涯管理的内容主要表现为个人和组织两个层面，如图 5－7 所示。本教材主要讨论个人的职业生涯管理。

个人职业生涯管理是个人对其职业生涯进行规划、选择、开发和调整的活动过程。

一个人在择业上的自由度，很大程度上取决于个人所拥有的职业能力和职业品质，一个人要想拥有不可替代的职业能力和职业品质，应该根据自身的潜能、兴趣、价值观和需要来选择适合自身优点的职业，将自己的潜能转化为现实的价值，这就需要对自己的职业生涯作出规划和设计。

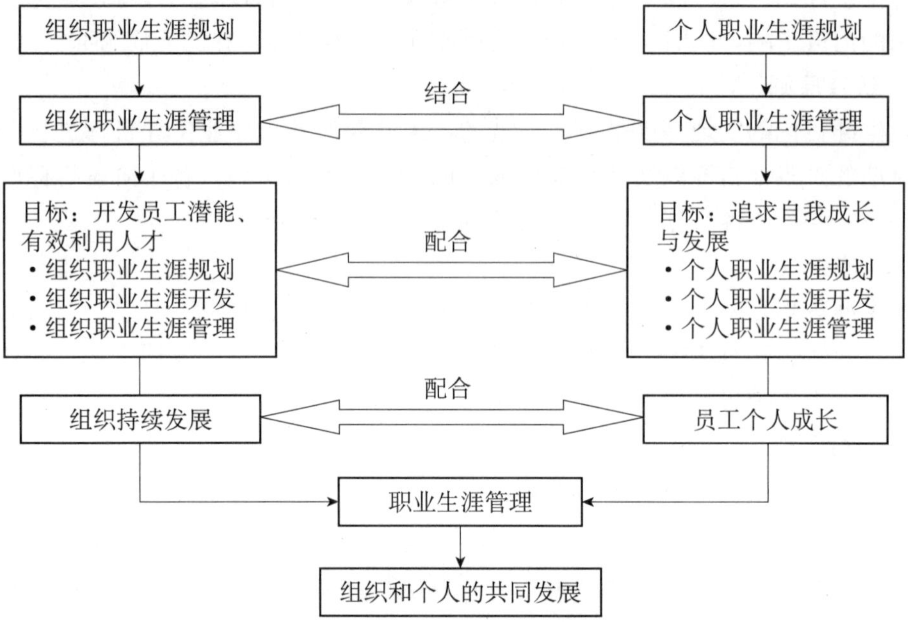

图 5－7　职业生涯管理的内容

四、职业生涯规划制定的基本步骤

职业生涯规划是一个周而复始的连续过程，其基本步骤如下。

（一）确定志向

“志不立，天下无可成之事。”志向是事业成功的前提，影响一个人的奋斗目标和成就。规划职业生涯时，首先要确立志向，要主动地去规划自己的职业生涯。

（二）自我评估

系统的职业生涯规划是一个“从内而外”的过程，通过对个人人格特质、兴趣、技能等方面的自我评估，确定适合自身内在条件的职业定位。

（三）环境评估

环境因素对于个人职业生涯发展的影响是巨大的，环境为每个人提供了活动空间、发展条件和成功的机遇。

（四）明确职业生涯目标

就整个职业生涯来说，目标设定可以是多层次、分阶段的。职业生涯跨越一个人的青年、中年和中老年时代。每个人都应确立一个适度的目标体系，有针对性地制订阶段性目标。

（五）职业生涯路线选择与决策

职业生涯路线是指一个人选定职业生涯目标后从哪个方向上实现自己的目标，是向专业技术方向发展还是向行政管理方向发展，方向不同，要求不同。

（六）制订行动计划与措施

行动计划与措施的制订需要分析自身条件与职业生涯目标的差距，以缩小差距为目的，制订出既可以实现又具有挑战性的行动计划与措施。

（七）执行与实施

职业生涯规划的执行和实施可以采用 PDCA 循环法。PDCA 循环法是由美国质量管理专家戴明提出的，故又称“戴明循环”。PDCA 是英文单词 Plan（计划）、Do（执行）、Check（检查）和 Act（处理）的首字母的组合。该循环法有四个阶段：P 阶段、D 阶段、C 阶段、A 阶段，也称“计划阶段”“执行阶段”“检查阶段”“处理阶段”。具体循环过程如图 5－8 所示。

1. 计划（Plan）阶段

这个阶段的工作主要是找出存在的问题，通过分析，确定改进的目标，确定达成这些目标的措施和方法。

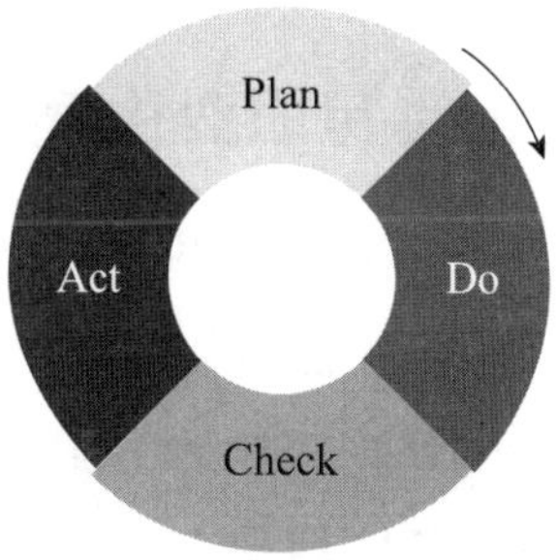

图 5－8　PDCA 循环

实现目标的过程就是缩小自身同目标之间差距的过程。

（1）思想观念差距。只有与组织、社会相适应的思想观念，才能有效地促进个人的职业目标按计划实现。

（2）知识差距。分析了解当前自己的知识水平与既定职业目标要求的知识水平之间的差距，不断学习新知识，并将其应用到工作实践中。

（3）能力差距。能力差距是指自己目前具有的能力与实际工作需求之间的差距。

（4）心理素质差距。心理素质差距涉及一个人的毅力、面对变故和挫折时的心理承受能力和情感智力等。

最终，确定措施，根据上述问题找出对策，调整分阶段目标与计划。

2. 执行（Do）阶段

按照制订的计划和措施，严格地去执行。如发现新的问题或情况，应及时修订计划内容，以保证达到预期目标。

3. 检查（Check）阶段

分阶段完成计划时，根据所确定的目标和要求对执行计划的结果实事求是地进行正确的评估。

4. 处理（Act）阶段

（1）总结经验，巩固成绩。把成功的经验和失败的教训纳入自己的信息库中积累起来，以提高工作效率。

（2）解决问题，转入下一个循环。检查未解决的问题，找出原因，转入下一个 PDCA 循环中，作为下一个循环计划制订的资料和依据。

PDCA 循环的特点是环环相扣、相互促进、螺旋式上升和发展。PDCA 循环的四个阶段是紧密衔接、连成一体的。在实际的工作中，一般的做法是边检查、边总结、边调整计划，每次循环都会使就业水平得到提高。

（八）评估与修正

职业生涯评估主要是对各阶段的预定目标和实际结果之间的差距进行分析，找到差距产生的原因。

行动计划在实施之后可能出现以下几种情况。

1. 目标过高或过低

目标过高超过个人能力时，需要适当降低目标；目标过低不需要花费很大精力就可以达成时，自己的能力无法充分发挥，需要适当提高目标。

2. 计划措施与目标不匹配

需要对计划和措施进行修正，压缩其他现阶段相对不太重要的目标安排。

3. 执行力不足

需要时常对计划措施的执行进行检查，督促自身的执行，也可增加奖惩措施来督促自己的执行。

五、撰写职业生涯规划书

一份完整的职业生涯规划书应包括以下内容。

（一）封面

封面内容包括姓名、专业、班级等个人基本信息。

（二）目录

目录根据正文内容确定，具体如图 5－9 所示。

目　录

总论（前言、引言）……
一、自我探索……
　　兴趣……
　　能力……
　　性格……
　　价值观……
　　胜任能力……
　　自我探索小结……
二、环境分析……
　　家庭环境分析……
　　学校环境分析……
　　社会环境分析……
　　职业环境分析……
　　环境分析小结……
三、职业定位……
　　SWOT 分析……
　　职业生涯目标……
　　职业生涯发展策略……
　　具体路径……
四、计划实施……
五、评估调整……
　　评估的内容……
　　调整的原则……
　　备选方案……
结束语……

图 5－9　职业生涯规划书的目录

（三）正文

正文内容包括总论（前言、引言）、自我探索、环境分析、职业定位、计划实施、评估调整、结束语 7 个部分。

（1）总论（前言、引言）。这部分主要写规划的目的及自己对规划意义的认识等。

（2）自我探索。这部分内容包括对兴趣、能力、性格、价值观、胜任能力等的测评结果，并进行自我探索小结。

（3）环境分析。这部分内容包括家庭环境分析、学校环境分析、社会环境分析、职业环境分析，并根据以上分析进行环境分析小结。

（4）职业定位。这部分内容在自我探索及环境分析的基础上，通过 SWOT 等方法确立自己的职业生涯目标、职业发展策略，并提出具体路径。

（5）计划实施。通过各种积极的具体措施与行动去争取职业生涯目标的实现，也就是对如何实现自己的职业生涯发展目标制订一个比较详细而又切实可行的行动计划和策略方案。

（6）评估调整。听取多方意见，并检查是否符合具体、清晰、可量化原则，写明要评估的内容。

（7）结束语。这部分主要对在自己进行职业生涯规划的过程中帮助过自己的人表示感谢，最后给自己鼓劲，表明自己能够完成规划所确定目标的决心和信心。

总结案例

企业员工职业生涯规划的四个步骤

（一）自我评价

1. 目的

帮助员工确定兴趣、价值观、资质以及行为取向，指导员工思考当前所处职业生涯的位置，制订出未来的发展计划，评估个人的职业发展规划与当前所处的环境以及可获得的资源是否匹配。

2. 方式

企业推行自我评价主要采取如下两种方式：

（1）职业兴趣确认：帮助员工确定自己的职业和工作兴趣。

（2）自我指导研究：帮助员工确认自己喜欢在哪一种类型的环境下从事工作。

3. 员工与企业的责任

（1）员工的责任：根据自己当前的技能或兴趣与期望的工作之间存在的差距，确定改善机会和改善需求。

（2）企业的责任：提供评价信息，判断员工的优势、劣势、兴趣与价值观。

（二）现实审查

1. 目的

帮助员工了解自身与企业潜在的晋升机会、横向流动等规划是否相符合，以及企业对其技能、知识所作出的评价等信息。

2. 信息传递方式

现实审查中信息传递的方式有以下两种：

（1）由员工的上级领导将信息提供作为绩效评价过程的一个组成部分，与员工进行沟通。

（2）上级领导与员工举行专门的绩效评价与职业开发讨论，双方就员工的职业兴趣、优势以及可能参与的开发活动等方面进行交流。

3. 员工与企业的责任

（1）员工的责任：确定哪些需求具有开发的现实性。

（2）企业的责任：就绩效评价结果以及员工与企业的长期发展规划相匹配之处与员工进行沟通。

（三）目标设定

1. 目的

帮助员工确定短期与长期职业目标。这些目标与员工的期望职位、应用技能水平、工作设定、技能获得等其他方面紧密联系。

2. 目标设定的方式

员工与上级领导针对目标进行讨论，并记录于员工的开发计划中。

3. 员工与企业的责任

（1）员工的责任：确定目标和判断目标进展状况。

（2）企业的责任：确保目标是具体的、富有挑战性的、可以实现的；承诺并帮助员工达成目标。

（四）行动规划

1. 目的

帮助员工决定如何才能达成自己的短期与长期的职业生涯目标。

2. 行动计划的方式

这主要取决于员工开发的需求以及开发的目标，可采用安排员工参加培训课程和研讨会、获得新的工作经验、获得更多的评价等方式。

3. 员工与企业的责任

（1）员工的责任：制定达成目标的步骤及时间表。

（2）企业的责任：确定员工在达成目标时所需要的资源，其中包括课程、工作经验以及关系等。

分析：职业生涯规划是一个周而复始的连续过程。系统的职业生涯规划是一个“由内而外”的过程，通过对个人人格特质、兴趣、技能等方面的自我评估确定适合自身条件的职业定位。

课堂活动

职业生涯规划书的优化和调整

一、活动目的

通过案例分析，学生结合自身的情况，更好地进行职业生涯管理。

二、活动过程

小王是一名很有想法的大学生，去年9月考入某省大学工商管理专业，父母在一座小城市生活，属于一般工人家庭。仔细阅读并讨论该同学职业生涯规划书的优与劣，并提出调整方案。

职业生涯规划书

一、个性特点

责任感强，具有较强的人道主义倾向，社会适应能力强。善于表达，喜欢处于集体的中心地位，喜欢通过与他人讨论来解决存在的难题。不喜欢需要剧烈身体运动的工作，不喜欢与机器打交道。

二、自我认知

优点：积极向上，有很强的组织和策划能力，吃苦耐劳，勤奋好学，有很强的适应能力和很强的责任心。

缺点：自尊心太强，缺乏勇气，不够自信。

三、职业认知

目标职业与目前的能力：策划管理者，有一定的差距，要不断奋发向上，努力克服弱点，发挥优点，提升能力，从而达到目标职业所要求的能力。

四、职业生涯规划设计

（一）确定职业目标和路径

1. 近期目标

利用大二、大三两年时间把营销学、管理学和策划实务等专业课程学通学精，努力考取会计从业资格证书、计算机水平一级证书和英语四级证书。

2. 中期目标

(1) 第一阶段：加深专业研究，以管理和策划为重点研究方向，到商场或酒店等企业实习，积累管理经验；努力成为企业商务助理。

(2) 第二阶段：努力适应工作岗位，融入单位文化。尽快熟悉工作流程，分析本部门的发展、运作情况，多提有建设性的意见和建议；努力成为中层管理人员。

(3) 长期目标：通过管理培训与实践学习，形成自己的管理理念，具备领导和组织团队的能力，在业界有一定知名度；成为高层管理人员。

（二）制订行动计划

1. 短期计划

(1) 社会实践方面：参加社会调查活动、到工厂参观实习等；积极参加各种演讲比赛，从而锻炼自己的胆量。

(2) 学术创新方面：尝试进行学术创新、科技创新。

(3) 技能培训方面：

大二下学期：考取会计从业资格和计算机水平一级证书。

大二暑假：考取驾驶执照；巩固本专业知识。

大三上学期：考取大学英语四级证书；准备毕业论文的素材。

大三下学期：到酒店、商场实习，增加管理实践经验。

2. 中期计划

(1) 第一期：

职业目标：企业商务助理。

学历目标：进修管理学有关课程和会计课程。

能力目标：适应工作岗位，融入单位文化；尽快熟悉工作流程，分析本部门的发展、运作情况，向主管多提建设性的意见和建议。

（2）第二期：

职业目标：企业中层管理人员。

学历目标：尝试考取管理专业研究生学位。

能力目标：积极配合领导的工作，在岗位上尽心尽力，积极、高效地完成本职工作。

3. 长期目标

（1）职业目标：企业高层管理人员。

（2）能力目标：通过管理培训与实践学习，形成自己的管理理念，具备领导和组织一个团队的能力，有广泛的社交范围，在业界有一定知名度。

4. 途径

制定生活时间表，约束自己更好地执行。

（三）动态反馈调整

职业目标、职业路径与行动计划的评估和调整：

（1）若不能成为企业的商务助理：会加强商务业务的学习，参加相关的培训，到商务企业去学习相关业务。

（2）若不能成为中层管理人员：会试着转变职业方向，转向会计行业，希望通过攻读相关会计课程成为会计师。

（3）若不能成为高层管理人员：会加强营销策划方面的有关知识，向营销策划方向转型。

制订原计划3年时间后，如果一直未能进入企业管理层，就继续从事商务助理工作，并更努力地钻研管理理论知识。

请分析这份规划书的优与劣，并提出调整方案：

____

____

____

课后思考

（1）试用PDCA循环法规划自己的大学学业生涯。

（2）为自己撰写一份职业生涯规划书。

第二部分

就业创业指导

模块六　做好就业准备

学习指南

年轻人的就业成才是家事也是国事，高校毕业生是国家宝贵的人才资源，要切实做好以高校毕业生为重点的青年就业工作。同时，“大众创业、万众创新”已扎根于国人心中，尤其是年轻大学生的心中，在美丽中国呈现无限生机。创新创业是培育和催生经济社会发展新动力的必然选择，是扩大就业、实现高质量就业的重要路径。我们期待，年轻的高职毕业生做好就业准备，从容地走向职场，在奋斗、创造中，充分发挥自己的综合职业能力，全面实现自己的人生价值。

本模块将向高职生全面呈现当前我国就业形势、就业政策和公共就业服务，以及毕业去向和就业渠道，帮助高职毕业生转变就业观念、了解就业政策、有效获取就业信息，进而帮助青年学生做好就业准备。

能力标准

分类	具体内容
知识	1. 了解当前的就业形势及高职生的就业现状 2. 了解国家发展战略和高职毕业生就业新机遇 3. 了解高职毕业生就业求职的主要途径 4. 了解高职生主要毕业去向及利弊
技能	1. 根据就业政策做好职业规划 2. 运用公共就业服务提升就业成功率 3. 根据高职生主要毕业去向设定职业发展目标
态度	1. 形成守法的职业价值观 2. 形成严谨的人生态度 3. 具有法制观念 4. 树立科学的就业观

单元 6.1 就业形势

导入案例

机会留给有准备的人

蔡某是职业学院电子信息技术专业 2023 届毕业生。在校期间，他刻苦学习所有理论和专业课程，考取了普通话、英语、计算机等证书，积极参加学校的各种活动，特别重视沟通能力、合作能力的训练和责任心的培养。因为他知道，能帮助自己敲开用人单位大门的，除了在校期间的学习成绩，还有综合能力。因此他通过社会实践、观察体验、学长们的经验分享等，对就业过程中的机会和竞争性有了全面的了解，期望在职业发展中能够赢得优势。

尽管许多师兄师姐说实习很累、很苦，但这丝毫没有影响蔡某对实习的热情，他认为实习是检验专业能力、提高社会适应能力的好机会。在实习时，他被分到了生产部门，这个部门对员工专业能力、吃苦耐劳等的要求很高。虽然他在学校里专门训练过相关技能，可面对实际产品生产，还是感到巨大的压力。他未因压力而退缩，从元器件识读到组装全流程，以最踏实严谨的态度完成每一项任务。实习结束后，他顺利地和公司签约，成为正式员工。他对同事热情、真诚，工作踏实认真，受到各方好评。

分析：我国高校毕业生数量逐年增多、外部经济环境变化、科技进步和经济发展，既为高职毕业生带来职业发展的机遇，同时也为毕业生就业带来挑战。高职生只有认清就业形势，努力学习、实践，全面提升自己的综合职业能力，做好适应社会、融入社会的准备，才能在求职过程中赢得优势。本案例中的同学在校期间不仅认真学习文化课、专业课，而且考取多个职业资格证书，全面武装自己，在实习中积极进取、主动适应，不仅顺利入职，而且获得各方好评，这是其认清形势、主动作为的结果。

一、就业发展趋势

随着经济发展和就业形势的不断变化，社会对就业问题的关注不断提升。世界各国政府对就业问题的认识不断深化，并在促进就业的过程中扮演着越来越重要的角色。

纵观世界范围内的社会经济发展史，世界就业呈现以下三大趋势。

（一）产业变动进程加快，服务业逐步成为就业主体

总的来看，在劳动力结构转向工业化和服务业化的过程中，不同类型的国家有着不同的特点：发达国家是直接向有助于生产率提高的现代三次产业转移；转型国家是在工业化完成的背景条件下，面对结构调整所带来的需求压力，把更新劳动者知识结构和发展现代商业服务业作为主攻方向；发展中国家是在巨大的人口压力下，在扩大服务业就业的同时，不断提升工业部门就业的水平。

（二）灵活就业比重不断上升，就业模式日趋多样化

在传统的工业社会中，工厂式的集中就业是典型的就业模式。随着服务业成为经济

活动的主体和现代信息通信技术的发展，灵活就业的比重在不断上升，就业模式日趋多样化，出现了短期就业、季节性就业、非全日制就业、家庭就业、自营就业、派遣就业，以及兼职就业、远程就业等多种就业形式。

（三）工作岗位的创造与消失速度加快，就业稳定性下降

以信息技术为特征的产业革命和日益加剧的全球企业竞争，对就业，特别是对工作组织和职业岗位的寿命产生了巨大的影响，工作岗位创造与消失的速度都在加快，就业不稳定性上升。

二、当前高职毕业生就业出现的新特点、新变化

（一）大学生就业难将持续存在，总量和结构性矛盾并存

自 2001 年开始，我国的大学毕业生数量每年都在创新高，从 2001 年的 114 万人，增加到了 2024 年的 1 179 万人。

因此，在劳动力市场总体上供大于求的形势下，大学生就业结构性矛盾突出，主要表现为供给与需求的类型结构性矛盾、层次结构性矛盾、专业结构性矛盾。

（二）高职专科毕业生的就业现状

高职院校毕业生就业现状表现为：一是我国现阶段经济形势导致毕业生就业压力增大；二是就职于民营企业的较多；三是刚入职毕业生的薪酬较低；四是“跳槽”现象较突出；五是就业区域偏向于经济发达的省市。

当前高职院校毕业生就业质量偏低是多数高职院校普遍存在的现象，主要表现在以下几个方面：一是就业单位层次较低；二是专业对口率相对较低；三是就业起薪低，退出就业市场的学生增多，很多毕业生宁愿退出就业市场，要么在城市漂泊，要么在家里待业做个“啃老族”；四是学生就业满意度较低，违约数量较多。

（三）影响高职毕业生就业的因素

1. 环境因素的影响

我国经济正处于转型升级的关键阶段。第二产业占 GDP 的比重呈下降趋势，第三产业呈上升趋势，并且服务业所占比重越来越大。大量劳动密集型产业已经向中西部转移，中西部经济发展较快。但大多数毕业生没有认清现在的发展形势，依然愿意留在东南沿海经济较发达地区，这就造成了区域性的供需不平衡。根据前面的分析，高职院校毕业生多就职于民营企业，而东部沿海地区民营企业产能已过剩，人才相对饱和，毕业生不易找到工作。中西部尤其是西部地区由于产业转移，人才需求量较大，但因生活条件相对经济发达地区来说差一些，所以毕业生不愿去。

2. 学校因素的影响

高职院校办学条件参差不齐，办学特色不明显，导致毕业生整体素质不高，能力不能满足企业的要求；有些高职院校的专业设置比较陈旧，不能及时根据经济结构的调整设置新专业，而旧专业的就业市场趋于饱和，导致毕业生不能及时就业；课程设置不太合理。

3. 择业期望值的影响

学生在择业过程中期望值过高，要求工作环境好、薪酬高，并且现在高职毕业生大多数为独生子女，在家受宠，在外不能吃苦，这些毕业生想留在大城市、进大公司，否则宁愿失业在家待着。这说明高职院校毕业生择业的期望值过高，导致一些能胜任的工作由于条件不理想而不想去，条件好的工作又做不了的供需错位现象。

4. 毕业生自身素质的影响

目前，高职院校面临的主要问题是学生层次下降。自大学扩招后，高职院校的录取分数线逐年降低。分数虽然不能完全代表能力，但在一定程度上反映了高职院校录取的学生在学习能力与素质修养上普遍下降。根据《国家职业教育改革实施方案》的要求，高职院校需要进一步提高人才培养质量。

（四）国家发展战略与高职毕业生就业新机遇

近年来，党中央、国务院和各级政府高度重视毕业生就业工作。各高职院校将就业指导工作提上重要日程，从人才培养各主要环节发力，促进招生、培养、就业一体化，开展多样性和个性化就业指导服务，不断提升毕业生就业能力。因此，虽然当前高职专科毕业生就业形势复杂，挑战不小、压力较大，但机遇同样前所未有。

1. “一带一路”倡议

“一带一路”倡议提出以来，获得了广泛的国际共识和支持响应。有关数据显示，中国与“一带一路”沿线国家贸易额每年达万亿美元，中国企业对沿线国家累计投资几百亿美元，为沿线国家创造了几十亿美元的税收和近百万个就业岗位。

2. 《中国制造 2025》

《中国制造 2025》涵盖了五大工程，具体是制造业创新中心（工业技术研究基地）建设工程、智能制造工程、工业强基工程、绿色制造工程以及高端装备创新工程。辐射了十个领域，包括新一代信息技术产业、高档数控机床和机器人、航空航天装备、海洋工程装备及高技术船舶、先进轨道交通装备、节能与新能源汽车、电力装备、农机装备、新材料、生物医药及高性能医疗器械等十个重点领域。《中国制造 2025》的颁布，势必带动相关产业的发展，带来大量的就业岗位。

3. 长江经济带发展战略

长江经济带覆盖上海、江苏、浙江、安徽、江西、湖北、湖南、重庆、四川、云南、贵州等 11 个省市，面积约 205 万平方千米，人口和生产总值均超过全国的 40%。长江经济带发展战略作为我国新一轮改革开放转型实施新区域开放开发战略，是具有全球影响力的内河经济带、东中西互动合作的协调发展带、沿海沿江沿边全面推进的对内对外开放带，也是生态文明建设的先行示范带。

4. 京津冀协同发展战略

京津冀协同发展，核心是京津冀三地作为一个整体协同发展，要以疏解非首都核心功能、解决北京“大城市病”为基本出发点，调整优化城市布局和空间结构，构建现代化交通网络系统，扩大环境容量生态空间。推进产业升级转移，推动公共服务共建共享，加快市场一体化进程，打造现代化新型首都圈，努力形成京津冀目标同向、措施一体、优势互补、互利共赢的协同发展新格局。京津冀协同发展战略是当前中国三大国家战略之一，拥有国家政策的大力支持，发展前景光明，对促进大学生就业也有重要的意义。

5. 粤港澳大湾区建设

粤港澳大湾区指的是由广州、佛山、肇庆、深圳、东莞、惠州、珠海、中山、江门9市和香港、澳门两个特别行政区形成的城市群。它是继美国纽约湾区、美国旧金山湾区、日本东京湾区之后的世界第四大湾区，是国家建设世界级城市群和参与全球竞争的重要空间载体。粤港澳大湾区的建设将为高职毕业生提供大量的优质就业岗位。

案例

区域就业市场分析

今后一段时期，我国将建设京津冀、长三角、珠三角世界级城市群，提升山东半岛、海峡西岸城市群开放竞争水平。培育中西部地区城市群，发展壮大东北地区、中原地区、长江中游、成渝地区、关中平原城市群，规划引导北部湾、山西中部、呼包鄂榆、黔中、滇中、兰州-西宁、宁夏沿黄、天山北坡城市群发展。促进以拉萨为中心、以喀什为中心的城市圈发展。由此创生的就业机会，正为各级各类毕业生们带来更多选择。

一线城市不但房价高、交通拥堵，而且工作岗位竞争激烈。无论一线城市的人口有多么拥挤，招工岗位有多么稀少，还是有数不清的各类毕业生涌入这些城市，去追寻自己的梦想，为何各类人才扎堆前往一线城市呢？原因在于：一线城市发展迅速，比二三线城市拥有更多与国际接轨的技术和理念，拥有更好的学习资源与教育环境。其中有些资源不但会影响个人发展，甚至有可能影响下一代人的发展。因此，占尽资源优势的一线城市，自然成了求职者眼中的“香饽饽”。

近年来，各类人才就业地点不再局限于以“北上广深”为代表的一线城市，形成向二三线城市发展的趋势。尽管一线城市仍保持着相对较高的就业签约率，但是随着一线城市逐步收紧城市人口扩张的趋势，加之生活成本高、居住压力大、环境污染和交通拥堵等问题，传统一线城市对毕业生的吸引力正在逐步减弱。与此同时，随着新一线城市和二三线城市的发展和毕业生就业观念更加多元、就业选择更趋理性的变化，“北上广深”对毕业生的吸引力正在逐步减弱，二三线城市对毕业生的吸引力不断上升。

分析：从高技能人才到二三线城市创业就业的原因可以看出：当前，一线城市面临“大城市病”的压力，需要疏解一些功能；一些二三线城市有着良好的产业基础、人口条件、公共服务，处于迅速崛起与转型之中。对技能型人才来说，选择一线城市会面临人才扎堆、竞争激烈的局面，而二三线城市具有落户难度低、综合成本低、政策扶持力度大、竞争较小等优势，更适合一些人职业生涯的发展。

三、树立正确的就业观

近年来，高职毕业生的就业观念和就业环境正在发生变化，毕业生的择业过程也呈现许多新特点。就业观念是人们对职业劳动的认识、评价、情感和态度等心理成分的综合反映，也是职业道德、职业操守、职业行为、职业表现等职业要素的总和，是支配和调控全部职业行为和职业活动的调节器。就业观由三个要素构成：维持生活、完善个性、服务社会。三者的地位和比例不同，构成不同的就业观，包括职业地位观、职业待遇观、职业苦乐观等。高职毕业生要树立正确的就业观，勇于面对竞争，要形成“先就业再择业后创业”“到基层去、到农村去”“发挥专业所长，但也注重综合素质”等择业观。

总结案例

沉着应变的小何

高职毕业生小何因为列车晚点，待他赶到某地人才交流会会场时，已是招聘单位收摊之时了，他懊悔极了。要知道，他这次专程来这里就是冲着A单位来的，A单位他向往已久，他曾经投过一份简历给该单位人力资源部负责人，该负责人对他的材料很感兴趣，并请他务必参加一个月后的这次人才交流会，可他偏偏迟到了。

此时，会场内不少招聘单位已录满人员，撤摊而去，剩下的单位也在整理材料准备离场，他开始漫无目的地在场内瞎逛。突然B单位的摊位令他眼睛一亮，该单位他也十分向往，只因为自己学历层次不够，未敢冒昧联系，他想：今天既然来了，不妨就试试看吧。他郑重其事地递上自己的一份材料，主动做了自我介绍并说明了今天晚来的原因，凭着自己之前对该单位的了解，他与负责招聘的人谈得非常投机。一周之后，他意外地收到了B单位的正式面试通知，一个月不到便签订了正式协议。这真是“山重水复疑无路，柳暗花明又一村”。

分析：随着我国进入新的发展阶段，新技术、新业态层出不穷，产业升级和经济结构调整不断加快，各行各业对技术技能人才的需求越来越紧迫。机遇与挑战并存，高职毕业生要积极培育符合当代社会需求的就业心理，敢于竞争、不怕挫折，要能够随机应变，勇于面对挑战。

课堂活动

分析区域就业形势

一、活动目的

分析自己拟就业区域的就业形势。

二、活动过程

通过调查研究，分析自己拟就业区域的就业形势，并与班级同学相互交流，由班长整理汇总，并向同学们进行汇报。

三、活动思考

结合对就业形势所作的分析、判断，思考自己将如何应对，才能为自己职业生涯发展赢得优势。

四、活动总结

对本次活动的整个过程进行梳理，概括总结自己拟就业区域的就业形势、应对举措等。下次上课时，由班长在教师的指导下，组织同学们相互交流。

（提示：可登录人社部专题网站查询中国劳动就业市场的动态数据）

课后思考

（1）高职学生的就业现状有哪些特点？影响高职学生就业的因素有哪些？

（2）转变就业观念需要从哪些方面入手？结合你的专业，谈一谈该如何树立正确的就业观。

单元 6.2 就业政策

导入案例

为什么我总是找不到工作

小敏是北京某高职院校商务英语专业大三毕业生，在校期间她表现平平，既没有什么特别的兴趣爱好，也不喜欢参加集体活动，对同学们都很热衷的社团工作、实习、兼职都兴致不高。从小到大她都被称为“乖乖女”，除了学习成绩较好外，基本上就是一个“宅女”了。这样一个从不会令父母“烦恼”的女孩却在毕业前夕找工作时遇到了麻烦。原来小敏并不喜欢商务外贸类的工作，高考填志愿时选择“商务英语”只是听从父母的意见，她最喜欢的专业是艺术设计，平时喜欢涂涂画画，喜欢看室内设计的杂志。

三年学习结束，找什么工作好呢？小敏完全迷失了。她拿着学校派发的推荐表去人才市场，一头热汗出来后却毫无结果。她和同学一起在网上投递简历，也接到一些面试通知，但对方不是嫌小敏的业务水平差，就是嫌小敏的英语口语水平不够高。因为小敏从小到大学的都是哑巴英语，英语 A 倒是轻轻松松过了，但面试的时候考官一看到英语 A 级证就开始跟小敏进行英语对话，几个回合下来对话就进行不下去了。

分析：小敏找工作失败的原因：一是对高职生就业市场了解不充分。小敏认为人才市场、网络、校园招聘就是寻找就业机会的全部途径，其实并不尽然。二是专业技能差。小敏在校期间没有好好学习商务外贸知识，也没有锻炼口语能力，简单地把专业考试成绩当作考核专业技能的唯一标准。

近年来，面对复杂严峻的国内外宏观环境和就业形势，我国始终把就业工作摆在突出位置，坚持把就业作为民生之本，坚持实施就业优先战略，坚持依靠发展促进就业，坚持扩大就业容量和提升就业质量相结合，有关部门不断丰富完善就业优先政策，健全就业服务体系，推动政策落实。

2021 年 8 月，国务院印发了《“十四五”就业促进规划》，该《规划》提出，到 2025 年，实现就业形势总体平稳、就业质量稳步提升、结构性就业矛盾有效缓解、创业带动就业动能持续释放、风险应对能力显著增强等目标。

一、我国的积极就业政策

我国在借鉴其他国家经验和总结一些地方成功做法的基础上，形成了积极的就业政策框架。近年来，随着我国经济的发展、社会的进步，就业政策内容进一步丰富完善，形成了更加积极的就业政策。

（一）促进就业的职责

促进就业和治理失业是各国政府的重要职责，也是世界各国政府执政的重要目标，在我国，促进就业更是各级政府执政为民的重要体现。《就业促进法》对政府在促进就业中承担的重要职责作出了明确规定，主要有六项：发展经济和调整产业结构，增加就业岗位；制定并实施积极的就业政策；规范人力资源市场；完善就业服务；加强职业教育和培训；提供就业援助。

（二）促进就业的政策

政策是政府履行责任的具体体现。《就业促进法》将经过实践检验行之有效的积极就业政策上升为法律规范，主要从以下方面进行了规定，即：有利于促进就业的经济发展政策、财政保证政策、税收优惠政策、金融支持政策和城乡统筹、区域统筹、群体统筹的就业政策，以及支持灵活就业、援助困难群体就业的政策和失业保险促进就业的政策。

《“十四五”就业促进规划》提出七项重点任务。一是坚持经济发展就业导向，不断扩大就业容量；二是强化创业带动作用，放大就业倍增效应；三是完善重点群体就业支持体系，增强就业保障能力；四是提升劳动者技能素质，缓解结构性就业矛盾；五是推进人力资源市场体系建设，健全公共就业服务体系；六是优化劳动者就业环境，提升劳动者收入和权益保障水平；七是妥善应对潜在影响，防范化解规模性失业风险。

二、我国的公共就业服务

（一）我国公共就业服务现状

我国公共就业服务体系的初步建立，在缓解我国就业压力、帮助失业人员再就业、维护劳动力市场秩序、树立市场服务标杆、促进人力资源合理流动和配置、维护劳动者权益等方面都发挥了重要作用。

1. 公共就业服务的法律、法规制度基本建立

我国的《宪法》和《劳动法》都明确规定了公民平等就业的权利，规定了国家应该为公民创造劳动就业条件。从 20 世纪 90 年代起，我国政府对建立和完善公共就业服务体系提出了一系列要求，出台了大量的政策。

2. 公共就业服务组织体系

目前，我国已初步构建了中央、省、市、区县、街道（乡镇）、社区五级管理、六级服务的公共就业服务网络。

（1）在国家层面，设立就业培训技术指导中心，负责承担就业政策实施，就业服务、职业培训的技术指导和技术支持工作。设立了人力资源和社会保障部职业技能鉴定指导中心，主要承担职业能力开发、职业技能鉴定的技术指导和技术研发工作。设立了人力资源和社会保障部信息中心，承担包括就业服务领域在内的信息监测和分析工作；2011 年建立了全国招聘信息公共服务网。

（2）在省级，普遍设立了就业局，承担公共就业服务的管理和技术指导工作；同时，设立了信息监测中心和一些专业化服务机构；有条件的省份还建立了全省统一的信息系统；部分省份设立了公共就业服务综合性服务场所，开展职业介绍、职业指导等服务项目，并承担失业登记、就业登记等管理事务。

（二）为求职者提供的基本服务

我国《就业促进法》规定，公共就业和人才服务机构应当免费为劳动者提供六项基本服务，基本涵盖了求职者在求职就业过程中应当享有的主要服务内容。受社会发展规划、宏观经济政策、财政预算收入等多方面因素影响，政府提供公益性服务只能承担有限责任，不应当也不可能承担无限责任。具体到公共就业和人才服务，政府只能针对在人力资源市场上相对弱势的求职者群体，围绕就业服务中最直接、最重要的促进就业的服务环节，提供免费的公益性服务。

三、构建就业友好型发展方式

在新时代，要加快建构中国就业指导理论体系，构建就业友好型发展方式，为新时代新征程推动经济社会发展和做好就业工作提供根本遵循。构建就业友好型发展方式，就要坚持以人民为中心的发展思想，完整、准确、全面贯彻新发展理念，全面贯彻劳动者自主就业、市场调节就业、政府促进就业和鼓励创业的方针，把高质量充分就业作为经济社会发展的优先目标，推动形成高质量发展与高质量充分就业互相促进的良性循环。

（一）强化就业优先导向

把稳就业、促就业放在更加突出位置。完善政策工具箱，在保持经济健康快速发展的同时，注重发展有利于增加就业容量和充分利用人力资源的产业和领域，通过经济增长创造更多就业机会，切实使经济持续健康发展的过程成为就业持续扩大的过程，使经济结构调整的过程成为就业拉动能力不断提高的过程。加强宏观经济政策与就业政策的有效衔接，推动财政、货币、投资、消费、产业、区域等政策与就业政策协调联动、同向发力，将稳定和扩大就业纳入宏观政策取向一致性评估。建立健全部门联动机制，明确各部门在促进就业创业中的职能，形成高效、制度化的部门协调工作机制。建立就业影响评估机制，在制定改革发展、产业调整、社会管理等重要政策时，在重大项目落地前和重大生产力布局时，统筹考虑可能对就业吸纳能力、就业创业环境、就业质量等方面产生的影响。

（二）提高发展的就业带动力

实施有利于促进就业的产业政策，扩大就业规模，优化就业结构，提升就业质量。在制定与实施产业发展规划、政策时，充分考虑产业发展与劳动力资源的供需匹配程度，充分考虑劳动力供给结构变动带来的各种影响。因地制宜发展新质生产力，培育壮大新兴产业，布局建设未来产业，完善现代化产业体系，努力创造更多高质量就业岗位。统筹发展资本密集型、技术密集型、知识密集型和劳动密集型产业，不断扩大就业容量。推动传统制造业转型升级，不断延伸产业链条，深入实施先进制造业促就业行动，促进制造业高质量就业。支持传统服务行业改造升级，加快发展现代服务业，大力培育新产业、新业态、新模式，着力提高服务效率和服务品质，完善支持劳动者参与新产业、新业态就业创业的政策措施，帮助更多劳动者更好实现就业创业。紧抓数字经济、绿色经济、银发经济等发展机遇，培育新的就业增长点。统筹新型城镇化和乡村全面振兴，深入实施区域协调发展战略，探索实现区域内产业布局协调、人力资源共享、就业政策服务衔接，打造具有区域特色的产业集聚区和就业增长极，结合地区资源禀赋实现“产—城—人”融合发展。顺应人民群众高品质生活新期待，加强基层社会治理、提升社会服务，拓展社会领域就业空间。

（三）支持发展吸纳就业能力强的企业

数量庞大的经营主体，是我国经济发展的底气和韧性所在，是稳就业的关键所在。要紧紧抓住经营主体这个“牛鼻子”，大力支持企业尤其是中小企业稳岗扩岗，增强就业吸纳力。大力实施创新驱动发展战略，加快数字化转型步伐，鼓励数字化平台企业创造新的就业形态和就业机会。完善保障激励措施，挖掘个体工商户稳定和扩大就业的潜力。进一步优化市场环境，加大企业融资支持力度，落实惠企政策。优化企业发展生态，取消各类不合理限制和壁垒。实行公平统一的市场监管制度，清理影响经营主体正常生产经营的不合理规定。通过减税降费等政策，降低企业成本负担，鼓励吸纳就业。将就业扩容提质、提升劳动者素质和健全收入分配机制有机结合，为高质量充分就业注入持久动力。坚持创业带动就业，建设特色化、功能化、高质量的创业平台载体，构建区域性、综合性创业生态系统，完善创业带动就业的保障制度，发挥创业带动就业倍增效应。

（四）人力资源培育要匹配发展所需

深化人力资源供给侧结构性改革，加快塑造素质优良、总量充裕、结构优化、分布合理的现代化人力资源，解决好人力资源供需不匹配这一结构性就业矛盾。统筹教育、培训和就业，完善人才培养链条，提升劳动者就业能力。鼓励学校根据行业、市场发展需求，灵活调整专业结构和课程设置，增加适应市场、产业发展需求的专业，及时调整滞后于市场发展的专业，优化高校人才培养结构。大力发展职业教育，加快建设终身职业技能培训体系，完善技能人才培养、使用、评价和激励机制，畅通技能人才职业发展渠道，全面促进人力资源与产业发展相适应。完善就业公共服务制度，持续打造覆盖全民、贯穿全程、辐射全域、便捷高效的就业公共服务体系，通过数字技术赋能公共就业服务，提升公共就业服务的数字化、精细化、便利化水平。健全统一规范的人力资源市场体系，营造公平就业环境，打破影响劳动力有序流动的体制机制障碍，引导供求双方在更大范围内、更高层次上对接，促进人力资源精准匹配。加强舆论宣传，引导全社会牢固树立正确就业观，营造多方参与促进高质量充分就业的工作格局和社会氛围。

（五）全体劳动者共享发展成果

突出抓好重点群体就业，完善重点群体就业支持政策。坚持把高校毕业生等青年群体就业作为重中之重，完善青年就业支持政策，拓宽市场化社会化就业渠道，加强就业观念引导，开发更多有利于发挥所学所长的就业岗位，鼓励青年投身重点领域、重点行业、城乡基层和中小微企业就业创业。多措并举促进农民工就业，为外出就业农民工提供更好服务保障，为就地就近就业农民工拓展岗位，稳定脱贫人口务工规模和务工收入。加强对大龄、残疾、较长时间失业等就业困难群体的帮扶，健全分级分类就业援助制度，强化与生活保障类政策的协同联动，兜住兜准兜牢困难人员就业底线。做好退役军人、妇女等群体就业工作，针对不同群体特点采取针对性就业支持措施。强化劳动者权益保障，健全劳动法律法规，完善社会保障体系，加强市场监管和劳动保障监察执法，维护好劳动者的合法权益。加强灵活就业和新就业形态劳动者权益保障，推进职业伤害保障试点。坚持多劳多得，鼓励勤劳致富，促进机会公平，建立更加合理的收入分配机制。

总结案例

对即将进入就业市场的年轻人的建议

不可否认，高校毕业生等青年就业存在压力是现实国情。当前，我国已有超 2.18 亿人具有大学学历，每年毕业生规模已超千万人。在如此庞大的就业群体里，出现缓就业、慢就业的情况也不难理解。毕业生找工作时求优求稳，用人单位也提高了招聘门槛，这就导致部分青年“就业难”与部分岗位“招聘难”并存的现象更加凸显。但我们不能因此就以偏概全，对高校毕业生就业的整体形势产生悲观的结论，也不必对此惊慌失措。同学们更应该看到的是，新产业、新模式、新业态的崛起，传统产业的转型升级，都在不断创造新的岗位供给，而这种变化总体无疑对高校毕业生更为有利。相对于产业和技术的快速变化，人的变化是渐进式的。但是一旦激发，就会产生巨大力量。面对激烈的就业竞争，年轻人的观念总体应更加开放，求职路径也应更为多元。很高兴地看到，越来越多的大学生积极调整发展路径，选择主动对接职场所需，脚踏实地提升能力，有一些同学投入到基层建设之中去，实现了社会化就业创业；还有一些同学抓住了新业态快速发展的机遇，选择了自主创业，在“蓝海”中勇敢扬帆，乘风破浪，实现了个人价值。

（摘自全国政协十四届二次会议上，全国政协委员、中国劳动和社会保障科学研究院院长莫荣接受媒体记者采访的有关报道。）

广大青年学生要用好国家出台的各项就业创业促进政策，抓住发展新质生产力和推动高质量发展的历史机遇，树立正确就业观，不断提升自身就业能力，善于捕捉创业机遇，以择业新观念打开就业新天地。

课堂活动

分析各级政府出台的关于大学生就业的政策

一、活动目的

（1）在网络上查找近三年来国家和各地政府出台的有关促进大学生就业创业的相关政策，理解政府对大学生的期待和要求。

（2）分析政策的内容，明确自己的就业方向。

二、活动过程

（1）将学生分成 6～8 人一组的若干小组，进行任务分工。

（2）通过网络进行搜索。

(3) 小组讨论。学生根据搜索情况，进行文件分类。

(4) 分析文件内容，明确自己的就业方向。

三、活动思考

(1) 自己的就业方向是否明确？

(2) 自己的就业方向与国家的就业政策是否相契合？

四、活动总结

(1) 与高职生密切相关的就业政策有哪些？

(2) 根据国家的就业政策和自己的职业兴趣，调整、确立自己的就业方向。

课后思考

(1) 我国的积极就业政策和公共就业服务主要有哪些？

(2) 如何获取国家和各地开展的公共就业专项行动计划的安排？

单元 6.3　毕业去向和就业途径

导入案例

张永的烦恼

应届毕业生张永同学说，上个月他接到某公司的面试通知，于是高高兴兴地到该公司参加面试。一番面试后，该公司说要先试用一段时间，然后再考虑是否录用他。张永十分高兴，想好好表现一下，争取能留在该公司工作。于是，他起早贪黑地干了近一个月，结果却被告知：你干得不错，但专业知识不足，公司需要对你进行培训，请先交300元培训费。当张永对此进行质疑时，该公司却说，不交费可以走人，但此前工作一个月的薪水免谈，这令张永气愤不已。

分析：值得毕业生注意的是，一般正规公司会向求职毕业生说明试用期，即使求职毕业生在试用期没有通过，也会得到相应的劳动报酬。至于培训费，一般由公司负担。以录取作为诱饵骗取培训费的骗局屡见不鲜，但仍有毕业生因求职心切而掉入此类陷阱。毕业生应通过正当的途径寻找人职匹配的工作岗位，从而避免自身权益受到损害。

一、高职生主要毕业去向及利弊分析

我国毕业生就业工作实行“市场导向，政府调控，学校推荐，毕业生和用人单位双向选择”的就业机制以来，大学毕业生就业走向了多元化，形成了多种多样的就业方式。

（一）升学深造（专升本）

许多高职毕业生为了提升自身的学历水平，提高就业竞争力，谋求更好的就业岗位和更高层次的就业，纷纷加入升学深造的行列。

（1）利：延缓就业压力，推迟就业期的到来；有些城市、有些学校能给本科生解决户口问题；提高自身学历，增强就业竞争力；如果在学术上有创见，可以沿着这个方向一直努力，毕业后可获得稳定的工作。

（2）弊：毕业后，就业压力仍在，而且有了新的同等学力竞争者，压力越加沉重；不一定能学到对自身职业有用处的知识，白白浪费了积累经验的时间；毕业后年龄偏大，失去年龄优势，特别是女生，要面临更多的年龄歧视；学术研究层次越高，就业行业面越窄。

（3）建议：如果对某个专业、某种学问有无法遏制的热爱和相应的研究能力，就不要浪费自己的爱好和才华，继续深造，终有一天会有建树。如果升学只是为了规避和缓解就业压力，建议不要升学，升学毕业后压力只增不减，而且会使你丧失积累经验的机会。

年龄有时候是一种优势，因为年轻，有犯错误的时候，也会有改正错误的机会，一旦年纪大了才开始接触社会，这些机会就会相应减少。试想，一个二十岁出头的大学生犯了错误，单位会念在他年纪小，给予原谅；但一个将近 30 岁的人犯同样的错误，会让人诧异甚至认为不可原谅。

【职场箴言】

当代大学生要志存高远、脚踏实地，转变择业观念，坚持从实际出发，勇于到基层一线和艰苦地方去，把人生的路一步步走稳走实，善于在平凡岗位上创造出不平凡的业绩。

（二）报考国家公务员

国家公务员考试简称“国考”，是指中央、国家机关公务员考试，时间相对比较固定，笔试时间一般为每年 11 月的第四个星期日。国考是国家部、委、署、总局招考中央国家机关的工作人员的一种方式，招考条件相对苛刻、严格。无论什么岗位，都需要通过《行政职业能力测验》和《申论》的考试，不同的岗位《行政职业能力测验》的试题有所不同。

（三）国有企事业单位（应聘或报考）

国有企事业单位历来是大学毕业生就业的一条主渠道。在用人方面，国有企业实行所有权与经营权分离以后，全面推行全员聘用制，企业具有自主招聘职工的权利。事业单位也采取了一系列改革措施，增强用人自主权，按照择优录用的原则，试行聘用制度。因此，“市场导向，政府调控，学校推荐，毕业生和用人单位双向选择”的就业机制为企事业单位和毕业生双方都带来了机遇，提供了广阔的选择和就业空间。

（四）应聘民营企业和合资、外资企业

民营企业是指在所有制关系上属于劳动者个体所有或采取资本联合经营的非公有制经济形式。《中共中央关于完善社会主义市场经济体制若干问题的决议》指出，要鼓励和支持非公有制经济发展，扩大非公有制经济的投资领域。这表明民营企业的发展面临着

大好的发展机遇。外资企业主要指中外合资经营企业、中外合作经营企业和外商独资经营企业。这些企业的用工体制都是采用劳动合同制，员工和企业之间存在雇佣劳动关系。近年来，这两类企业的快速发展，为高校毕业生实现人生价值提供了更为广阔的舞台。

1. 私企

（1）利：能够发挥能力，发展空间较大；能够很快学到实用的知识；私企工作不单调，需要一职多能，无形中提高了自己多方面的能力；劳有所得，私企老板会按照你的贡献决定你的待遇，形成良性循环；自由性大，升职、积累经验相对更快，想跳槽也容易。

（2）弊：风险较大，比如经济危机到来时，私企会一批批倒下；有的公司不能保证福利；企业人文环境参差不齐，有些极好，有些极差；竞争相对激烈，工作不稳定，离职可能性大；有些制度不合理，吃亏也只能忍着。

（3）建议：很多毕业生愿意选择私企，认为私企的门槛较低，更易积累经验。但是，私企的素质参差不齐，毕业生缺乏经验，很容易被第一份工作定型，错误的观念和不良的职场习惯会限制你的发展。同时，私企同样有广阔的发展空间，不会束缚才能。因此，对私企应慎重考虑之后再做决定。

2. 外企（合资企业）

（1）利：高薪、福利好、工作环境好；外企有系统的企业文化和管理制度，能够学到更多的东西；强调个性和创造性，有利于培养能力，也有利于搭建自己的人脉；注重员工发展，给予员工诸多培训；实力雄厚，不会出现拖欠工资、罔顾员工权利等现象。

（2）弊：起点高，发展空间不大；工作量大，竞争激烈；上升通道有“天花板”；对外语有较高要求。

（3）建议：外企的高薪高酬是很多毕业生追求的目标，进入外企，感受成熟的企业环境和管理系统，有利于毕业生学到更多的东西，不论是个人能力、行业观念、企业文化意识，外企都能够全方位地充实员工的头脑。但是，外企竞争激烈，职位也只能到一定级别，有些人会进入外企学习先进的管理经验和技术，然后自己创业。

（五）自主创业

我国经济的快速发展、产业结构的调整、非公有制经济的迅速崛起，为大学生自主创业、施展才华提供了良好机遇。一些大学生毕业后不是向社会寻求工作，而是运用自己的知识和能力进行创业。他们不仅解决了自己的就业问题，为社会创造财富，而且还带来了更多的就业机会。自主创业已经成为大学生就业的一种新形式，也对大学生的综合素质提出了更高的要求。

（1）利：不必为别人打工，自己的事业自己做主；全方位锻炼个人的能力；最大限度地激发个人的潜质；培养系统性的思维能力；创业成功的成就感无可替代。

（2）弊：目前我国的创业环境并不健全，需要一笔较大开支，需要长远目光和周密规划；毕业生社会经验少，眼高手低，盲目乐观，容易碰壁，若创业失败，对自己的打击就是巨大的。

（3）建议：大学毕业生想要成功创业，不但要有远大的理想，而且还要有激情、行动力、领导能力、商业信用和超强的适应性，毕业生在心智、观察市场的眼光、领导气质方面都还有一定欠缺。想创业的人无须急于一时，进一家好公司，积累了丰富的经验和人际关系后，再辞职创业更为妥当，成功率也更高。

（六）参军或参选士官

近年来，为了加快军队现代化建设的步伐，部队加大了接收地方大学生的工作力度，越来越多的大学生走进军营。高职专科参选士官成功的属于士官身份。此外，我国还从高校招收未毕业大学生参军。在校专科学生，不论入学时间长短，都可以报名参军，保留大学学籍，服务期限届满可以回到大学继续学习。如果在部队表现良好，有过立功记录，可免试推荐专升本。

（七）出国留学或工作

经济全球化带来国际交往的增加，越来越多的年轻人希望有机会到国外去学习或工作，学习国外先进的科学技术和管理经验，体验世界各地的风土人情。因此，大学毕业生可以通过出国留学或人才、劳务输出的方式来达到出国的目的。

（1）利：增长见闻，开阔视野，成为一个有见识的人；掌握一门外语，受益终身；磨炼自己的生存能力，培养自己的吃苦精神，学习外国人的优秀之处；有好的学校、好的专业，能够学到更多的知识，拿到过硬的文凭；有机会进入外国公司或者移民。

（2）弊：出国留学需要一大笔钱，投资不一定有相应回报；国外消费水平高，也许你常会感到入不敷出；有些国家排他性强，你无法真正融入同学之中；如果没有学到真正的知识，会白白浪费几年光阴。

（3）建议：年轻的时候有机会多见见世面是件好事。如果没有好的学校或者好的专业，大可不必出国镀金，把同样的资金用来创业或投资意义更大。

（八）自由职业等其他形式

自由职业者是指与体制或者出资人不存在法律效力合作关系而拥有合法收入的个体，对当代都市新新人类而言，多为从文从艺人员，如自由撰稿人、美术人、音乐人、IT精英、策划人等。当然，随着社会的发展、体制的放宽、技术的进步，自由职业者也正在向其他领域不断扩展。有学者指出，医生、律师等将会成为最大的自由职业者群体。

近年来，还有一些学生由于未能找到合适的工作或继续考研等原因，未能及时就业，或者自愿暂缓就业，如新出现的“游学”“慢就业”等。

（1）利：充分发挥自己的才能和爱好，时间自由、充裕；能够全面安排自己的生活；挑战性强，生活不觉枯燥；按照自己的理想生活，心灵充实。

（2）弊：没有稳定收入，必须自己解决社保和养老问题；脱离社会太久，不容易融入；对自制力要求极高；会有入不敷出的情况；有江郎才尽的顾虑。

（3）建议：自由职业适合有艺术气质的人，SOHO（居家办公）一族的生活虽然令人羡慕，但存在的隐患也不容忽视，自控力强、计划性强、有理财观念的人能够适应自由职业，并保证自己的生活；容易产生惰性的人，还是需要工作来规范，不建议太过“自由”。

二、高职毕业生就业求职的主要途径

（一）学校推荐就业

学校推荐是毕业生就业的主要途径。教育部规定，每年 11 月 20 日以后用人单位可以到高校招聘应届毕业生。学校推荐一般包括学校举办校园大型招聘会和企业专场招聘会等形式。学校推荐的用人单位一般来讲是可靠的，在企业来学校招聘前，学校会通过各种途径对用人单位进行查证，有时学校还会派人到用人单位进行实地考察和洽谈，以确保学校推荐给大学生的用人单位的福利待遇是真实的。

1. 企业专场招聘会

企业专场招聘会是指某家企业面向某一高校毕业生在该学校单独举行的专场招聘活动。一般企业会提前与学校的就业指导部门或相关部门联系，双方商定准确的来校招聘时间、专业、数量、学生到企业实习期间及签约后的具体待遇，企业是否提供食宿条件等。如果是熟悉的企业，学校对企业的情况已经了解，就不用考察了；如果是新企业，学校将通过实地考察、上网查询等手段对企业进行考察。

2. 校园大型招聘会

校园大型招聘会是学校同时邀请许多企业在校园举行的大型集中招聘活动。大型招聘会一般参加的企业多，毕业生可选择的余地大；但是也正是因为企业多，常常会让参加招聘会的毕业生举棋不定、难以取舍，有时还会出现一个同学被几个用人单位同时录用的情况；大型招聘会由于参加的企业和学生较多，所以企业与毕业生个人之间双向交流往往不够充分，组织的难度也相对大一些。其招聘程序与企业专场招聘会基本相同。

（1）学校联系好参加招聘会的企业，确定时间，向全校学生公布参加企业的基本情况，每个企业拟录用人员的数量、专业，每个企业参加招聘会的展位号，招聘会召开时间、地点。企业会提前到学校指定的展位布展。

（2）招聘会开始时一般会有一个简短的仪式，有的学校还会举行校企合作签约仪式。仪式结束后，企业招聘人员到指定展位接收学生提交的求职简历并作一些互动交流，进行双向选择；大型招聘会由于受时间和场地的限制，一般不进行笔试和心理测试。

（3）有的企业会当场决定录用学生的名单，那么企业和学生双方就到学校就业指导中心或招生就业处办理备案手续（有的直接签订协议书），已办好录用手续的学生就不能再与其他企业签约（每名毕业生的协议书只有一份）；有的企业会将结果带回公司向相关领导汇报后再通知学校录用学生名单。学校接到企业通知后会立即公布录用学生名单。

（二）参加社会招聘会

社会招聘会是由政府组织或人事、劳动部门的人才市场组织用人单位和求职者双方在同一时空直接进行交流洽谈的一种集市式招聘形式。在招聘会上，供需双方直接见面洽谈，双向交流，及时反馈，省略了许多不必要的中间环节，增加了洽谈的成功率，提高了应聘的效率。另外，招聘会上就业信息集中，应聘者在招聘会上可以同时和多家招聘单位见面洽谈，选择余地较大。社会招聘会与学校推荐的过程差不多，只是用人单位的组织方式不同。

（三）网上求职

网上求职、网上招聘的就业方式目前已经成为一种潮流。对大学毕业生来说，网上求职既省钱又省事，越来越成为就业的主流。

1. 查询、检索就业信息

就业网站很多，不必一一查询，上网浏览应选择信息完整、丰富、全面、针对性强、可信度高的就业网站。大型企业一般会有自己的网站，并且随时更新招聘信息，求职者要经常关注这些网站，随时把握动向，以便找到合适的职位。

2. 登记电子简历

网上求职需要把个人简历放在就业网站上，让用人单位来找你。在登录就业网站时，应该选择访问量大、更新快、可注册会员、登记后有专用简历编号、密码可以修改、具有自动向招聘单位发送简历功能的网站。最好能把你的简历注册到网站人才库里，成为网站会员，其主要目的是能使招聘企业检索到你的简历和享受到其他的求职帮助服务，如职位推荐、求职咨询、简历设计等。填写简历时要尽可能详细、真实，简历的内容最好是把自己的学历、经历、成效、能力、求职意向等填写得全面、具体些，把你最好的、最有优势的方面展示出来。

3. 用 E-mail 求职

当对用人单位比较了解并有求职意向后，用 E-mail 发送求职申请是个很好的方法。这种方法既方便快捷，也不容易被骗。

4. 建立个人主页

为了让用人单位全面了解你的情况，最好的方法是建立个人主页，在个人主页中把你的有关情况都罗列出来，一目了然。主页要设计得新颖，让人觉得你很有内涵又不失风度。

（四）利用亲友等社会关系求职

利用自己的亲友、同学、同乡等社会关系收集就业信息和进行求职也是大学生就业的一个重要途径。许多用人单位也愿意录用经熟人介绍或者推荐引进的求职者。大学毕业生在求职的过程中，如果关键时刻有关键人物帮自己引荐，无疑效果会更好：一是亲友一般不会骗自己，他们介绍的单位都是经过认真筛选的，比较可靠；二是亲友肯定关心自己，他们介绍的单位的福利待遇不会太差；三是因为有亲友的这一层关系，到单位后有人关照，工作上会少走弯路，成长得可能要顺一些。真才实学也要有伯乐赏识，因此，利用亲友关系求职也是一个不错的选择。

（五）自荐求职

在没有其他人介绍和推荐的情况下，大学毕业生可以带着自己的简历直接到一些自己选定的公司登门拜访，勇敢地把自己介绍给对方，赢取用人单位的赏识和青睐。职业指导专家认为，求职中的主动表现在两个方面：一是主动为自己寻找机会，主动登门拜访来推销自己；二是在面试后主动做一些适当的工作。有很多实例说明，大学生的主动精神往往会打动用人单位的招聘者，并会让自己最终被录用。直接登门之前需要事先做好充分的准备，可通过公司网站或其他途径对该公司的特点进行了解，做到有的放矢；此外，在拜访时要表现出自己对该用人单位有极高的热情、兴趣以及相当的了解，给招聘负责人留下深刻的印象。

当然，主动求职要因人、因公司而异，因为主动并非对任何公司都有用，是否主动登门求职，还要根据自身的实际情况来决定，可根据工作性质、具体职位和公司文化等多种因素来选择是否主动登门求职。

（六）通过中介机构求职

人才交流实行市场化之后，人才中介机构一直扮演着“媒介”的重要角色，许多高校应届毕业生通过人才中介机构这一渠道来寻找工作。大学毕业生可以到就业中介机构专设的委托招聘部门去办理就业代理登记，投放简历，委托推荐。在选择代理求职的中介机构时，毕业生要警惕那些操作不规范的“伪中介”和“黑中介”。此外，还要注意了解该中介机构的一些具体情况。

三、大学生就业市场

（一）定义及类型

大学生就业市场是为了适应社会主义市场经济发展的需要而建立起来的，专门为毕业生求职择业和用人单位挑选毕业生提供服务的场所。在这个就业市场上，毕业生和用人单位在自愿的基础上，通过双向选择进行洽谈和签约，这是当前大学生人才资源配置的主导方式。

依据其外在的表现，大学生就业市场可以分为两类：有形市场和无形市场。

（二）特点

大学生就业市场作为一种专门的就业市场，是人才市场的高级形式，它具有以下特点。

1. 专门性

大学生就业市场与社会上服务于其他人才的就业市场不同，它是专门为高校毕业生就业服务的，它的目的是通过市场使各级各类高校毕业生找到合适的工作。

2. 集中性

高校毕业生就业主要集中于夏季，每年上千万名毕业生同时进入社会，给就业带来较大压力。因此，大学生就业市场是教育主管部门、学校和社会各界精心组织安排的，为广大毕业生顺利就业提供良好的服务。

3. 时效性

每年高校毕业生就业都有一个大致的时间期限，因而各级主管部门也有相应的时间安排。从开始招聘到落实单位、签订协议、毕业离校都有时限。如果毕业生不能在规定的时间内落实工作单位，就要转到其他人才市场就业或者待业。

总结案例

从立志成为祖国需要的人才，到合格的军队文职人员

隗杰同学自入校以来，思想积极进步，学习认真刻苦，积极参与学校组织的各类活动。在思想上，他作为一名优秀团员青年，时刻严格要求自己。在学习上，他成绩优异，多次荣获奖学金。在生活中，他主动参与各类志愿服务活动，多次得到志愿活动负责同志的高度认可和赞扬。

作为一名即将步入社会的大学生，他早已坚定了内心的信念，毫不犹豫地选择到西部去，到祖国最需要的地方去，最终成功入选国家西部计划，来到新疆维吾尔自治区阜康市水磨沟乡。一年的支边服务虽然艰苦，但很充实。作为一名优秀的基层干部，一年来的工作能力和表现得到了领导同事的一致认可。

离开新疆后，凭借深藏心底的军人梦，他毅然报考了部队文职干部考试，最终被中国人民解放军驻某管理局录取，成为某退休干部休养所的一名文职人员。目前担任宣传干事一职，主要负责单位的宣传工作。

丰富的工作经历造就了他扎实的工作能力，在工作岗位上，他工作游刃有余，各项工作得到了单位领导和同事的高度认可，相信他在新的岗位上必将干出一番新的成绩，创造更大的辉煌。

分析：无奋斗不青春，每个大学生凭借自己的坚持和努力，一定能够实现梦想，成为人生赢家。

课堂活动

携手寻市场　分享助提升

一、活动目的

了解身边的就业市场，提升求职能力。

二、活动过程

（1）分组。每组 5 个人，协商分工，每组推举 1 人为召集人。

（2）寻找信息。每组查找隶属于政府机关的大学生就业信息网至少 10 个；查找具有较大影响力的综合就业信息网至少 10 个；寻找各自生源地的人力资源管理部门的网站或办公地点及联系电话至少 5 个；获取本校校园网、同类院校校园网的就业网站至少 5 个。

（3）分享。每组对所查询到的信息进行归纳整理。由每组召集人代表本组在班上汇报，分享就业信息，共同提升求职能力。

三、活动思考

（1）寻找就业信息的渠道和方法有哪些？

（2）如何有效地获取有价值的就业信息？

四、活动总结

掌握寻找就业信息的渠道和方法；在合作获取就业信息过程中，有效完成小组赋予自己的任务；通过本次活动，发现自己有哪些方面需要改进和提升。

课后思考

（1）国家“三支一扶”计划指的是什么？

（2）大学生村官是否属于公务员？

（3）大学生志愿者服务西部计划对自己的成长有什么作用？

（4）国家鼓励大学生基层就业的政策有哪些？

模块七　就业准备与求职指导

学习指南

每逢毕业季，“大学生就业”都会成为热门话题。从短期来看，我国就业市场供求关系依然具有结构性矛盾，劳动岗位相对短缺的现状难以迅速改变。今天的大学生，如果还抱着“宁缺毋滥”的择业意识，就有些不合时宜。事实上，在今天的就业市场上，脑力劳动和体力劳动之间的界限越来越模糊。办公室里普通文员的薪酬收入、社会声望和职业成就感，未必就比技术工人和育儿月嫂高；技术工人和育儿月嫂所掌握的理论知识和实际技术，也未必比办公室普通文员少。

本模块全面介绍就业信息的收集与筛选、就业心理准备、准备求职材料、应对各类笔试和面试的相关内容。

能力标准

分类	具体内容
知识	1. 了解收集和筛选就业信息的方法 2. 了解调适就业心理的方法 3. 了解求职材料的构成要素 4. 了解笔试和面试的相关知识
技能	1. 能够有针对性地筛选就业信息 2. 能够撰写个性化的个人简历 3. 能够掌握面试的技巧
态度	1. 形成包容的职业价值观 2. 具有稳定的应变心理素质 3. 形成积极就业的态度

单元 7.1　收集和筛选就业信息

导入案例

赢在起跑线

在某大学宿舍，小赵在计算机前不停地查找着各招聘网站上的信息，例如智联招聘、前程无忧等。他根据自己的专业和兴趣选择着就业岗位。虽然现在是冬末春初，但细汗仍出现在他的额头。而他邻床的杨阳已胸有成竹，手中早就握着几个单位的就业意向书，从国企到民企，杨阳虽然还在权衡中，但脸上洋溢着自信。

分析： 是什么让同一个专业、同一个宿舍的他们在就业的重要关头面临不同的情况呢？原因在于他们对于就业信息掌握的程度不同。小赵只是单一地将收集就业信息定位在网站搜索方面，杨阳则有更多的行动。他既从学校就业指导中心获得就业信息，也自己到心仪企业的网站上收集招聘信息，尽可能多地收集和利用就业信息，使杨阳赢在了起跑线上。

一、就业信息的收集

就业信息是指通过各种媒介传递的有关求职就业方面的消息和情况，如就业政策、就业机构、供需双方的情况及用人信息等。就业信息对于每一位谋求工作的毕业生来说都是至关重要的。择业决策的过程实质上就是一个与择业有关的信息收集、处理和转换的过程。在择业过程中，无论是职业目标的确定、求职计划的设计，还是决策方案的选择，就业信息的收集和处理都是基础。

（一）就业信息的内容

就业信息的内容非常广泛，通常包括以下几个方面。

1. 了解本校、本专业毕业生在社会上的需求状况

依据本校、本专业毕业生的受欢迎程度，及时调整自己的择业期望值，做到有的放矢。

2. 具体内容

（1）招聘单位的企业文化及发展前景。

（2）招聘单位的具体工作岗位及要求。

（3）招聘单位为职工提供的发展和培训机会以及待遇。

（4）招聘单位的联系方式，如通信地址、联系电话、联系人、传真、E-mail 等。

3. 对毕业生求职择业有利的其他信息

如重要的社会关系、本地区毕业生的供需情况、男女生比例等。

（二）就业信息的来源

1. 国家政府部门

国家政府部门及各地区推出的有关就业方面的法律、法规、决议、决定、规划等信

息能帮助我们认清就业形势，把握就业时机，调整就业心态，理顺就业思路。

人力资源和社会保障部会同教育部、财政部、公安部、中国人民银行出台专门文件，加大政策服务支持力度，同时也发布政策服务指引、信息查询渠道和求职陷阱提示。高校毕业生可登录人力资源和社会保障部网站（http://www.mohrss.gov.cn/），或关注人力资源和社会保障部微信公众号（微信号：rsbzwwx）浏览观看《就业指导系列公开课》，解决求职中遇到的困难和问题。

2. 学校就业指导中心

学校就业指导中心的用人单位信息库和就业网上有大量的用人单位信息和招聘信息。此外，就业指导老师可以为学生提供专业的就业指导。

3. 人力资源市场

各地区、各行业的人力资源市场每天都有来自全国各地的单位招聘信息，信息量大且集中，能够帮助毕业生在较短的时间内获取各种就业信息，并与单位进行直接洽谈。

4. 招聘会

招聘会主要有面向社会和面向校园两种，校园的大型招聘会和专场招聘会都具有明确的针对性，其信息具有很强的准确性和实用性。

5. 媒体部分资源链接

我们可以通过网络、报刊、广播、电视等媒介了解就业市场动态，获得用人单位的信息资料。常用的求职网站有以下几个：

（1）全国大学生就业服务平台：http://www.ncss.cn。

（2）智联招聘网：http://www.zhaopin.com。

（3）新华英才网：http://www.chinahr.com。

（4）前程无忧网：http://www.51job.com。

（5）卓博网：http://www.jobcn.com。

（6）528 招聘网：http://search.528.com.cn。

（7）猎聘网：https://www.liepin.com。

（8）Boss 直聘网：https://www.zhipin.com。

（9）应届毕业生网：http://www.yjbys.com。

6. 人际关系网络

人际关系网络包括自己的亲戚、朋友、老师、同学以及校友资源等。通常由“熟人”推荐的就业机会，在同等条件下，成功率会更高。

7. 社会实践、实习、见习、兼职

大学生在校期间所从事的社会实践、实习、见习、兼职等活动，是大学生了解用人单位的最佳途径。在这个过程中，大学生应有意识地去了解工作单位各方面的情况，并且争取在此过程中有突出的表现。

（三）就业信息的获取要求

用人信息具有广度、效度、信度等特征。广度是指信息渠道的多少、信息的角度和层次以及量的概念；效度是指信息的各种要求是否齐备，尤其是时间上的要求以及与切身利益相关的要素是否清晰；信度是指信息的可靠性、可信度和可行性。在获取用人信息的过程中，应力求做到“早”“广”“实”“准”。

1. **“早”**

“早”就是收集信息要及时，要早做准备，不能“临时抱佛脚”。毕业生在毕业半年到一年以前就应该有针对性地对自己所期望的行业和地区的单位进行了解，收集相关信息。

2. **“广”**

“广”就是要广开渠道，多方面、多角度、多层次、全方位地获取用人信息。同时，要突出重点，层次分明，不能“胡子眉毛一把抓”。

3. **“实”**

“实”就是收集的信息要具体。

4. **“准”**

“准”就是要做到信息准确无误。当你从各种渠道收集到大量需求信息后，要善于对比鉴别，辨别其真伪，去伪存真。用人信息具有很强的时效性，你所了解的信息是不是过期的信息、对方是否已经物色到合适的人选，对这些情况都要搞清楚，绝不能似是而非。

二、就业信息的分析与筛选

（一）就业信息的分析

一条比较好的就业信息应该包括以下几个要素：

（1）用人单位的全称、性质及上级主管部门名称。

（2）用人单位的实力、远景规划、在行业中以及社会上的地位。

（3）对求职者年龄、身高、相貌、性别、体力等生理条件方面的要求。

（4）对求职者敬业精神、工作态度等方面的要求。

（5）对求职者学历、职业技能和其他才能的特殊要求。

（6）对求职者价值观、兴趣、气质等心理特征方面的要求。

（7）个人发展的机会、工资收入、福利待遇等。

有关用人单位资料的调查提纲如下：

（1）用人单位是否得到市场监管部门的认可。

（2）用人单位的性质、规模、占地面积、固定资产总额、职工人数、人均收入等。

（3）用人单位的主导产品、产品的市场占有率、生产总量与销售总额。

（4）用人单位内是否有适合自己兴趣的工作岗位。

（5）用人单位的福利、工资、津贴、住房、医疗保险、养老保险、生活设施等。

（6）晋升的机会。

（7）用人单位领导人的学历与人品。

（8）企业员工对用人单位的评价。

（9）用人单位的社会知名度。

（10）用人单位效益是呈增长趋势，还是下降趋势。

（11）用人单位有没有倒闭的风险。

（12）工作的劳动强度。

（13）工作环境包括设备条件、安全防护、污染等方面。

（二）就业信息的筛选

对就业信息进行筛选的目的主要是辨别其真伪及可靠性、实用价值等，鉴别的对象主要是前面阶段加工整理的资料。就业信息通常从以下几个方面进行筛选。

1. 真实性

信息的价值首先在于真实性。因此，从不同的渠道收集到的大量需求信息，首先要对其进行分析，以确定它的真实可靠程度。信息既蕴藏着机会，又可能包含着陷阱。求职者要通过分析就业信息去伪存真，全面了解就业信息的内容，尽可能地掌握更多的情况，避免上当受骗。

2. 权威性

判断就业信息权威性的方法有：了解就业信息的来源与质量，掌握信息提供者的背景，比较同类信息。如从政府部门得来的就业信息，人事部门的最权威；从学校得来的就业信息，就业指导办公室的最权威。对于小报上发布的信息，则要仔细斟酌。

3. 合理排序

筛选信息时，可以草拟一个职业选择提纲，确定择业标准，再按照标准进行初选，去粗取精、去伪存真，把自己需要的信息选出来，最后进行精选。

总结案例

广撒网不如懂撒网

为了能在网上找到满意的工作，小桃在网络上发简历时秉承“多多益善”的原则，对自己心仪的单位从经理级别的职位到业务员级别的职位一个不落地“全面发送”，她觉得这样就可以增加保险系数。如果遇到特别中意的单位，在第一次发出简历没有面试消息后，她总会将简历重复发送几遍。一转眼，小桃网上求职已有一个多月，她每天都上网查看自己的电子邮箱，但均无回音。

分析：许多毕业生与小桃一样，认为网上的信息来得方便，所以未加分析筛选，频频向招聘单位发简历。殊不知，毫无目的地海量发送简历，其结果往往不太理想。求职者一定要结合自己的实际情况，对信息进行去伪存真、去粗取精的筛选，有目的、有重点、有针对性地进行分析处理，才能提高命中率。

课堂活动

筛选招聘信息

一、活动目的

通过互联网查找企业招聘信息，并有针对性地进行筛选。

二、活动过程

（1）至少以3家企业为调研对象，最好和本专业相关，获取企业基本信息（属于何种行业、发展概况、发展前景等）、了解企业用工情况（用工需求、学历要求、技能要求等）。

（2）信息筛选后，请完成表 7－1。

表 7－1　筛选招聘信息

企业基本信息	何种行业	发展概况	发展前景	企业文化
企业用工情况	用工需求	岗位设置	岗位用工标准	岗位职责

三、活动思考

（1）在筛选招聘信息的过程中有何困难？

（2）这些筛选的招聘信息对自己有何意义？

四、活动总结

作为一名即将毕业的大学生，首先要学会通过多种途径收集就业信息，并能够根据自身的情况和需求，有针对性地对就业信息进行分析和筛选。只有这样，才能提高就业的成功率。

思考与探索

1. 如何有效地收集就业信息并进行处理？
2. 结合自己的体会，谈谈和其他同学共享就业信息的利与弊。

单元 7.2　调适就业心理

导入案例

就业让我很痛苦

小辉是一名应届大学毕业生。大学期间他认真学习，然而却在就业时处处碰壁。他看中的单位，人家看不中他，单位看中他的，他又看不上单位。毕业已经快一个月了，他还未就业。他处在焦虑、忧郁、自卑、不满、无法决断的状态，内心十分矛盾和痛苦。

分析： 小辉为什么如此痛苦呢？缺乏应聘面试的技巧，导致“他看中的单位，人家看不中他”；职业的自我定位过高，导致“单位看中他的，他又看不中单位”。缺乏良好的就业心理准备，是小辉失败的主要原因。

大学生完成学业，从学生变成社会职业人，是人生中的一次重要转折，这不仅表现为一个人的身份转变，而且其内心世界也会发生变化。作为即将毕业的大学生，高职毕业生需要了解影响就业的心理因素，自觉加强就业心理准备，努力塑造积极的就业心态，为顺利就业做好准备。

一、大学生就业中的心理问题

当前，大学生处在国家经济和毕业生就业制度双重改革的背景之下。“双向选择、自主择业”是国家把大学毕业生作为一种人力资源，通过市场调控，使用人单位能够录用到满意的人才，毕业生也能找到适合自己的工作单位，实施优化配置的一项就业政策。在这种双向选择中，毕业生要想找到自己理想的工作单位，必须与其他毕业生展开激烈的竞争，加上各种主客观因素的影响，大学生们承受着前所未有的就业压力，导致大学毕业生在求职过程中可能出现多种心理问题。

（一）焦虑与恐惧心理

焦虑是一种紧张不安并带有恐惧体验的情绪状态，多半是由于不能实现目标或是不能避免某些威胁而引起的。一般学生表现的焦虑程度较轻，主要有不安、忧虑及某些心理反应。

（二）自卑与自负心理

1. 自卑心理

自卑是一种轻视自己或低估自己能力的一种心理倾向。在求职问题上，主要表现为缺乏自信心，缺乏勇气，不敢参与竞争。

2. 自负心理

与自卑心理相反，自负心理是缺乏客观地自我分析和自我评价的表现。一部分大学生择业时好高骛远，期望值过高，脱离实际，以幻想代替现实，使择业目标和现实产生极大的反差。择业时不能从实际出发，而是这山望着那山高，总认为自己什么工作都能胜任。“是我去择业，而非职业择我”的错误观念根深蒂固，因此自负武断。一旦未能如愿，情绪就一落千丈，出现孤独、失落、抑郁等心理现象。

（三）从众与攀比心理

1. 从众心理

从众心理是指一个人的观念或行为，由于受群体压力的影响，在认知、判断、信念与行为等方面与群体多数人保持一致的现象。在求职现场寻找热门职业，参与面试的人数越多，他们对那些职业的渴求就越强烈，因而放弃目标、计划和兴趣爱好，甚至放弃自己在就业竞争中的优势方面，盲目追求热门单位、热门职业，造成“有的工作没人做，有的人没有工作”的结构性失业状况。实际上，这种人云亦云的做法在一定程度上给大学生求职增加了难度，也影响了大学生个人的发展。

2. 攀比心理

攀比心理是指大学生在求职过程中不从自身实际出发，不考虑所选单位是否适合自己，而是盲目攀比工作环境、收入待遇、职位行业等。比如，有的学生会想：“我和他各方面条件都差不多，他签到了月薪 6 000 元的工作，我为什么要签 4 000 元的？”或是与中学同学比，比如想：“中学时我的成绩一直比他好，读的大学也比他好，为什么签的单位却没有他的好？”有的学生因为数次应聘成功，于是飘飘然不肯轻易签约，期待有更好的岗位时再出手。正是这种攀比心理，导致很多大学生迟迟没有签约就业，错过了好的就业机会。

（四）依赖与懈怠心理

如今，大学生中独生子女较多，他们在生活和学习中的事情，大多都是家长、老师做主，缺乏独立自主的意识，解决问题的能力较弱。有的同学只能凭借父母良好的社会关系找工作；有的同学寄希望于就业形势的好转，祈祷能得到某个单位的垂青；一些独立能力较弱的女生受传统文化、家庭环境的影响，也存在较严重的依赖心理，如果家人不能帮助谋取一份好工作，就寄希望于找个条件好的男友甚至嫁个有能力的丈夫，自己有没有工作、工作是否理想，都觉得无所谓。受这种依赖心理的影响，有的大学生渐渐失去了进取心和魄力，最终在激烈的人才竞争中被淘汰出局。

另外，近年来大学校园中出现"漂一族"和"慢就业"等现象。所谓"漂一族"，指的是一些没有落实工作的毕业生，闲来无事，就在大学校园里四处游荡。他们中有些人是因为对工作岗位挑挑拣拣，"高不成，低不就"，自动放弃就业机会；有些是在校园附近租房，一边打工，一边找工作；有些干脆待在家里靠父母养活。"毕业不就业，未来还是梦"，这是"漂一族"毕业生心理的真实写照。究其根源，主要是由于他们从心理上消极懈怠，对就业漠不关心或随波逐流。

（五）挫折与嫉妒心理

1. 挫折心理

挫折心理是指在从事有目的的活动时遇到障碍所表现出来的情绪反应。当一个人产生挫折心理后，就可能陷入苦闷、焦虑、失望、悔恨、愤怒等多种复杂的情绪体验之中。

2. 嫉妒心理

嫉妒心理的主要特征是把别人的优越之处视为对自己的威胁，因而感到心理不平衡，甚至是恐惧和愤怒，于是借助贬低、诽谤以至报复的手段来求得心理的补偿或摆脱恐惧和愤怒的困扰。

（六）问题行为

问题行为是指违背社会行为规范的不良行为。毕业前，一些大学生因某些主体需要不能满足或遭受较大的挫折，加之平日缺乏应有的品德与个性修养，可能发生各种各样的问题行为。常见的有逃课、损坏东西、对抗、报复、迁怒于人、进行不良交往、过度消费、嗜烟、酗酒等。问题行为的存在不仅会影响学生的顺利择业，严重的还有可能导致违纪与违法。

（七）躯体化症状

躯体化症状是由于心理压力和生活方式而导致的异常生理反应。毕业前的大学生由于心理应激水平高、心理冲突强度大、挫折体验多，加之部分大学生性格本来就不十分健全，所以容易导致某些躯体化症状，如头痛、头昏、血压不正常、消化紊乱、背痛、肌肉酸痛、口干、心慌、尿频、饮食障碍或睡眠障碍等。这些症状若不及时排除，就会危及学生的身体健康和心理健康。

从以上种种反应可以看出，大学生在求职择业中产生的心理障碍，具有适应性障碍的特征。引发这些反应的主要原因是大学生对求职环境的应对不良，对求职环境缺乏良好的适应能力。这种现象属于发展过程中的适应不良，只要大学生主动适应就业环境，各方面引导得当，这些心理障碍就会随着时间的推移而逐渐消失，大多数人不会形成心理疾患。

二、塑造积极的就业心态

就业心态是指个人在求职过程中对自己、对单位、对同学、对问题的看法和观点。心态决定人生的成败，以积极的心态面对人生，就会使自己充满自信。因为积极的心态可以使人消除心理障碍，正视挫折，赢得幸福和财富。

（一）培养积极心态的八种方法

1. 从言谈举止上变得积极起来

一个人只有积极地行动起来，才能逐渐摆脱颓废、懒惰、悲观等消极情绪，让思维活跃起来，从而形成积极的心态。

2. 心怀必胜的积极想法

美国著名的企业家和成功学大师卡耐基说过："一个对于自己的内心有完全支配能力的人，对他自己有权获得的任何其他东西也会有支配能力。当我们用积极的心态把自己看成一个成功者时，我们就开始收获成功了。"

3. 用美好的感觉、信心和目标去影响别人

人们总是喜欢和积极乐观者在一起，一个心态积极的人有一种吸引力，他能很好地感染周围的人。别人靠近你，能从你身上感受到一种力量，那就是积极的心态带给人的信心和目标感。

4. 让每个人都感到自己很重要和被需要

当别人认为你把他看得很重要的时候，他同样会增加你在他心中的分量。

5. 心存感激

当你怀着感恩之心时，你会发现自己拥有很多。学会珍惜自己所拥有的，你才会是一个幸福的人，这样的人生才会更加美好。

6. 学会称赞他人

在人与人的交往中，适当的、发自内心的赞美，会让他人产生一种成就感，从而拉近你与他人的距离。

7. 在求职过程中学会微笑

英国有一句谚语："一副好的面孔就是一封介绍信。"一张微笑的脸就如同一幅赏心悦目的画，让人心情愉快。一个面带微笑的人，传达的是一种自信和友好、乐观和坚强，它能以最简单、最快捷的方式感染人。

8. 不计较小事

一个人的精力是有限的，我们每天有数不尽的大事小事要做，如果在无关紧要的事情上浪费时间，就会偏离大的目标和重要事项，得不偿失。

（二）心理压力的缓解方法

1. 自我反省

在面对矛盾和冲突时不要冲动，要冷静、理智地进行思考。一方面客观地分析就业环境，把面临的情况搞清楚；另一方面思考自我，找到自己的准确位置。

2. 放松训练

这是一种通过练习，在心理上和躯体上放松的方法。放松训练可以帮助人们减轻或消除各种不良的身心反应，如焦虑、恐惧、心理冲突、入睡困难、血压升高、头痛等。毕业生遇到心理压力时，可以在有关人员的指导下做一些放松练习。

3. 心理测验

通过心理测验，可以使人了解自己的心理特点和问题，从而有针对性地调节情绪，克服心理弱点，发挥优势。例如，毕业生可以进行智力测验、人格测验、职业心理测验、能力测验，根据测验的结果，来决定自己的职业选择或调整自己的情绪，使之达到良好的状态。

4. 自我转化

有些时候不良情绪是不易控制的，这时可以把自己的情感和注意力转移到其他活动中去。例如，学习一种新的技能、参加有趣的活动、郊游等，都可使自己没有时间沉浸在不良情绪中，以求得心理平衡。

5. 聊天和写作

解除苦恼的最好办法是找人聊天，以及时疏导、排遣郁闷。当一个念头在脑海里影响睡眠的时候，不妨试着把纠缠自己的想法写下来。

6. 咨询专家

人的心理出现矛盾，特别是有较大的心理负担之后，自我调节难以奏效，此时可以求助于心理咨询专家，帮助自己消除挫折带来的焦虑、烦恼、抑郁等不良情绪。

总结案例

小许的成功

小许性格内向，不敢与用人单位交流，每次匆匆放下简历就走。她在面试前更是紧张得睡不好觉，在现场也不能很好地发挥。眼看毕业临近，她的就业问题还没解决，由于心理压力过大，她去心理咨询中心寻求帮助。

老师听了她的倾诉后，首先教给她一些舒缓情绪的方法，然后引导她分析自身的优势与问题，并着眼于解决问题而不是陷在情绪里。老师的话给了她很大启发，回去后她针对自己面试紧张的问题，在同学面前一遍一遍地演练。一周后，有了自信的小许再次参加招聘会，很顺利就签约了。

分析：就业成功的关键是要能够正确地评价自己。有时要纠正过低的自我评价，大胆地去尝试。不要觉得谁都比自己优秀，要克服自卑心理，树立自信，要知道“天生我材必有用”，不要总拿自己的弱项和别人的长项比，要充分发挥自己的优势，最终就能到达胜利的彼岸。

课堂活动

天生我材必有用

一、活动目的

通过公开演讲，激发自身潜能，提高随机应变能力，并且学会在压力中实现良性的自我转化。

二、活动过程

(1) 6～8 名同学为一个小组，选出组长与记录员。

(2) 队员轮流站到讲台上进行职业理想演讲。

(3) 演讲从站到讲台上开始，时间是 3 分钟，到时必须停止。

(4) 用 1 分钟讲讲过去，用 1 分钟讲讲现在，用 1 分钟讲讲想象中的未来。

(5) 如果演讲结束而时间未到，请继续保留在台上，可以讲些职业生涯话题。

三、活动思考

(1) 大家所讲的内容有哪些对于求职是有帮助的?

(2) 你是否从这个活动中提高管理压力的能力?

四、活动总结

通过轮番登场，每位参与者都能够突破自己的情绪框架，彰显当众演讲的风采，这对于职场情绪的管控大有裨益，也对即将进入求职环节的学生提供了模拟压力面试的场景。

课后思考

(1) 结合自己的个人情况，谈谈自己有哪些与职场发展相关的心理压力。

(2) 这些心理压力是否可以通过积极活动得到宣泄与缓解?

(3) 你将如何从容面对毕业季的机遇与挑战?

单元 7.3　准备求职材料

导入案例

并不简单的简历

庞刚同学没好好制作个人简历，就去参加校园招聘会。看到每个用人单位摊位前均挤满同学，他便用一张 A4 纸随意写下个人情况（姓名、毕业学校、专业、联系方式），字写得“行云流水”，经过仔细辨认才能猜出一二。林杰同学简历的封面是用相纸打印出来的，有一幅个人艺术照，而且简历内容翔实，一下子便吸引了人事经理的目光。人事经理重点标记了这份简历，安排了一周后的面试，后来林杰入职行政助理岗位。两名同班同学，学业水平都差不多，在招聘会上因为简历的不同而有了不同的求职结果。

分析：“工欲善其事，必先利其器。”做好就业资料的准备，才能拥有职场“敲门砖”。一份简约而精美的简历，可以在茫茫人海中凸显应聘者的底蕴和态度。简历的文风最好采用客观、描述性的语言，以体现自己驾驭文字的能力；在内容方面，要写出自己特别的求学、实习经历。

一、求职材料的构成

对于应届毕业生来说，求职材料通常包括封面、求职信、毕业生推荐表、个人简历、成绩单、各种证书、参加社会实践、实习的鉴定材料、其他辅助材料等。毕业生的求职材料应多侧面、多角度准确全面地反映自己的专业水平、组织能力、领导能力和综合素质等。

（一）封面

封面是求职材料的门面，就像一个人的脸面，它能折射出一个人的喜好和素养。一份富有创意的封面能起到吸引招聘者眼球的作用，从而大大提高求职成功率。

（二）求职信

求职信也称自荐信，是毕业生在收集需要的信息后有目的地向用人单位做的自我介绍。它是针对特定单位（岗位）的特定人而写的，主要表述求职者的主观愿望和特长，以求吸引招聘者的注意，取得面试机会。求职信在求职过程中作用重大，是学生自我推销、展示自己公关能力的重要一环。

（三）毕业生推荐表

毕业生推荐表是学院就业指导中心发给每位毕业生填写的并附有学校意见（鉴定、评价等）的书面推荐表格。该表一般由三部分组成：一是毕业生本人的情况介绍；二是毕业生所在院系的推荐意见；三是毕业生所在学校就业主管部门的推荐意见。一般来讲，这个表格是学校正式向用人单位推荐毕业生的书面材料，因此具有较强的权威性和可靠性。用人单位往往对该表比较重视，毕业生应认真填写，妥善保管。

（四）个人简历

个人简历，顾名思义，是反映求职者个人的简要经历，是一个人生活、学习、工作的经历与成绩的概括和总结。用人单位从求职者的简历中，能够看出该求职者在业绩、能力、性格、经验方面的综合表现。通常情况下，用人单位都是通过简历来初步了解求职者，决定求职者能否参加下一轮的面试。从某种意义上说，简历决定着求职者的前程。

（五）成绩单

成绩单是大学毕业生学习成绩的证明，通常为表格形式，应由学校教务部门出具并盖章。

（六）各种证书

证书是毕业生求职、任职等的资格证，是企业招聘、录用人才的主要依据，是就业的敲门砖。证书有外语等级证书、计算机等级证书、各类奖学金及其他获奖证书、各种技能证书、各种职业资格证书等。

（七）参加社会实践、实习的鉴定材料

社会实践、实习能让毕业生体验社会生活，为毕业后踏进社会做好充分的准备，积累相关经验，提高自身的能力。参加社会实践、实习的鉴定材料是社会实践单位和实习单位给予毕业生的评价，对毕业生就业有一定的帮助。

（八）其他辅助材料

如院系教师的推荐信、公开发表的论文、文章及其他成果复印件或证明等。

二、求职信的写作技巧

求职信是简历的附信，属于商业信函，可放在简历的前面，也可放在简历的后面。求职信能够很好地补充简历本身缺乏描述性词语的不足。

（一）开头

在求职信的开头部分，除了称呼和问候语外，还需要自我介绍、是从什么渠道得知该招聘信息的以及所要应聘的具体职位等内容。求职信的第一句话很重要，如果写得好，可以让收信人愿意继续阅读，有时甚至会让招聘者在第一时间对求职者留下极佳的印象。

求职信的第一句话有很多写法，归纳起来，主要有以下几种形式。

1. 概述式

用一句话概述你所具备的任职资格及工作能力。如“在完成了会计学专业的学习，并取得了注册会计师资格以后，我相信自己能够卓有成效地为贵公司的发展作出贡献”。

2. 提名式

如果条件允许的话，可以提及一位建议你到用人单位求职并且为该单位所熟悉或尊崇的人。这个人必须连名带姓全部写上，后面加上职衔或官衔，也可以简单地称“先生”或“女士”。如“贵公司企划部的王先生告诉我，你们需要一位优秀的策划人员。”

3. 提问式

针对用人单位的需要，先提出一个设问或是假设，然后用一句话表述你诚挚地希望自己能够帮助对方实现目标。如：“如果贵公司需要每分钟能打 100 个字以上的秘书，本人就是绝佳人选。”

4. 赞扬式

先赞扬用人单位最近一段时间所取得的显著成就或发生的明显变化，然后再表示自己愿意为其效力。如：“贵公司近期公布了本年度业绩，盈利之高为业内人士所津津乐道，本人真诚地希望为贵公司效力。”但是要记住，赞扬语句的语气千万不要过度热情，否则就会有奉承之嫌。

5. 应征式

先说明你通过什么途径了解到用人单位的招聘信息，并肯定自己的条件符合用人单位的要求。如：“本人的受教育程度和工作经验符合贵公司在网上公布的招聘条件。”

6. 独创式

可以用一个比较新奇的、能表现你在某些方面过人才华的句子开头。但是，这种开头只能用于申请需要丰富想象力的职位，如广告文案、装潢设计、平面设计、工业设计等。

（二）正文

求职信的正文部分一般分为三方面内容：你对用人单位的认识和理解、你的综合能力（即你的求职资格）、你能为公司作出什么样的贡献。

1. 描述你对用人单位的理解和认识

这方面内容通常是说用人单位有什么好的方面吸引你，对用人单位进行适当的赞美，让用人单位知道你很愿意在此服务。如果对方是一家大公司，那么可以说说用人单位的名声、销售业绩、影响力、公司文化或其他任何让他们感到骄傲的地方；如果对方是一家中小企业，那么可以说说所处行业及公司前景。

2. 描述你的综合能力

这是求职信的核心部分。你需要有的放矢地说明你的个人技能和个性特征如何能满足公司的要求，要让用人单位了解为什么你是最好的人选。

3. 强调你能为用人单位作出什么贡献

上面所描述的能力是从你自身情况而言的，而用人单位更为看重的是你能为单位作出什么样的贡献。这里有一个误区，很多求职者为了表示自己谦虚，在求职信中大写特写自己的不足，并表示希望能够在将来的工作中得到学习提高的机会。事实上，这种谦虚是没有必要的，每个用人单位都会对自己的员工进行培训，但是这并不是单位招聘员工的初衷，用人单位招聘你，是看重你能为单位带来的贡献。

（三）结尾

求职信结尾部分可以包括以下几个方面的内容。

1. 再次强调你对于此职位的兴趣

在求职信的结尾，可以再次强调你对于此职位的兴趣，不过点到为止，不必啰唆，语气也不必太过于“乞求”。

2. 表明你希望得到面试机会

呈递求职信和简历只是为了能得到面试机会，而并非为了马上就能得到工作机会。没有一个招聘单位会因为你的求职信和简历写得好就免去面试环节直接与你签约。为此，在这里，你只需要表明你希望能得到面试机会，或者告知招聘单位你将在什么时间打电话确认资料是否安全到达以及询问面试事宜。

3. 向对方表示谢意和祝福

如同书信的最后要向对方表示敬意和祝福一样，在求职信的结尾，你也可以写上一些诸如“顺祝愉快安康”“深表谢意”“顺颂商祺”之类的通用祝福词语。

4. 别忘了署名

国外一般都会在名字前加上“你诚挚的”“你忠诚的”“你信赖的”等形容词，但在国内，这种方式还是不要效仿的好，以免显得不伦不类。按照中国人的习惯，在求职信的右下角直接写上自己的名字即可。

5. 日期

日期写在署名下方，应用阿拉伯数字书写，年、月、日要写全。

6. 写上联系方式

尽管你的联系方式在简历上已经注明了，但还是建议你在求职信的结尾也写明自己的详细通信地址、邮政编码和联系电话，以让招聘人员在繁忙之中能够快速找到你的联系方式。

案例

求职信模板

尊敬的招聘主管：

您好！请恕打扰。

我是一名刚从××学院会计专业毕业的大学生，很荣幸有机会向您呈上我的个人资料。在投身社会之际，为了找到符合自己专业和兴趣的工作，更好地发挥自己的才能，实现自己的人生价值，谨向您做一下自我推荐。

作为一名会计专业的大学生，我热爱自己的专业并为其投入了巨大的热情和精力。在三年的学习生活中，我所学习的内容包括从会计学的基础知识到运用等许多方面。通过对这些知识的学习，我对这一领域的相关知识有了一定程度的理解和掌握。此专业是一种工具，而利用此工具的能力是最重要的，我在与课程同步进行的各种相关实践和实习中，具有了一定的实践操作能力和技术，并在学校生活中加强锻炼为人处世能力，学习管理知识，吸收管理经验。

我知道计算机和网络是将来的工具，在学好本专业的前提下，我对计算机产生了浓厚的兴趣并阅读了大量的相关书籍，能够熟练操作 Windows XP、Office、金蝶财务、用友财务等应用软件，并通晓 VC 语言等程序语言。

我正处于人生中精力充沛的时期，我渴望在广阔的天地里展露自己的才能，我不满足于现有的知识水平，期望在实践中得到锻炼和提高，因此我希望能够加入贵单位。我会踏踏实实地做好属于自己的一份工作，竭尽全力地在工作中取得好的成绩。我相信经过自己的勤奋和努力，一定会作出应有的贡献。

感谢您在百忙之中所给予我的关注，愿贵单位事业蒸蒸日上，屡创佳绩，祝您的事业百尺竿头，更进一步！

希望您能够对我予以考虑，我热切期盼您的回音。谢谢！

此致

敬礼！

自荐人：×××

××××年××月××日

三、个人简历的制作

常见的个人简历格式有三种：表格式、时间顺序式、学习工作经历式。表格式是用表格的形式列出自己的基本情况和学习、工作经历，使人一目了然；时间顺序式是按年月顺序，列出自己的学习工作经历，条理清楚；学习工作经历式是根据需要有选择地列出自己的学习、工作经历，充分表现自己的技能、品德。对于刚从大学毕业的求职者来说，宜采用第一种格式。

（一）个人简历的内容

1. 个人的基本情况

个人的基本情况主要指姓名、年龄、性别、籍贯、学历、政治面貌、联系方式（电话号码和电子邮箱）等。个人信息模块的写作应该简单、直观、清晰并且没有冗余信息。

2. 教育背景

按照次序，写清所读学校名称、专业、学习年限及相关证明等，让招聘单位迅速了解求职者的学习背景，以判断与应聘职位的相关性。

3. 工作或社团经验

大学生一般都没有工作经验，但经常会利用假期勤工俭学、兼职或积极参加各类社团活动，以充分提供在校期间的打工经验、社团经验，供招聘单位参考。

4. 爱好特长

无论是所学的专业还是单纯的个人兴趣发展出来的特长，只要与工作性质有关的才艺，都应在简历上写出来。这将有助于招聘单位评估求职者的所长与应聘工作的要求是否相符。

5. 知识、技能水平

知识结构（主要课程和从事的科研活动）、外语和计算机水平以及其他技能方面的证书等。

6. 求职意向

求职简历上须清楚地表明自己倾向就业的地域、行业、具体岗位等，以便招聘单位了解求职者的志向与追求，从而作出正确的选择。

7. 联系方式与备注

同上面所要突出的内容一样，一定要清楚地表明怎样才能找到求职者的电话（固定电话应加上长途区号）、手机及其他移动通信工具、E-mail 地址、邮政编码、传真电话等。总之，要确保招聘单位能通过简历中的联系方式迅速联系到求职者。

（二）简历的撰写要求

1. 简洁明了

个人简历宜简短，一般不超过一页纸。招聘单位会收到许多份材料，招聘人员不可能仔细研读每份简历，一般花的时间较短。

2. 真实客观

简历一定要按照实际情况填写，即真实客观地描绘自己，不能有任何虚假。当然，简历中不写任何虚假的内容并不等于把自己的弱项都写进去。

3. 整洁清晰

段落与段落之间、语句与语句之间、纸张幅面等都要设计合理，准确无误。一份好的简历在用词、术语及撰写上都应力求准确无误。

案例

个人简历（范例）

【个人概况】

姓名：×××　　性别：女

健康状况：良好　　民族：汉

毕业学校：××职业学院　　学历：高职专科

宿舍电话：××××××××　　移动电话：×××××××××××

电子信箱：××××××　　邮编：××××××

【教育背景】

2017 年 9 月—2020 年 7 月就读于××××学院电气工程系。

专业：通信工程。

【主修课程】

程控交换技术、光纤通信、移动通信、电磁场、通信电子电路、数字信号处理、数字电路、通信原理、电视原理、计算机网络工程、多媒体教程、C 语言、电子线路、电子测量等。

【专业能力】

熟练掌握通信系统的基本原理、网络设计及有关技术，熟悉 GSM 系统、CDMA 无线通信系统、SDH，特别对移动通信、GPRS 技术进行了深入广泛的学习，能较好地运用相关知识，对移动通信新技术如 Bluetooth 等有一定的认识。

【工作经历】

2016 年 7 月在桂林国际会展中心“2016 年国际电子展览会”上，为台湾世纪股份有限公司做软件产品展示员，介绍网络应用软件《沟通大师》和《沟通精灵》。

2017—2018 年担任学院校园网的维护员。

【外语水平与 IT 知识技能】

国家英语四级成绩优秀。

全国计算机等级考试二级（C 语言）合格，××地区计算机应用水平测试（C 语言）成绩优秀。

能熟练运用 Office 软件，如 Word、Excel、PowerPoint 等，熟练掌握动画软件 3DMAX。

具有较好的英文阅读、写作能力。

【获奖及成绩情况】

综合测评本专业第五名，学习成绩本专业第三名，平均分为 85.4 分。第一学年获校“优秀团员”称号和三等奖学金，第三学年被评为“三好学生”。

【自我评价】

能吃苦耐劳，工作认真，有突出的钻研开拓精神，为人热情乐观，兴趣广泛，适应性强，人际关系良好。有较强的组织、协调能力。善于沟通，有良好的团队精神。

【求职意向】

在电子行业企事业单位从事通信技术开发工作、通信网络维护工作或英文翻译工作。

总结案例

笨鸟先飞

小磊来自农村，进校时成绩在班级靠后，各方面能力都较弱。小林来自城市，进校时成绩优异，社交和组织能力都较强。从大一开始，小磊就通过咨询老师和查阅相关资料，详细了解求职材料的构成，设定了具体的学习和兼职目标，开始一项一项地着手准备。小林总想着离大学毕业还很遥远，大三准备也来得及。毕业季来临，小磊凭借优异的成绩单、外语和计算机等各类专业相关证书以及丰富的社会实践和兼职经历，找到了心仪的单位。而小林由于没有充分地为就业做准备，与心仪的单位失之交臂。

分析：一份漂亮的成绩单、各种证明专业能力的证书、丰富的社会实践和兼职经历是求职成功的关键。如果大学生能从上大学伊始就在这些方面付出努力，定能获得用人单位的青睐，在激烈的求职竞争中立于不败之地。

课堂活动

简历比拼

一、活动目的

掌握个人简历的制作技巧，能够设计适合自己情况的个人简历。

（建议时间：课外＋课上 30 分钟）

二、活动过程

（1）学生利用课余时间制作个人简历，然后在课堂上展示。

（2）学生投票评选出优秀作品 4 个，制作者走上讲台介绍自己的简历。

（3）其他同学提问和点评。

（4）教师现场颁发奖品并予以鼓励。

三、活动思考

（1）在制作简历的过程中，哪个部分最难写？为什么？

（2）优秀作品中哪个部分最打动你？为什么？

四、活动总结

众所周知，在求职者中，个性突出、特色鲜明的大学毕业生容易在竞争中取胜。一份好的简历，对于顺利找到工作至关重要，而优异的成绩、证书、社会实践和兼职经历是用人单位在简历上最为看中的部分。

课后思考

（1）一份完整的求职材料都有哪些内容？

（2）求职信包括哪几个部分？怎样有针对性地写好求职信？

（3）个人简历包括哪几个部分？怎样撰写个性化的个人简历？

单元 7.4　准备笔试与面试

导入案例

细节决定成败

某外企想招一个有工作经验的会计人员。一名女大学生由于没有工作经验，在面试第一关就遭到了拒绝。但她并没有气馁，她对主考官说："请再给我一次机会，让我参加完笔试。"主考官拗不过她，就答应了她的请求。结果，她通过了笔试，由人事经理亲自复试。

人事经理对她颇有好感，因她的笔试成绩最好，不过，女孩的话让人事经理有些失望。她说自己没工作过，唯一的经验就是在学校掌管过学生会财务。找一个没有工作经验的人做财务会计不是他们的预期，人事经理决定收兵："今天就到这里，如有消息我会打电话通知你。"女孩从座位上站起来，向人事经理点点头，然后从口袋里掏出两元钱双手递给经理："不管是否录取，请都给我打个电话。"人事经理从未见过这种情况，问："你怎么知道我不给没有录用的人打电话?""您刚才说有消息就打，那言下之意就是没有录取就不打了。"人事经理对这个女孩产生了浓厚的兴趣，问："如果你没有被录取，我打电话，你想知道些什么呢?""请告诉我，在什么地方我不能达到你们的要求，在哪方面不够好，我好改进。""那两元钱……"女孩微笑道："给没有被录用的人打电话不属于公司的正常开支，所以应该由我付电话费，请您一定打。"人事经理也笑了："请你把两元钱收回，我不会打电话了，我现在就通知你：你被录用了。"

分析：面试中的细节反映了女大学生作为财务人员应该具有的良好素质和人品。第一，她一开始便被拒绝，但一再争取，说明她有坚毅的品格。财务工作十分繁杂，没有足够的耐心和毅力是不可能做好的；第二，她能坦言自己没有工作经验，显示了一种诚信的品格，这对搞财务工作尤为重要；第三，即使不被录取，也希望能得到别人的评价，说明她有直面自己不足并把每项工作都做得很完美的精神；第四，女孩自掏电话费，反映出她公私分明的良好品德，这更是财务工作不可或缺的。所以，女大学生的应聘成功并不是偶然的。

一、笔试及其准备

笔试是用人单位对应试人员的一种考核办法，目的是考核应聘人员的文字能力、逻辑思维能力、创新能力、知识面和综合分析问题的能力。它通常用于对专业技术、员工素质要求很高的大型企事业单位，如一些涉外部门、对技术要求很高的专业公司以及国家机关等。

（一）笔试的主要类型

1. 专业考试

这种考试主要是检验求职者是否能达到某一职务所要求的专业知识水平和相关能力。

例如：外资企业要考应聘者的外语，招聘护士时要考核基本的护理知识和技能，国家机关招聘公务员时要考行政管理和法律知识。

2. 心理测试

求职者的心理素质如何，也是招聘者所关心的。因此，有的单位会让求职者完成一套心理测试题，以判断求职者的心理素质。

3. 命题写作

这种考试的目的在于考察求职者的文字表达能力、分析问题能力和逻辑思维能力，比如根据背景材料限时写出一份请示报告、会议通知或工作总结。

（二）笔试准备

良好的笔试成绩来自平时的努力学习。在大学期间刻苦学习，将所学专业及基础知识弄懂学会，这样在考试时就能信心十足，游刃有余。此外，笔试前应进行简单的复习，要保持良好的身心状态，要提前熟悉考场环境，并详细了解考场注意事项。

二、面试的方法与技巧

面试是用人单位招聘时最重要的一种考核方式，是供需双方相互了解的过程，是一种经过精心设计，以交谈与观察为主要手段，了解应试者信息和能力的一种测评方式。

（一）面试的主要类型

1. 一对一的个别面试

一对一的个别面试常用于第一轮面试，主要目的是排除一些素质相对较差者。

2. 多对一的主试团面试

多对一的主试团面试由多个部门组成主试团，考核应聘者的人文素养、业务素质、行为风格等。

3. 多对多的小组面试

多对多的小组面试的面试对象有多个，便于面试者对应聘者进行比较。

4. 小组讨论面试

小组讨论面试是由应聘者组成一个临时工作小组，讨论给定的问题并且作出决策，目的是考核应聘者的领导能力、组织能力、口头表达能力、说服力、洞察力、处理人际关系的技巧等。

5. 评估中心面试

专业化程度高的外企通常会用一两天的时间通过评估中心进行人才选拔。评估中心将进行一系列综合性的考核，包括在公众前发表演讲、讨论、辩论等，目的是考核应聘者的适应能力及在一个全新的、毫无准备的情境中处理问题的能力。

（二）面试前的准备

面试是求职的关键环节，需要事先做好准备，主要包括以下几个方面。

1. 研究用人单位

俗话说："知己知彼，百战不殆"，面试前对用人单位进行充分的了解，对于能否通过面试是非常重要的。

2. 审视自己

面试最重要的还是充分了解自己，面试前要梳理一下自己的情况，对照应聘岗位的招聘要求，问一问自己：我是否对这个岗位感兴趣？我参与竞争的优势是什么？劣势是什么？如果被问到劣势方面，我要如何应对？

3. 物品准备

带好求职简历、求职信、各种荣誉证书和成绩单的复印件等。多带一份简历，有备无患。

4. 面试训练

应届毕业生缺乏面试经验，在面试前有必要进行面试的学习和训练，先了解各种面试形式，学习他人的经验，并可向学长请教，还可以 3～5 人一组，轮流扮演面试官和求职者，模拟面试的过程，锻炼展示自我的能力，积累面试的实战经验。

5. 心理准备

择业前要进行心理调适，要注意保证足够的睡眠，面试时要放松，这样才能发挥出最佳的水平。

（三）面试的着装

服装也是面试官了解应聘者的重要方面。大学应届毕业生求职着装的原则是不追求名牌服装，以平整得体、简练精干为原则。最好不穿新买的衣服，穿平时熟悉、增强自信的服装。颜色以中性为主，避免夸张、刺眼的颜色。

1. 男同学服饰的注意事项

（1）宜穿西装、打领带。领带要打得端正，遮住衬衫的第一粒扣子。

（2）皮鞋要打鞋油，鞋跟一定要擦干净。

（3）男生的头发必须干净整洁，有光泽，不要把发型搞得过于新奇。切忌面试前一两天理发，因为新的发型会令他人和自己都感觉不自然，衣领和肩部不要沾上落发和头皮屑。

（4）胡须必须剃干净。

2. 女同学服饰的注意事项

（1）宜穿职业套装套裙，不宜穿紧身衣服或牛仔装、运动裤，尤其是不宜穿无袖、露背、迷你裙等前卫服装。衣服应以三色为主，颜色多会给人以花哨的感觉。

（2）肉色的袜子在社交场合最适宜。不要穿露出脚趾的凉鞋，宜穿素色素面的一寸半包鞋。

（3）女生可以化淡妆，勿浓妆艳抹，不宜涂指甲，不宜喷过多的香水。

（4）头发最好束起来。头发、指甲、配件等细节位置都应干净清爽。

（5）不要佩戴造型过于夸张、会叮当作响的饰品。除了手表，一般不需要佩戴其他首饰。

（四）面试的忌讳

1. 忌迟到失约

迟到和失约是面试中的大忌，这种行为不但反映出求职者没有时间观念和责任感，更会令面试官觉得求职者对这份工作不够重视，印象分自然大减。如因有要事迟到或缺席，一定要尽早打电话通知该公司，并另预约一个面试时间。

2. 忌开口就问待遇

“你们的待遇怎么样？”这样的问话很可能招致如下回答：“工作还没干就先提条件了，何况我们还没说要你呢！”谈论报酬，这本无可厚非，但要看时机，一般是在双方已有初步意向时才委婉地提出。

3. 忌数落别人

切勿在面试时当着面试官面数落现任或前任雇主、同事、同学、老师的不是。这样做不但得不到同情，反而会令人觉得你记仇、不念旧情和不懂得与别人相处，因而招来面试官的反感。

4. 忌不懂装懂

“知之为知之，不知为不知。”面试遇到自己不知、不懂、不会的问题时，回避闪烁、默不作声、牵强附会、不懂装懂的做法均不足取，诚恳坦率地承认自己的不足之处，反倒会赢得主试者的信任和好感。

5. 忌欠缺目标

面试时，千万不要给面试官留下没有明确事业目标的印象。虽然一些求职者的其他条件不错，但无事业目标，就会缺少主动性和创造性，对企业贡献有限。一般来说，面试官情愿聘用一个各方面表现虽较逊色但具有事业目标和工作热忱的求职者。

总结案例

面试经典问题回答思路

我们对面试中经常会出现的一些问题进行了如下总结、归纳，读者无须过分关注分析的细节，关键要从这些分析中“悟”出面试的规律及回答问题的思维方式，达到“活学活用”。

1.“请你自我介绍一下。”

（1）表述方式上尽量口语化。

（2）切中要害，条理清晰。

（3）事先最好以文字的形式写好背熟。

2.“谈谈你的家庭情况。”

（1）简单地罗列家庭人口。

（2）强调家庭的温馨和睦及家庭成员对自己工作的支持。

（3）强调父母对自己教育的重视及自己对家庭的责任感。

3.“你有什么业余爱好？”

（1）不宜说自己仅限于读书、听音乐、上网，否则可能令面试官怀疑应聘者性格孤僻。

（2）最好能有一些户外的业余爱好来“点缀”你的形象。

（3）不宜说庸俗的、令人感觉不好的爱好。

4.“你为什么选择现在的学校和专业？”

回答这一问题时，要对自己的学校和所学的专业有一种热爱的心情，并应抱有信心。随意菲薄母校和所学的专业是一种极不负责的态度，会引起别人的反感，甚至会让人怀疑应试者是否有真才实学。

5.“你为什么选择我们公司?”

(1) 建议从行业、企业和岗位这三个角度来回答。

(2) 参考答案:“我十分看好贵公司所在的行业,我认为贵公司十分重视人才,而且这项工作很适合我,相信自己一定能做好。”

分析:“兵来将挡,水来土掩。”面试有一定套路,要结合实际场景灵活应用,围绕求职目标有序展开。对求职者而言,要在很短的时间内展示自己的智商、情商和礼仪,需要求职者事先不断练习。

课堂活动

模拟招聘会

一、活动目的

通过此次招聘会,让同学们亲身体验现场求职的气氛,提高同学们的应聘及面试技巧。

二、活动过程

(1) 邀请学院就业部老师、辅导员组成招聘方,并拟定招聘职位和要求。

(2) 学生提前准备简历,并现场投递。

(3) 招聘方现场点评并筛选简历,选出面试同学。

(4) 现场模拟面试。

(5) 招聘方点评面试学生的表现。

(6) 学生讨论发言。

三、活动思考

(1) 从招聘方对简历的点评中,你学到了什么?

(2) 从模拟招聘中,你学到了什么?

四、活动总结

本次招聘会将起到良好的教育指导作用,能帮助学生们更好地认识自己,寻找自己的不足,明确自我定位。通过模拟招聘,让同学们实践面试技巧,从而为高效就业做好充分的准备。

课后思考

(1) 笔试前需要做好哪些准备?

(2) 面试前需要做好哪些准备?

(3) 什么是无领导小组面试,应如何应对?

模块八　就业程序与就业权益

学习指南

就业不仅受到国家法律、就业法规与政策的约束，还必须遵循一定的原则和程序。毕业生要了解各就业部门的工作程序及就业流程，以便顺利地完成就业过程中的各个环节。就业协议书是普通高等学校毕业生和用人单位在正式确定劳动人事关系前，经双方选择，在规定期限内就确定就业关系、明确双方权利和义务而达成的书面协议；是用人单位确认毕业生相关信息真实可靠以及接收毕业生的重要凭据；是高校进行毕业生就业管理、编制就业方案以及毕业生办理就业落户手续等有关事项的重要依据；具有法律效力，一经签订，各方都必须严格履行。大学生落实了工作或与用人单位确定了工作意向，并不意味着就此完成就业。对于初涉职场的大学生来说，与用人单位签订劳动合同是一个关键环节，它是劳动者合法权益得到有力保障的重要举措之一。

本模块将重点介绍大学生就业过程中享有的权利和应尽的义务、就业协议和毕业程序、劳动合同和就业权益的维护以及派遣制员工、社会保险和公积金等常识。

能力标准

分类	具体内容
知识	1. 认识就业程序的作用 2. 了解劳动合同的必备条款 3. 了解劳务派遣制度
技能	1. 根据就业程序防范常见的就业陷阱 2. 根据学校资源保护就业权益 3. 能够辨析就业协议与劳动合同的区别
态度	1. 树立正确的职业价值观 2. 形成积极的人生态度 3. 具有团队合作、沟通意识

单元 8.1　就业程序

导入案例

退群后险些成为黑户

郑宇是某职业学院国际贸易专业毕业生。特殊的家庭环境培养了他独立的个性，但他多少有些自卑。大学最后半年实习期间，负责就业的辅导员帮他联系了一家公司做市场营销。他没有去这家公司，而是自己在人才市场找到一家保健品公司的营销岗位，结果公司以各种理由没有兑现当初的承诺。郑宇又气又急，为了避免老师催问自己的就业情况，郑宇干脆换了手机号码，也不愿再看班级群，在毕业前也没有回校开班会，连毕业聚餐都没有参加，在班主任的手里取了毕业证就匆忙离开了学校，根本没听见什么时间要到学校领报到证。

几年后，在亲朋好友的帮助下，郑宇的工作终于稳定下来，后来找了女朋友，在两个人决定登记结婚的时候，郑宇才发现家里的户口本上没有自己的名字。郑宇这才想到，自己的户口迁到学校还没有迁回。为了迁回户口，郑宇费尽周折，他这才明白就业程序的重要性。

分析：郑宇的就业程序存在一定问题。郑宇讳疾忌医，自己切断了与学校的信息渠道，失去了就业机会。毕业前郑宇没有仔细了解毕业生档案管理的流程，差点变成黑户。在就业过程中，有不少人由于种种原因切断了自己与老师和同学的联系，从而错过一系列好的就业机会；也有不少人毕业前不愿意仔细了解档案管理的具体流程，若干年后一旦涉及某项具体事宜，往往由于时隔太久而无法补救。

毕业生要了解各就业部门的工作程序及就业流程，以便顺利地完成就业中各个环节。

一、毕业生的就业权利和义务

（一）权利

《中华人民共和国宪法》《中华人民共和国劳动法》《中华人民共和国高等教育法》《普通高等学校毕业生就业工作暂行规定》等法律、法规和政策中均规定了毕业生应有的权利。这些权利概括起来主要包括以下内容。

1. 获取信息权

毕业生获取的信息应该是公开、及时、全面的。信息公开是指所有用人单位的需求信息必须向全体毕业生公开；信息及时是指毕业生获取的信息必须是及时、有效的；信息全面是指毕业生有权获得准确、全面的就业信息。

2. 自主选择权

根据双向选择、自主择业的原则，高校毕业生可以自主地选择用人单位，学校、其他单位和个人均不得干涉。

3. 接受就业指导权

《中华人民共和国高等教育法》规定，高等学校应当为毕业生提供就业指导和服务。毕业生应该充分行使该项权利，树立正确的择业观，掌握求职技巧，提高主动适应社会需要的能力。

4. 被推荐权

高等学校的一个重要职责就是向用人单位推荐毕业生。历年的经验证明，学校的推荐在很大程度上影响到用人单位对毕业生的取舍。

5. 公平受录用权

女生就业难仍然是困扰女性毕业生就业的一大问题。公平受录用权是毕业生最为迫切需要受到维护的权益。

6. 违约求偿权

毕业生、用人单位签订协议后，任何一方不得擅自毁约。如用人单位无故要求解约，毕业生有权要求对方严格履行就业协议，否则毕业生有权要求用人单位承担违约责任、支付违约金。

（二）义务

1. 回报国家、社会的义务

毕业生不仅要履行作为公民来说必须履行的劳动义务，而且要按照“得之于社会，还之于社会，报之于社会”的原则，积极地回报国家、社会和家庭，承担起自己应尽的义务。

2. 服从国家需要的义务

虽然毕业生在择业过程中有相当大的自主权，但是国家和社会为大学生的成才付出了很高的代价。因此，大学生就业不仅是个人行为，还应服从国家的需要。

3. 如实介绍自己情况的义务

毕业生在求职择业过程中应如实向用人单位介绍自己的情况，这是基本的择业道德要求，也是自己应尽的义务。

4. 遵守和履行就业协议的义务

毕业生与用人单位通过双向选择签订协议，以约束双方的行为。一经签订协议，双方就不能随便违约，一旦违约，会损害用人单位、学校、其他同学等多方面的利益。

5. 按时到工作单位报到的义务

《普通高等学校毕业生就业工作暂行规定》要求，毕业生办理完离校手续后，应按时到用人单位报到。

二、关于就业协议书

就业协议是普通高等学校毕业生和用人单位在正式确定劳动人事关系前，经双方选择，在规定期限内就确定就业关系、明确双方权利和义务而达成的书面协议，用于明确毕业生、用人单位、学校三方在毕业生就业过程中的权利义务关系，统称“三方协议”。协议在毕业生到单位报到、用人单位正式接收后自行终止。依据教育部高校学生司有关通知，各省级高校就业工作主管部门牵头负责，结合本地情况对就业协议书的内容和形式进行修订和完善。目前，北京地区高校毕业生就业协议书由北京市教委修订后统一印发。

就业协议书签订样本如图 8－1 所示。

编号：

条 码 区

全国普通高等学校毕业生就业协议书

毕业生姓名：________________

用 人 单 位：________________

学 校 名 称：________________

国家教育部高校学生司制表

辽宁省高校毕业生就业创业服务中心
微信平台：ln91work
关注微信，获得更多就业创业服务
回复“就业协议”了解更多相关事项

辽宁省大学生就业市场
微信平台：bestjob521
找工作，聘人才，更多服务敬请关注
招聘会、就业岗位信息实时发布

用人单位情况	单位名称			组织机构代码		
	通讯地址			单位所在地		
	安排岗位		单位所属行业		邮　编	
	联 系 人		联系电话		E-mail	
	单位性质	国有企业／其他企业／机关事业单位／医疗卫生／教　育／科　研／其　它				
	毕业生档案、户口党团关系接　收	档案接收单位名称			联系人	
		档案转寄详细地址			邮　编	
		户口接收单位			接收单位电话	
		党、团组织关系接收单位				
毕业生情况	姓　名		身份证号		性　别	民　族
	政治面貌		学　号		专　业	
	毕业时间		学　历		学位类别	
	联系方式	/			E-mail	
	家庭地址				QQ	
	应聘方式	学校招聘会/政府举办招聘会/人才市场/网络签约			应聘时间	
	应聘意见： 毕业生签名：　　　年　月　日					

用人单位意见	用人单位上级主管部门或所属地人社局意见
签　章 年　月　日	签　章 年　月　日
院（系）意见	**校（院）就业部门意见**
经办人：　　签　章 联系电话：　　年　月　日	经办人：　　签　章 联系电话：　　年　月　日

签 约 须 知

根据国家规定，普通高校毕业生（以下简称“毕业生”）就业实行“市场导向、政府调控、学校推荐、学生与用人单位双向选择”的就业机制，为维护国家就业方案的严肃性，规范毕业生、用人单位、学校三方在毕业生就业工作中的权利和义务，特制定本协议书：

一、本协议书的使用范围：国家计划内统招非定向毕业生（含高职（高专）毕业生、本科毕业生、毕业研究生）；定向生、委培生按定向委培协议就业，不使用就业协议书。

二、签约各方必须遵守国家的有关法律、法规和教育部的有关规定，坚持公开、公平、公正和诚实守信原则。

三、毕业生应按国家和省毕业生就业政策规定就业，向用人单位如实介绍自己的情况，了解单位的用工意图，表明自己的就业意向，在规定时间内到用人单位报到。

四、用人单位要如实介绍本单位的情况，明确对毕业生要求及使用意图，做好各项接收工作。凡取得毕业资格的毕业生，用人单位不得以学习成绩为由提出违约；未取得毕业资格的结业生若与用人单位签订本协议，用人单位应同时出具同意接收结业生的证明。

五、学校要如实向用人单位介绍毕业生的情况，做好推荐工作，用人单位签订协议后，由学校审核汇总并报省毕业生就业主管部门鉴证或国家教育部批准，列入就业方案下达执行，学校负责到省毕业生就业主管部门办理派遣手续。

六、毕业生、用人单位如有其他约定，必须在“双方约定”中明确，并视为本协议书的一部分。

七、毕业生、用人单位、学校中有一方要变动协议，需征得另外两方同意，由违约方承担毕业生、用人单位双方约定的违约责任及政府有关部门规定的违约责任。

八、本协议一式四份，毕业生、用人单位、学校各执一份，省毕业生就业主管部门留存一份，复印件无效。

双方约定	毕业生对用人单位约定	签　章： 年　月　日
	用人单位对毕业生约定	签　章： 年　月　日

图 8－1　就业协议书签订样本

毕业生签就业协议前，须认真查看用人单位的隶属，国家机关、事业单位、国有企业一般都有人事接收权，民营企业、外资企业需要经过地方人事局或人才交流中心的审批才能招收职工，协议书上要签署这些单位的意见方能有效。应届毕业生还要对不同地方人事主管部门的特殊规定有所了解。现行的就业协议书中主要包括签约须知、签署意见与签章、毕业生与用人单位双方约定的条款。

（一）签订协议时应注意的问题

1. 查明用人单位的主体资格

签订就业协议的当事人必须具备合法的主体资格。一般来说，用人单位必须具有从事各项经营或管理活动的能力，单位应有录用指标和录用自主权。

2. 按规定的程序签订协议

毕业生凭学校发放的就业协议书，在与用人单位签约后交学校就业部门盖章。此程序由学校最后把关，更有利于维护学生的合法权益。

3. 有关条款的内容必须明确

毕业生与用人单位签约时，应尽量采用示范条款。如确有必要进行变更或增加，应在内容上明确。

4. 注意与劳动合同的衔接

由于毕业生就业协议签订在先，为避免日后订立劳动合同时产生纠纷，可以将劳动合同的主要内容体现在就业协议的约定条款中，并明确表示在日后订立劳动合同时予以确认。

5. 对合同的解除条件做事先约定

毕业生就业协议一经订立，就对当事人具有约束力，不得随意解除，否则应承担违约责任。

（二）签订就业协议的程序与步骤

1. 就业协议的订立要经过要约和承诺两个步骤

用人单位收到毕业生的求职材料并进行考察后，表示同意接收毕业生，即为要约。毕业生收到用人单位的用人邀请后从中作出选择，与用人单位签订协议，即为承诺。

2. 签订就业协议的程序

（1）毕业生本人填写就业协议书。

（2）用人单位签署意见并加盖单位公章。必要情况下，上级主管单位栏应填写人事局或教育行政部门意见，以便派遣和迁移户口、档案。若招聘单位是部队、中央单位、省管企事业单位，只需加盖单位公章即可。毕业生于非公有制单位就业或自主创业，暂时无法办理户口、档案转移手续的，可凭借与单位签署的劳动用工合同或营业执照，到当地毕业生就业主管部门或人才就业服务机构办理人事代理关系，签订就业协议书。

（3）用人单位或毕业生本人将就业协议书交至学校院系，由学校院系签署意见并加盖公章，纳入就业计划派遣。

（4）用人单位或毕业生本人将就业协议书交至学校招生就业处或就业中心，由学校就业主管部门签署意见并加盖公章。

（5）毕业生、用人单位各留一份，学校留两份（其中一份交至学校所属毕业生就业主管部门）。

（三）无效就业协议

无效就业协议是指欠缺就业协议生效要件的就业协议。它主要包括两种情形。

1. 一方采取欺诈手段签订的就业协议

如用人单位不如实介绍本单位情况，或根本无录用指标而与毕业生签订就业协议，或毕业生在订立就业协议时对个人重要信息有隐瞒等情况。无效协议产生的法律后果由有欺诈行为的一方承担责任。

2. 就业协议未经学校审查同意

就业协议未经学校审查同意时无效，学校将不予列入就业方案，不予办理就业手续。就业协议被确认为无效的，由责任方承担违约责任，并赔偿经济损失。

（四）就业协议的解除

1. 就业协议的解除分为单方解除和三方解除

（1）单方解除。单方解除包括单方擅自解除和单方依法或依协议解除。单方擅自解除协议属违约行为，解约方应对另两方承担违约责任。单方依法或依协议解除，此类单方解除，解除方无须对另两方承担法律责任。

（2）三方解除。三方解除是指毕业生、用人单位、学校三方经协商一致，解除原订立的协议，使协议不发生法律效力。此类解除因是三方当事人真实意思表示一致的体现，三方均不承担法律责任。

2. 解约手续的流程

毕业生一旦与用人单位签订就业协议，双方就已构成契约关系。毕业生如因故需要终止与原签约单位的协议，必须按所在学校规定办理解约手续。

（1）材料准备。办理解约手续时，须提前准备好以下材料：原签约单位书面同意解除协议的函件（原件）；新单位同意接收的函件（原件）；原签约的协议书；本人要求违约的书面申请。

（2）从学校就业网站下载并填写解除就业协议申请表，由所在系部（或学院）主管毕业生就业工作的辅导员和主管领导签署意见。

（3）学校就业主管部门将对毕业生的申请材料进行审核。经审核同意的，发放新的就业协议书。对手续不全、材料有虚假、对学校声誉影响较大的违约申请，将不予同意或延期审核。

（4）到国内外升学以及录取为国家公务员的毕业生，在征得原单位书面同意的前提下，不受解约受理时间的限制。

三、就业协议对毕业生权益的保护

就业协议书具有民事法律上的合同效力，反映的是一种民事法律关系，签订协议是一种民事行为，要想使这种民事行为成为民事法律行为，就必须遵循民法的具体规定。

（一）在订立附加条件的就业协议时，应重视备注

就业协议及附加条件必须以书面的形式由双方签订。在具体就业过程中，毕业生签完主协议后，对附加条款不进行文字注明和双方签字，只接受口头承诺，这是非常不可取的。

当毕业生进入工作单位，口头承诺得不到兑现时，毕业生的合法权益就得不到有效保护。

（二）签订就业协议的违约责任形式

根据我国《民法典》的精神，签订就业协议的违约责任形式有以下几种。

1. 继续履行

继续履行又称强制履行，是指在违约方不履行合同时，由法院强制违约方继续履行合同债务的违约责任方式。其构成要件如下：

（1）存在违约行为。

（2）必须有守约方请求违约方继续履行合同债务的行为。

（3）必须是违约方能够继续履行合同。

2. 赔偿损失

赔偿损失即债务人不履行合同债务时依法赔偿债权人所受损失的责任。我国法律上的赔偿损失是指金钱赔偿，既包括实物赔偿，也限于以合同标的物以外的物品予以赔偿。其责任构成如下：

（1）违约行为。

（2）损失。

（3）违约行为与损失之间有因果关系。

（4）违约一方没有免责事由。

3. 支付违约金

（1）一方有违约行为发生，不按照原来约定聘用或应聘，至于违约行为的类型，应视当事人的约定或法律的直接规定而定。

（2）原则上要求违约方有过错，或者是故意，或者是过失。

（3）违约金约定的无效情况即订立的就业协议无效，违约金的约定也无效。

（三）就业协议违约责任的归责原则

《民法典》第577条规定，当事人一方不履行合同义务或者履行合同义务不符合约定的，应当承担继续履行、采取补救措施或者赔偿损失等违约责任。可以看出，《民法典》采取严格责任原则，即当事人一方只要有违约事实，就要向对方承担违约责任，而不论其主观心态，即用人单位和毕业生一方只要违约，即应承担违约责任，而不问其是故意还是过失。

（四）签订就业协议违约的免责条件与免责条款

免责条件即法律明文规定的当事人对其不履行合同不承担违约责任的条件。我国法律规定的免责条件主要有：

（1）不可抗力。根据《民法典》第590条的规定，当事人一方因不可抗力不能履行合同的，根据不可抗力的影响，部分或者全部免除责任，但法律另有规定的除外。当事人迟延履行后发生不可抗力的，不免除其违约责任。这里的不可抗力，是指不能预见、不能避免及不能克服的客观情况。在签订就业协议后，一方因为不可抗力的原因而违约，不承担违约责任。

（2）根据高校毕业生就业的有关规定，已与用人单位签订就业协议（合同）的应届高校毕业生，在毕业离校前升学、入伍或被录用为国家公务员的，不视为违约，用人单位不得收取违约金。所以，如果考上研究生、公务员、参军，都可以和用人单位解除合同关系。

四、就业工作流程

大学生就业管理机构大致由三部分组成：教育部负责制定全国毕业生就业的相关政策；各省、自治区、直辖市和中央有关部委的毕业生就业工作主管部门负责属地内所有高校毕业生的就业工作；各高等院校的毕业生就业工作主管部门负责本院校毕业生的就业工作。大学生就业主要的工作流程如下。

（一）核对毕业生资源信息

毕业生资源信息是指学校每年需要列入就业计划的毕业生的基本信息。这些基本信息需由学生提供给本院系，由院系统一录入数据库，再由学校就业工作部门汇总上报到省教育厅进行资格审查，经省教育厅检验审批通过后，毕业生资源信息才可以正式列入就业计划。因此，毕业生资源信息的准确性是非常重要的。

（二）填写就业推荐表

就业推荐表是“毕业生双向选择就业推荐表”的简称，是学校为帮助毕业生就业，专门向用人单位出具的一份正式的推荐函，一个毕业生只能持有一份原件，若需联系不同的单位，需用复印件，待确定单位后，再将原件交就业单位。

（三）填写毕业生登记表

毕业生登记表是学生毕业档案材料之一，其内容包括学生基本情况、学习经历、社会关系、自我鉴定、班委鉴定、院系意见及学校意见等，是就读大学的重要证明。

（四）党组织关系接转

毕业生党员离校前与其签约单位党组织联系，确定组织关系转移去向，各支部根据毕业生就业计划填写“毕业生党员组织关系转出情况登记表”，并安排专人到学校党办办理相关手续。

（五）升学深造

升学深造要以获得录取通知书为依据，不能以毕业生提出申请为依据。免试推荐或考取研究生、普通专升本的毕业生，在学校就业方案上报后提出不再攻读的，省级毕业生就业主管部门不再授予其调整等手续。

（六）出国留学

符合国家规定申请自费出国留学的毕业生，必须在学校规定的时间内（一般为每年5月底或6月初）向学校就业工作部门提出书面申请。经批准后，毕业时将其档案和户口直接转回生源地。

（七）毕业离校

1. 需要完成的事项

毕业生在毕业离校之前，须完成下列有关事项：

（1）接受毕业教育。

（2）填写“高等学校毕业生登记表”。

（3）归还所借图书资料和所借公物。

（4）归还在校期间的贷款。

（5）上缴学生证、借书证。

（6）办理党团组织关系转移证明。

（7）领取户口迁移证、毕业证书。

（8）完成所在院校提出的其他事项。

2. 离校时间

根据教育部规定，结合学校实际，毕业生离校的时间一般定于6月底或7月初，以便让毕业生在7月30日前到单位报到。

五、就业派遣及报到

（一）毕业生去向登记流程

根据国务院办公厅和教育部有关文件要求，从2023年起，教育部建立高校毕业生毕业去向登记制度，作为高校为毕业生办理离校手续的必要环节。毕业生应当按照毕业去向登记制度要求，及时通过全国高校毕业生去向登记系统（https：//dj. ncss. cn）完成毕业去向登记工作。

1. 毕业生登录

登录方式一：通过手机端搜索登记系统网址 https：//dj. ncss. cn，点击“毕业生去向登记”，使用学信网账号登录。

登录方式二：关注绑定“国家大学生就业服务平台”公众号，点击“去向登记”直接登录。

2. 核对基本信息

首次登录要核对本人基本信息是否正确。若信息无误，点击“信息确认无误，进入系统”；若信息有误，联系学校就业部门更正（手机号码、电子邮件需由本人在学信网账号信息中修改）。确认无误后的信息将会显示在电子就业协议书上，请务必仔细核对，否则会影响后续签约。

3. 毕业生去向填报

确认信息无误提交后，点击“毕业去向填报”。若学校尚未开启功能模块，则毕业生不可使用该模块的相关功能。

主界面分为去向填报和登记记录两部分。去向填报包括签就业协议书就业、其他形式就业、升学、未就业，毕业生应提前仔细阅读“高校毕业生毕业去向分类及证明材料”说明，根据自身实际情况准确选择毕业生去向类型并填报相关信息。登记记录显示毕业生登记的毕业去向及签约信息、用人单位发起的在线签约邀请、学校（院系）审核进度及结果等。

（二）到就业单位报到

1. 毕业生到就业单位报到所需材料

毕业生到就业单位报到时，须具备以下材料：毕业证；户口迁移证；党（团）关系介绍信；毕业生个人档案（由学校负责寄送）。

2. 报到手续

报到时按以下程序办理：向单位报到；办理落户手续；查问档案去向（一般情况下，档案到单位后才能办理其他有关手续）；与用人单位签订劳动合同；办理劳动合同。

六、关于毕业生档案

毕业生档案是学生毕业前家庭情况、学习成绩、政治思想表现、身体状况等情况的文字记载材料，是用人单位选拔、聘用毕业生的重要依据。用人单位往往根据毕业生人事档案中反映的德、能、才以及专业特长，将其安排到适当的工作岗位上。

毕业生档案具有以下作用：确定本人身份、家庭情况、社会关系、学习经历等历史资料；评定职称、出国、升学、生育等手续办理的凭据。

毕业生档案包含的内容如下：高考录取档案；学生学籍卡；高等学校毕业生登记表；记录在校期间所学全部课程及实验、实习、设计、劳动等成绩的“学习成绩登记表”；实习鉴定表；大学期间的奖惩材料；入团、入党志愿书；大学体格检查表；毕业去向登记。

已有就业单位的毕业生的人事档案由学校毕业生档案管理部门分别按就业去向或就业协议书上的档案交寄地址填写档案投递地址，投寄到毕业生工作单位所归属的人事档案管理部门；已办理出国的毕业生按其生源地地址将其档案转回生源地人事档案管理部门；未落实的毕业生，档案则转回生源地机关部门保管。

毕业生的档案根据学校就业工作部门的就业方案统一办理转递手续。毕业生离校后，学校一般在一个月左右的时间内将档案转递出去，用人单位也可以开具证明，派人到学校调取，毕业生本人不得携带档案。

毕业生在毕业 3 个月内，应向接收单位人事主管部门了解本人档案是否已交寄到单位。若单位未接收毕业生档案，毕业生可凭单位人事部门证明到学校查询，或由接受单位人事部门向学校毕业生档案管理部门查询。

七、暂缓就业

暂缓就业是在学校向省高校毕业生就业指导中心上报毕业生就业计划时，部分毕业生未落实就业单位，又不愿把户口、人事关系迁回生源地，将人事关系暂时寄存在省级毕业生就业主管部门，将户口暂留学校的一种办法。暂缓就业可延长毕业生找工作的时间，为部分被用人单位要求先实习后签约的毕业生提供便利。

案例

该不该办理暂缓就业

5月底，就读省内某大专的应届毕业生阿诗还在忙于找工作，她听同学说，还没落实就业单位的可办理暂缓就业，这样户口能留在学校。阿诗很纳闷，按照自己目前的情况，在6月份定下工作有些难度，家里人也不想她把户口迁回家乡。她一心忙着找工作，人事档案、户口根本就没想到如何处理。见不少同学都办理了暂缓就业手续，她也决定办理。

分析： 暂缓就业在一定程度上延长了找工作的时间，毕业生可以有更长的时间来选择；准备考研的同学，档案、户口可以暂时不迁回生源地。但需要注意的是，毕业生在暂缓就业期间既不是在校学生，也不是社会人，身份比较尴尬，造成有些证件或证明无法办理。暂缓就业的毕业生因错过应届毕业生就业最佳时期，将会面临更大的就业压力，不仅可能会受到用人单位的歧视，还须与更多的毕业生竞争。因此，毕业生办理暂缓就业手续未必就是最佳选择，要根据自身具体情况而定。

八、关于人事代理

（一）人事代理

人事代理是指由政府人事部门所属的公共就业和人才服务机构，按照国家有关人事政策法规要求，接受单位或个人委托，在其服务项目范围内，为多种所有制经济尤其是非公有制经济单位及各类人才提供人事档案管理、职称评定、社会养老保险金收缴、出国政审等全方位服务，是实现人员使用与人事关系管理分离的一项人事改革新举措。

（二）服务项目

公共就业和人才服务机构可在规定业务范围内接受用人单位和个人委托，从事下列人事代理服务：

（1）流动人员人事档案管理。

（2）因私出国政审。

（3）在规定的范围内申报或组织评审专业技术职务任职资格。

（4）转正定级和工龄核定。

（5）大中专毕业生接收手续。

（6）其他人事代理事项。

总结案例

警惕合同陷阱

应届毕业生小王在一次人才招聘会上，向一家房地产公司投递简历。公司总经理对他许诺公司提供住所，月薪3 000元以上，希望他能当场签下合同，这个公司出示的是一份早已打印好的合同。他草草地浏览了一下合同当即签下了。几天后，他去公司上班，职位是公司销售部销售员，薪资水平最高为3 000元，公司许诺的住房是一间40平米10

人同住的仓库。他愤然理论，公司却说："一切事务以合同为准，工资与个人能力相关。公司已按约提供住房"。他找到当初与公司签订的合同，在工资条款里只写着"工资待遇高"，在住房条款里用词也仅是"提供"。合同规定：聘用期为 3 年，毁约方需缴纳违约金每年 5 000 元。如小王想要辞职，他必须向公司缴纳 1.5 万元的违约金。

分析：在大学生就业已从计划分配变为自主择业、双向选择的今天，合同已成为规范就业市场的重要法律依据，是合同双方维护自己权利的法律武器。如果求职者与对方签订的是一份不利于自己的不平等合同，那么反过来，合同就会变成对自己具有极大杀伤力的武器。因此，求职者在签订合同时，一定要对合同内容斟酌清楚仔细推敲，以防掉进合同陷阱里。

课堂活动

就业流程梳理

一、活动目的

帮助毕业生正确掌握就业的流程。

二、活动过程

(1) 请同学们根据所学知识，结合所在省（市、自治区）的具体规定，画出本校毕业生办理就业手续流程图，并列出办理各项手续的具体地点和联系人。

(2) 运用绘图软件绘制。

(3) 选出一份优秀的、美观的、完整的流程图进行讲解。

（建议活动时间：30 分钟）

三、活动思考

(1) 正确的毕业生就业流程是什么？

(2) 本省（市、自治区）对于毕业生就业有哪些规定？

四、活动总结

通过分析学生绘制的就业流程图，查找学生存在的误区，引导学生正确掌握就业流程。

课后思考

(1)"自主创业就要办就业手续"，这种说法对吗？

(2) 专升本的学生放弃攻读本科，应如何办理有关手续？

单元 8.2　就业权益

导入案例

维权意识

小吴毕业后到一家公司报到上班。工作一段时间后，他发现公司存在无故克扣员工工资和无故不缴纳社会保险费的现象。员工对公司的这一做法感到十分不满，但是考虑到自己的工作岗位和发展机会，没有人敢站出来对此质疑。小吴知道公司的做法是违反劳动法的，强烈的维权意识促使他采取措施保护自己和同事的合法权益。他以匿名的方式向当地劳动监察部门举报了公司的恶劣行径。劳动监察部门接到举报后，在查证属实后对公司进行了处罚，同时责令公司返还克扣的员工工资，并按规定补交社会保险费。小吴以自己的行动维护了自己和同事的正当权益。

分析：在遇到问题时能够拿起法律武器积极主张权利，是毕业生走出权益自我保护的实质性的一步。毕业生只有具备了维权意识，才能够平等地与用人单位对话，切实保障自己的合法权益。当然，维权意识要求毕业生知道可以采用哪些途径维护自己的就业权利。这些途径包括：学校出面调解；向劳动监察部门申诉、举报；向劳动仲裁机构申请仲裁；向人民法院提起诉讼等。

一、劳动合同

劳动合同，是指劳动者与用人单位之间确立劳动关系、明确双方权利和义务的协议。订立和变更劳动合同，应当遵循平等自愿、协商一致的原则，不得违反法律、行政法规的规定。劳动合同依法订立即具有法律约束力，当事人必须履行劳动合同规定的义务。

大学生就业时与用人单位签订劳动合同是一个关键环节，它是劳动者合法权益得到有力保障的重要举措之一。

（一）劳动合同的订立、履行、变更、解除和终止

1. 劳动合同的订立

劳动合同的订立是指劳动者和用人单位经过相互选择和平等协商，就劳动合同条款达成协议，从而确立劳动关系和明确相互权利义务的法律行为。劳动合同的订立遵循以下原则：

（1）合法原则。

合法原则包括劳动合同的主体合法、劳动合同的内容合法、劳动合同订立的程序和形式合法三个方面。

劳动者主体合法即劳动合同的当事人必须具备合法资格，劳动者应是年满 16 周岁，身体健康，具有劳动权利能力和劳动行为能力的公民，可以是中国人、外国人、无国籍人。用人单位应是依法成立或核准登记的企业、个体经济组织、国家机关、事业组织、社会团体，具有用人的权利能力和行为能力。

劳动合同的内容合法指劳动合同期限、工作内容、劳动保护和劳动条件、劳动报酬、劳动纪律、劳动合同终止的条件、违反劳动合同的责任等必备条款，及试用期条款、保守商业秘密和技术秘密条款、禁止同业竞争条款等可备条款。除以上必备条款和可备条款外，我国《劳动法》还规定了禁止双方当事人约定的条款，即用人单位在与劳动者订立劳动合同时，不得以任何形式向劳动者收取定金、保证金（物）或抵押金（物）。对违反规定的，由公安部门和劳动保障部门责令用人单位立即退还给劳动者本人。

劳动合同订立的程序和形式必须符合法律规定，未经双方协商一致、强迫订立的劳动合同无效。劳动合同的形式依规定应当采用书面形式订立。

（2）平等自愿、协商一致的原则。

平等是指在订立劳动合同的过程中，双方当事人的法律地位平等，不存在命令与服从的关系；自愿是指劳动合同的订立及其合同内容的达成，完全出于当事人自己的意愿，是其真实意思的表示，任何一方不得将自己的意愿强加于对方，也不允许第三者非法干预；协商一致是指经过双方当事人充分协商，达成一致意见，签订劳动合同。

2. 劳动合同的履行

劳动合同的履行是指劳动合同的双方当事人按照合同规定，履行各自承担义务的行为。依法订立的劳动合同具有法律约束力，当事人必须履行合同约定的义务，任何个人或者第三方不得非法干涉劳动合同的履行。

3. 劳动合同的变更

劳动合同的变更是指双方当事人对尚未履行或尚未完全履行的合同，依照法律规定的条件和程序，对原劳动合同进行修改或增删的法律行为。劳动合同变更应遵循平等自愿、协商一致的原则，不得违反法律、行政法规的规定。

4. 劳动合同的解除

劳动合同的解除是指劳动合同当事人在劳动合同期限届满之前依法提前终止劳动合同关系的法律行为。劳动合同的解除可分为协商解除、用人单位单方面解除、劳动者单方面解除以及自行解除等。

5. 劳动合同的终止

劳动合同的终止是指符合法律规定或当事人约定的情形时，劳动合同的效力即行终止。我国《劳动法》第 23 条规定：劳动合同期满或者当事人约定的劳动合同终止条件出现，劳动合同即行终止。

（二）签订劳动合同时的注意事项

劳动者在与用人单位订立劳动合同时，应该注意以下几点：

1. 正确行使订立劳动合同过程中的知情权

《劳动合同法》第 8 条规定：用人单位招用劳动者时，应当如实告知劳动者工作内容、工作条件、工作地点、职业危害、安全生产状况、劳动报酬，以及劳动者要求了解的其他情况。

2. 劳动合同应采用书面形式订立

劳动合同是劳动者与用人单位确立劳动关系、明确双方权利和义务的协议，也是维护劳动者和用人单位合法权益的法律保障。因此，签订一份完备、公平合理的劳动合同对于企业和员工来说都很重要。

3. 劳动合同中要约定试用期

《劳动合同法》规定，劳动合同期限 3 个月以上不满 1 年的，试用期不得超过 1 个月；劳动合同期限 1 年以上不满 3 年的，试用期不得超过 2 个月；三年以上固定期限和无固定期限的劳动合同，试用期不得超过 6 个月。

4. 禁止设定担保和收取抵押金

《劳动合同法》中明确规定：用人单位招用劳动者，不得扣押劳动者的居民身份证和其他证件，不得要求劳动者提供担保或者以其他名义向劳动者收取财物。

二、毕业生签订劳动合同后的法律保护

毕业生与用人单位发生劳动争议的原因如下：

（1）因确认劳动关系发生的争议。

（2）因订立、履行、变更、解除和终止劳动合同发生的争议。

（3）因除名、辞退和辞职、离职发生的争议。

（4）因工作时间、休息休假、社会保险福利、培训以及劳动保护发生的争议。

（5）因劳动报酬、工伤医疗费、经济补偿或者赔偿金等发生的争议。

（6）法律、法规规定的其他劳动争议。

发生劳动争议后，当事人双方可以协商解决，也可以直接向劳动争议调解委员会申请调解。当事人申请劳动争议调解，可以书面申请，也可以口头申请。经调解达成协议的，应当制作调解协议书。调解协议书由双方当事人签名或者盖章，经调解员签名并加盖调解组织印章后生效，对双方当事人具有约束力，当事人应当履行。自劳动争议调解组织收到调解申请之日起15日内未达成调解协议的，当事人可以依法申请仲裁。

三、就业协议与劳动合同的区别

（一）内容不同

在毕业生就业协议中，毕业生的义务是向用人单位如实地介绍自己的情况，并按时到用人单位报到。用人单位的义务是如实地向毕业生介绍自己的情况，负责办理毕业生的有关手续。学校的义务则是负责完成有关的就业手续和档案迁移手续。劳动合同是劳动者与用人单位确立劳动关系，明确双方的权利和义务的合同。

（二）主体不同

就业协议书的主体有三方：毕业生、用人单位、高等院校。毕业生和用人单位是人才市场上的平等主体，双方经过供需见面、双向选择而达成协议。劳动合同的主体双方是劳动者和用人单位，用人单位和劳动者之间是管理和被管理的关系。

（三）法律依据不同

毕业生就业协议是无名合同，适用《民法典》、国家有关毕业生就业分配的法律法规和其他相关政策规定。毕业生就业协议一经签订，各方应严格履行，任何一方要变动这个协议，需提前一个月取得另外两方的同意，否则按违约处理。劳动合同是有名合同，适用《劳动法》《劳动合同法》《劳动争议调解仲裁法》等法律规范。

（四）签订时间不同

一般来说，就业协议签订在前，劳动合同订立在后。就业协议是毕业生在找工作的过程中落实用人单位后签订的，就业协议的签订在学生离校前。劳动合同是毕业生到用人单位报到后订立的。如果毕业生与用人单位在工资待遇、住房等方面有事先约定，可在就业协议的约定条款中注明，附后补充，日后订立劳动合同时对此内容应予以认可。

（五）适用的人员不同

劳动合同可以适用于各类人员。凡是中华人民共和国公民，只要有劳动能力并符合

法律规定的条件，经过供需见面、双向选择，一经录用，都可以与用人单位签订劳动合同。就业协议只适用于高校毕业生。

（六）纠纷解决方式不同

毕业生因就业协议发生纠纷，任何一方均可以向人民法院提起诉讼，不能提请劳动争议仲裁。若因劳动合同发生纠纷，任何一方均可向当地的劳动争议仲裁委员会申请仲裁，当事人对仲裁裁决不服的，可以向人民法院提起诉讼。仲裁是诉讼的前置程序，如当事人就劳动争议直接向人民法院起诉的，人民法院不予受理。

四、就业陷阱与防范

大学生就业陷阱是指招聘单位、其他机构或个人，利用大学生的弱势地位，以提供就业机会为诱饵，采用违法背德手段，骗取大学生的钱财，或与大学生达成权利与义务不对等的各类就业意向（协议），以期侵害大学生合法权益的现象。现实中，常见的就业陷阱有以下几类。

（一）招聘陷阱

据一项调查显示，有70%的被调查者表示遇到过招聘陷阱。常见的招聘陷阱种类较多，主要包括以下三种：招聘会不合法；以面试为由，骗取求职者钱财；变相收费。

（二）协议陷阱

大学毕业生找工作时，要与单位签订就业协议，就业协议是双方表示意愿的一种约定。在签协议时常出现的问题包括以下三种：

1. 口头承诺

口头承诺因为口说无凭，缺乏法律依据而没有法律约束力，一旦发生问题，学生往往成为弱者一方，权益易受到侵害。

2. 签订不平等协议

由于大学生劳动力市场存在较为严重的买方市场性质，大学生就业压力较大，导致他们在求职中“低人一等”。再加上大学生维权意识较差，致使大学生对于签订的就业协议要么不知情，要么签约的时候根本没有留意上面的条款，无力反对，从而促使霸王条款的出现。

3. 以就业协议代替劳动合同

有些大学生因为不懂劳动法，到单位报到后，不知道要求单位与其签订合法有效的劳动合同，盲目地认为就业协议的条款就是合同的内容。在这样的状况下，一旦双方发生劳动争议，对大学毕业生极为不利，双方的劳动关系也只能被认定为事实劳动关系。

（三）试用期陷阱

试用期是劳动关系双方当事人相互了解的一个考察期。在此期间，大学毕业生可以考察用人单位是否符合自己的职业取向，而用人单位在这段时间也可以考察大学毕业生是否符合自己的录用标准。依据《中华人民共和国劳动法》和《中华人民共和国劳动合同法》，试用期是法定的协商条款，约定与否以及约定期限的长短由双方依法自行协商。但现实中，关于试用期的陷阱一直困扰着大学毕业生，陷阱的类型主要有以下三种。

1. 单位不约定试用期，可能暗藏玄机

某些单位要求大学生报到时就立即签订劳动合同，不约定试用期，马上正式上岗。可当大学毕业生还在暗自庆幸单位不需试用时，却发现单位各方面情况都不尽如人意，和当时广告与承诺的情况大相径庭，工作内容和自己想象的也完全不同，于是决定另谋高就。这时，他才发现自己在“无意”间放弃了试用期这一有利机会。在这种情况下，如果单方面解除劳动合同，一方面要提前 30 天通知，另一方面可能要付出违约的相应代价。

2. 只约定试用期，索取廉价劳动力

因为试用期的工资、福利待遇和正式录用之后差距较大，而在人才市场上招聘的费用并不高，一些用人单位就利用“无休止”的试用，来降低自己的劳动力成本。而大学毕业生为了能留下来，往往工作非常努力，甚至不计较暂时的工资待遇。结果试用期结束，单位却以各种理由将求职者拒之门外。

3. 试用期过长或无故延长试用期

有的单位与大学毕业生约定的试用期严重超过《劳动合同法》规定的标准，或以各种理由延长试用期，变相获取大学毕业生的廉价劳动力。而大学毕业生一般维权意识较差，对劳动法认识不深，只能哑巴吃黄连。

（四）智力陷阱

智力陷阱是指用人单位以招聘考试为名、“收集”创意为实，无偿占有大学毕业生的程序设计、广告设计、策划方案、文章翻译等。很多应聘者笔试、面试后就没有了消息，而自己曾经提供的策划方案、设计等却在该公司的产品、活动中出现。智力陷阱是近年来新出现的求职陷阱，但它的性质更为恶劣，大学毕业生要提高警惕，多加小心。

五、关于派遣制员工

劳务派遣又称人才派遣、人才租赁、劳动派遣、劳动力租赁，是指由劳务派遣机构（用人单位）与被派遣劳动者订立劳动合同，并将劳动者派遣到用工单位工作的用工方式。由实际用工单位向被派遣劳动者给付劳务报酬，劳动合同关系存在于劳务派遣机构与被派遣劳动者之间，但劳动力给付的事实则发生于被派遣劳动者与用工单位之间。劳务派遣三方之间的关系如图 8-2 所示。

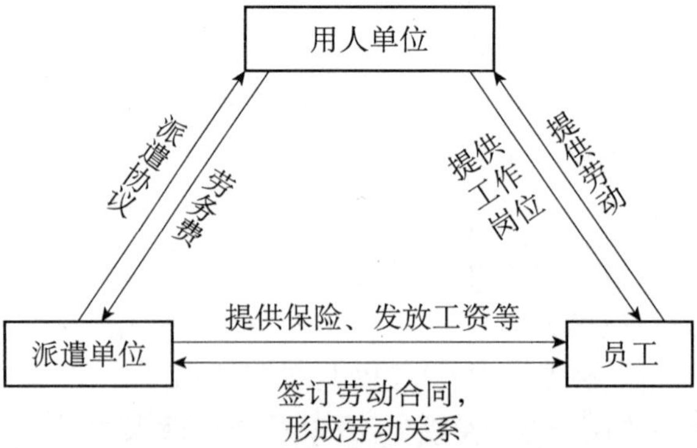

图 8-2　劳务派遣三方之间的关系

六、关于社会保险和公积金

（一）社会保险项目

社会保险是指国家通过立法，按照权利与义务相对应原则，多渠道筹集资金，对参保者在遭遇年老、疾病、工伤、失业、生育等风险情况下提供物质帮助（包括现金补贴和服务），使其享有基本生活保障、免除或减少经济损失的制度安排。

（二）社保费率

根据《国务院关于完善企业职工基本养老保险制度的决定》（国发〔2005〕38号）、《国务院关于建立城镇职工基本医疗保险制度的决定》（国发〔1998〕44号）、《失业保险条例》（国务院令第258号）的规定，用人单位缴纳基本养老保险、基本医疗保险和失业保险的费率，原则上为本单位工资总额的20%、6%左右和2%；用人单位缴纳工伤保险费按照《工伤保险条例》（国务院令第586号）的规定实行行业差别费率和浮动费率，有关费率确定按照国家相应规定执行；用人单位缴纳生育保险费的费率按照《企业职工生育保险试行办法》（劳部发〔1994〕504号）的规定执行，由统筹地区政府根据实际情况自行确定，但不得超过用人单位工资总额的1%。职工本人缴纳基本养老保险、基本医疗保险和失业保险的费率，分别为本人工资的8%、2%和1%。

（三）住房公积金

住房公积金，是指国家机关、国有企业、城镇集体企业、外商投资企业、城镇私营企业及其他城镇企业、事业单位、民办非企业单位、社会团体及其在职职工缴存的长期住房储金。

总结案例

小李的劳动权益

小李是一位高校毕业生，应聘到某公司行政岗位工作，岗位薪资每月5 000元，双方未签订任何合同或协议。入职第一个月，公司安排小李干一些复印文件、订午饭、装订资料等简单事务，没有发放工资。小李找人事专员，得到的答复是小李只是大学刚毕业，什么都不会，第一个月就是跟班学习、熟悉公司情况，没有正式用工，所以没有工资。第二个月，公司人力资源部让小李签订3个月的试用期合同，约定月工资1 950元，期间不缴纳社会保险，等试用期满考核合格后再签订正式劳动合同。并对小李等同时招录的几个人进行15天的岗前培训，培训完签订三年服务期协议，小李认真参加培训，培训考试合格后继续在该公司工作直至试用期满签订劳动合同，公司在合同中约定期限两年，月工资3 000元，小李提出异议，公司不承认5 000元工资。小李觉得自己被欺骗了，不与公司签订劳动合同，准备离职。没想到公司认为小李经出资培训后没有服务3年，让小李赔偿违反服务期协议约定的违约金和培训费3万元。小李无助地不知怎么办。

问题：本案例中小李哪些劳动权益受到了损害？小李应该如何维护自己的合法权益？

评析：第一，关于工资权益。小李遇到两个方面的工资权益损害。一是工资没有以书面形式约定，导致了工作四个月后再约定工资时，产生了异议，却没有证据维护自己的合法权益。二是试用期工资，劳动者在试用期的工资不得低于本单位相同岗位最低档工资或者劳动合同约定工资的百分之八十，并不得低于用人单位所在地的最低工资标准，该公司给小李的试用期工资是当地最低工资标准，低于招聘时口头约定 5 000 元的 80%即 4 000 元，低于合同约定 3 000 元的 80%即 2 400 元，明显违反了国家劳动保障法律相关规定。

第二，关于劳动合同权益。也是两个方面的权益损害。一是什么时候签订劳动合同。二是如何看待试用期合同。根据《中华人民共和国劳动合同法》等有关规定，建立劳动关系，用人单位应自用工之日起一个月内与劳动者订立书面劳动合同，试用期包含在劳动合同期限内。劳动合同仅约定试用期的，试用期不成立，该期限为劳动合同期限。所以，小李入职第一个月已经从事该公司安排的工作，接受该公司的劳动管理，用工事实实际已经发生，劳动关系已经建立，该公司应当最迟在入职的一个月内与小李签订劳动合同，当然如果入职当时就签订劳动合同最好，因为能够从一开始书面约定工资标准，保障工资权益。而双方单独签订的试用期合同，在法律上被认为是一个 3 个月固定期限的劳动合同。高校毕业生在签订劳动合同前应与用人单位认真协商、慎重对待：不签空白合同，防止就业后发现与预期相差较远；看合同名称，避免误签成劳务合同；看公司主体，避免签成外包合同；看约定的试用期时长、劳动报酬、工作内容、工作条件、工作地点等；看公司对这一岗位的考核要求等。劳动合同文本由用人单位和劳动者各执一份。

第三，关于试用期期限。同一用人单位与同一劳动者只能约定一次试用期。劳动合同期限三个月以上不满一年的，试用期不得超过一个月；劳动合同期限一年以上不满三年的，试用期不得超过二个月；三年以上固定期限和无固定期限的劳动合同，试用期不得超过六个月。该公司对小李实际进行了两次共 4 个月的试用期，行为违法。

第四，关于缴纳社会保险。用人单位应为处于试用期的员工缴纳社会保险。《中华人民共和国劳动法》《中华人民共和国社会保险法》均明确规定：用人单位和劳动者必须依法参加社会保险，缴纳社会保险费。用人单位应当自行申报、按时足额缴纳社会保险费，非因不可抗力等法定事由不得缓缴、减免。职工应缴纳的社会保险费由用人单位代扣代缴。为劳动者依法缴纳社会保险是劳动者和用人单位共同的法定义务，即使是双方约定也不能免除。

第五，关于服务期协议及违约金。单位出资为劳动者提供专项培训时，可协商约定劳动者的服务期以及违约金，岗前培训不属于专项培训，小李无须赔偿违约金。签订服务期协议需谨慎，谨防因违约招来损失。

第六，关于维权渠道。如果劳动者相关权益受到损害，可以向劳动行政部门投诉或者申请劳动仲裁，维护自己的合法权益。当然，还会遇到就业歧视、试用期解除合同、就业欺诈、收取风险抵押金、扣押证件等侵权情况，毕业生们应在求职前多学习相关法律知识，提高劳动维权意识，做到心里有底，“避免入坑”。

课堂活动

校友就业经验交流分享会

一、活动目的

了解常见的求职陷阱及其应对措施，掌握求职面试技巧。

二、活动过程

（1）邀请 3～5 位已工作两年以上的优秀毕业生回学校做主题演讲，分享就业经验和教训，深度剖析常见求职陷阱及其应对措施，介绍面试的关键技巧。

（2）演讲后，毕业生和在校学生进行互动，就业指导中心教师点评分析。

（建议活动时间：120 分钟）

三、活动思考

求职面试有哪些技巧？求职过程中有哪些求职陷阱，如何避免？

四、活动总结

通过对活动现场效果的总结，使毕业生了解常见的求职陷阱并掌握应对措施，掌握求职面试技巧，树立就业信心。

课后思考

（1）就业协议与劳动合同有哪些区别？

（2）劳务派遣制用工对毕业生有哪些影响？

（3）如何防范就业陷阱？

模块九　把握创业机会

学习指南

本模块主要介绍创业意识和创业潜力的培养，旨在帮助大学生从了解创业机会入手，寻找和发现创业机会，科学合理地构思创业项目，对创业项目进行评价，最终找到具有一定市场前景的创业项目。通过本模块的学习，能够全面认识创业，从而把创业作为职业发展的一种选择。

能力标准

分类	具体内容
知识	1. 理解创业的含义及创业对于职业生涯的意义 2. 了解创业的基本特征 3. 了解大学生创业的原因及大学生创业与就业的差异 4. 了解创业对于社会和个人的意义 5. 了解创业的类型 6. 了解创业者的特征 7. 理解创业基本要素和创业基本过程 8. 了解大学生创业的主要模式和途径 9. 能够把握和评估创业机会
技能	1. 理解创业的意义 2. 具有一定的创业想法 3. 学会分析创业的背景 4. 根据个人专业和兴趣爱好进行自主创新尝试 5. 深入进行自我创业探索
态度	1. 培养大学生创业的信心 2. 树立“创业我能行”的积极情感与态度 3. 培养创新意识和精神

单元 9.1　创业意识与创业潜质

导入案例

“90 后”女孩从剪纸中创出大事业

王某是杭州某学校的一名“90 后”学生，在上学期间，她发明了磁性剪纸专利产品。传统的镂空剪纸比较脆，稍不注意就会被撕破，涂上糨糊之后更容易破损。磁性剪纸解决了传统剪纸易破、易变色及张贴不方便等问题。另外，由于这种产品使用的是环保材料，还可以循环利用。

提起磁性剪纸的发明过程，王某笑着说：“这纯属偶然。”有一次，在帮亲戚装扮婚车时，王某发现剪纸虽然漂亮，用起来却很不方便。于是，她就和父亲商量，发明一种既不破坏剪纸的艺术效果，又便于张贴的剪纸。父女二人很快就投入发明创造中。经过反复试验，王某终于找到了一种特殊的磁性材料来代替传统的剪纸材料。使用这种材料剪出的艺术剪纸很容易就可以吸附在铁质的物体上，此外，借助水还可以轻易地将剪纸粘贴在玻璃等光滑的物体上，并且不易被撕破。借助此项发明，王某创办了一家磁性剪纸文化创意公司，在不到一年的时间里，她的公司已经发展了 10 余家加盟商，仅此一项产品的年经济收入就达到 30 余万元。

分析： 大学生要实现创新，就要把刨根问底、坚持不懈的精神运用到学习和生活中，不断探索各种事物的本源及实质。这种锲而不舍、坚定执着的态度是创新的推动器，能够帮助你实现梦想。古人云：“读万卷书，行万里路。”唯有与实践相结合，理论才有意义。只有精通理论，才可能去改进实践；只有拥有丰富的实践经验，才可能产生新的理论。

一、创业是人生的一种选择

（一）什么是创业

创业是一种劳动方式，是一种需要创业者运营、组织、运用服务、技术、器物作业的思考、推理和判断的行为。根据杰夫里·提蒙斯（Jeffry A. Timmons）所著的创业教育领域的经典教科书《创业创造》（*New Venture Creation*）的定义：创业是一种思考、推理、结合运气的行为方式，它为运气带来的机会所驱动，需要在方法上全盘考虑并拥有和谐的领导能力。

创业过程一般包括以下步骤：

（1）识别和评价创业机会。

（2）拟订创业计划书。

（3）确定和获取创业资源。

（4）管理成长中的企业。

（5）收获创业价值。

（二）创业的基本特征

创业具有以下几个基本特征：

（1）自发性。创业是创业者的自觉选择，是创业者主动性的体现。

（2）创新性。创新是创业的主旋律，创业过程是一个不断创新的过程，创新人才首先要有创新动力、创新意识和创新精神。只有不断创新，企业才有活力。

（3）风险性。创业是有风险的，这个过程充满了成功和失败的可能性。

（4）营利性。创业是为了增加财富，没有利益的驱动，任何人都无法承担创业所面临的风险。创业过程中赚取了多少利润，往往是衡量一个企业家是否成功的重要指标。

（5）曲折性。创业者往往要经过多年的努力，付出很多代价，才能取得成功。创业者必须做好吃苦耐劳的准备，只有在困难面前不屈不挠，才能成为最终赢家。

（三）大学生创业的原因

创业不仅是一种职业选择，也是一种生活方式选择。“大众创业、万众创新”近年来经常被主流媒体提及，甚至成为一种趋势。那么，为什么大学生即使不创业也需要了解创业呢？常见答案如下：

（1）创业本身就是一种职业。

（2）认识到自己的价值——这是证明自己的最好方法。

（3）经济需求。

（4）为自己工作总比为别人工作好。

（5）时间自由。

（6）积累社会经验，提高个人能力。

（7）这是对一个人能力的考验。

（8）可以交到很多真正的朋友。

（9）国家有关于自主创业的优惠政策。

（四）大学生就业与创业的差异

就业与创业是大学生选择的两条完全不同的道路，二者有以下几个方面的差别：

（1）角色差异。二者在企业中的地位、责任和使命是完全不同的。创业者通常是新企业的高层，在企业实体的建立过程中，创业者始终是负责人，始终参与其中。然而，员工通常处于中下层，要达到上层需要一个过程。他们不需要为企业的成长负责，只需要做好自己的工作即可。

（2）技能差异。创业者往往具有多重角色、战略眼光和特定的商业技能，这就需要相当全面的知识和技能。就业者通常具有完成工作的专门技能即可开展自己的工作。

（3）收益与风险差异。就业的主要投入是几年的教育成本。创业除了教育成本外，还包括前期准备投入的人力、物力和资本成本。一旦失败，员工只会损失教育成本，但创业者会损失几乎所有早期投资的成本，一旦成功，员工只能获得约定的工资、奖金和少量利润，而企业家则可以获得大部分的运营利润，理论上是无限的。

（4）成功因素差异。就业在很大程度上取决于企业实体，但创业需要更多考虑自身的经验、知识和财力，以及拥有各种资源、各种需求和条件等。

二、创业的意义

（一）创业对社会的意义

近年来，创业者创造了很多新的产业，如自媒体、生物技术、人工智能、计算机软件、办公自动化、移动服务、电子商务、互动网络和虚拟技术等。毫无疑问，创业者极大地改变了世界的发展进程和人们的生活、工作和学习方式。

（二）创业对创业者的意义

创业是一个伟大的过程，是一个精彩的舞台。创业的起点可以高，也可以低，创业的发展空间是无限的。通过创业，创业者可以有效地实现人生的价值，把握人生的方向。

三、创业的类型

创业活动涉及各行各业，创业者的创业动机千差万别，创业项目和领域多种多样，创业的类型也因此呈现多样化，我们结合大学生的实际情况，基于创业的动机、创业的起点、价值创造对市场和个人的影响程度三个角度对创业进行分类。

（一）基于创业的动机分类

根据大学生创业动机，创业可分为以下四种类型：

（1）生存的需要。

（2）积累的需要。

（3）自我实现的需要。

（4）就业的需要。

（二）基于创业的起点分类

根据创业起点的不同，创业可分为自主创业和企业内部创业。自主创业就是将创业作为一个商业领域，致力于理解创造新事物（新产品、新市场、新生产过程或原材料、新管理模式、新商业模式）的机会，努力通过优化资源、资源整合，实现以利润为导向的商业过程。而企业内部创业，是由一些有创业意向的企业员工发起，在企业的支持下承担企业内部某些业务内容或工作项目，进行创业并与企业分享成果的创业模式。这种激励方式不仅可满足员工的创业欲望，同时也能激发企业内部活力，改善内部分配机制，是一种员工和企业双赢的管理制度。大学生除了可以选择自主创业外，也可以通过在就业企业内部进行创业来实现自我的人生价值。

（三）基于价值创造对市场和个人的影响程度分类

对于创业的类型，还有一种较有代表性的观点：克里斯汀（B. Christian）等人依照创业对市场和个人的影响程度，把创业分为四种基本类型，即复制型创业、模仿型创业、安家型创业和冒险型创业。

四、创业者的特质

（一）什么样的人可以被称为“创业者”

如果适当地扩展“创业者”的定义，我们就会发现，企业家不仅是创造企业的人，而且是创造某种制度的人。我们更愿意称他们为“英雄”。他们创造了一个时代、一座城市或一种新的生活方式。为了创造新的事物，他们尝试打破原有的模式，开始寻找新的想法的旅程。

（二）创业者的特征

1. 执着

衡量一个人是否成功的标志，不是看他登到顶峰的高度，而是看他跌入谷底后的反弹力。

2. 洞察力

坚持科技与人类情感的结合，对产品有着近乎偏执的热情。

3. 从失败中吸取教训

创业者不应该是一个无法承担风险的人。相反，他们往往从失败中学习，快速调整状态，最终转败为胜。史玉柱面对巨人集团资金链断裂、负债 2.5 亿元的危机，选择重新创业，并在调查市场需求后对“脑白金”保健品和“征途”等网络游戏进行运营，最终扭转失败局面。

4. 追求成功

追求成功是创业者的突出特点。以吉利汽车的李书福为例，大多数人认为他是一个不甘于平庸的人。1982 年，他用从父亲那里借来的 120 元开了一家照相馆，赚了第一桶金。但他不甘平庸，想要追求成功。1984 年，他开始在冰箱生产行业工作。随后，他又开始做更复杂的摩托车生意。他不仅在国内市场做得很好，在国外也做得很好。1997 年，他投资了一家工厂，开始和他的团队生产汽车。1998 年，第一辆汽车出厂了。2009 年底，吉利与沃尔沃达成收购协议。对于他的成功，外界给予了高度评价，《华尔街日报》甚至称他为中国的“亨利・福特”。

5. 合作

相信很多人都可以从电影《中国合伙人》里看到创业团队的重要意义。俞敏洪创办新东方集团，除了自身的努力和奋斗外，很大程度上也和团队的另外两位成员——徐小平和王强有着紧密的关联。同样，暴雪娱乐公司的迈克・莫汉（Mike Morhaime）、艾伦・阿德汗（Allen Adham）和弗兰克・皮尔斯（Frank Pearce）也是团队协作的典范。

约翰・霍纳迪（John Hornaday）总结了创业者的 42 项特征，具体如表 9 - 1 所示。

表 9-1　创业者的 42 项特征

序号	特征	序号	特征
(1)	自信	(22)	有责任心
(2)	有毅力、坚定	(23)	有远见
(3)	精力充沛、勤奋	(24)	执行认真
(4)	机智多谋	(25)	团队合作精神
(5)	风险承担能力强	(26)	利润导向
(6)	有领导力	(27)	从失败中快速学习
(7)	乐观	(28)	有权力感
(8)	追求成功	(29)	性格开朗
(9)	知识丰富	(30)	个人主义
(10)	创新、创造力	(31)	有勇气
(11)	有影响力	(32)	有想象力
(12)	善于与人相处	(33)	有洞察力
(13)	积极主动	(34)	能够容忍不确定性
(14)	灵活	(35)	有进取心
(15)	聪明	(36)	懂得享受
(16)	目标明确	(37)	追求效果
(17)	勇于迎接挑战	(38)	全力以赴
(18)	独立	(39)	信任下属
(19)	开放的心态	(40)	敏感
(20)	追求效率	(41)	诚实
(21)	决策果断	(42)	成熟、考虑周全

（三）创业者应具备的六种核心能力

创业者的能力是指创业者解决创业及创业企业成长过程中遇到的各种复杂问题的本领，是创业者基本素质的外在表现。它也是创业者整体素质体系的核心要素，表现为创业者把知识和经验有机结合起来并应用于创业管理的过程。那么，哪些能力是创业者必须具备的呢？我们总结了以下六大核心能力。

1. 开拓创新能力

创业实际就是一个充满创新的事业，所以创业者必须具备创新能力，不能墨守成规，要能根据客观情况的变化，及时提出新目标、新方案，不断开拓新局面。在竞争激烈的市场中，缺乏创新的企业很难站稳脚跟。

2. 经营管理能力

创业条件中最重要的是创业者的经营管理能力。经营管理能力是一种较高层次的综合能力，是创业者运筹帷幄的能力。它涉及人员的选择、使用、组合和优化，也涉及资金的筹集、核算、分配、使用、流动。作为创业者，只有学会效益管理、知人善用以及充分合理地整合资源，才能形成市场竞争优势。

3. 领导决策能力

领导决策能力是一个人综合能力的表现。一个创业者首先要成为一个领导决策者，他如同战场上的指挥员，具有感召力和决策力及统揽全局和明察秋毫的能力。在各种困难和紧急情况下，创业者能比别人更快、更准确地判断出问题的所在，并有效地处理问题。

4. 人际协调能力

良好的人际关系是创业者成功的重要因素。创业者如果善于建立广泛的人脉资源，扩大社交圈，通过朋友掌握更多信息，寻求更大发展，网罗各路人才，这对于实现创业成功具有很大的帮助，可以促进企业日益成长。

5. 学习能力

创业者的学习能力是至关重要的。对于那些进入新领域，雄心勃勃要改变世界的创业者来说，要进入这个行业，必须把这个行业摸透。再怎么使用新商业模式、新技术，创业者首先需要面对的是这个行业自有的商业逻辑。创业者在高压中应对各种问题，如果没有足够的学习速度，就没有快速的成长速度，就必然会被快速成长的对手所取代。

6. 商机识别能力

创业机会识别是创业者开展创业活动的第一步，创业机会识别能力是决定其创业成功与否的关键因素。好的创业机会必然具有特定的市场定位，创业者要专注于满足顾客需求，同时能为顾客带来增值的效果。创业需要机会，机会要靠发现，因此创业者应具备敏锐的商机识别能力。

（四）关于创业者的种种看法

“一千个读者眼里有一千个哈姆雷特。”同样，创业者在每个人的眼中也有着不同的理解。如何成为创业者？在通往创业者的路上，并没有唯一的答案。每个人的成功都无法复制。

1. 创业者是天生的吗

没有一个创业者是天生的创业者，他们都受到后天的种种影响，才决定创业。

2. 什么年龄适合创业

在什么样的年龄阶段适合创业呢？这个问题没有统一、绝对的答案。更理想的表达是：不同年龄的人在创业上都有自己的特点和优势。

（五）大学生创业者的能力要求

1. 自我认知及科学规划

在创业过程中，创业者要经常性地提前计划或规划一些事情。在制订计划的时候，创业者一定要综合各种因素，形成切实可行的行动方案，要将任何可能的细节都考虑在内。在实施计划的过程中，创业者要针对当下的具体情况进行分析，适时对计划作出调整。运营需要强有力的计划管理能力，只有具备这一能力，才能让自己更靠近成功创业之门。

2. 胆识和魄力

创业者是团队的灵魂。团队运营后，会面临各种各样的决策，创业者的一举一动都左右着企业的发展走向和兴衰。前期创业者可能会广泛地征求亲朋好友的建议，一旦自己能够独立自主后，就必须通过自己的智慧和胆识去决定各种大小事务。创业者在自主地作出决策时，谨慎是必不可少的，但一旦优柔寡断，就可能失去一些绝佳的商业机会。同时，决策的胆识和魄力一定要建立在深思熟虑的基础之上，既要风险小，又要兼顾利益最大化。

3. 管理制度

任何创业都需要制定各种制度。制度不在于多，而在于是否让所有人都能够明白其中的道理，并且严格执行。创业者需要针对自己团队的实际情况建立各种有效的管理制度。

4. 谈判

在创业者人际交往过程中，与人谈判的情况必不可少。谈判对创业者的要求是综合的，要求创业者有一定的语言能力、心理分析能力、人文素养等。要想在谈判中取得主动地位，创业者必须有很强的谈判能力。杰出的谈判能力能够让创业者在谈判过程中直接获得更多的利益。

5. 处理突发事件

创业过程中会不可避免地发生一些突发事件，这些事件中的大部分都是我们想避免的。然而当事情发生的时候，需要我们更为积极地应对。如果这些事情发生在创业者顾客身上，处理得当的话，还能起到广告效果。“好事不出门，坏事传千里”，任何一起突发的事件，稍不注意，就会使自己的形象一落千丈，甚至砸掉招牌。处理好每次突发事件，化险为夷甚至化危机为商机，是每一个创业者都应具备的能力。

6. 学习

在现代社会，一个人要想不断地取得成功，就必须具备持续学习的能力。市场和行业的竞争日益激烈，大到一个企业，小到个人，要想力争上游，就必须比竞争对手更快地掌握更多的知识，通过不断学习，使自己立于不败之地。对于大学生创业者而言，除了重视学习书本上的理论知识外，更要重视提高其他方面的综合能力。

7. 社会交往能力

良好的人际关系不仅能给人带来快乐，还能帮助人走向成功。大学生创业者在开始创业后，必将接触到各种不同类型、不同身份的人，而接触的人大多都是与自己的利益相关的，所以创业者要学会与各种人打交道。创业者要尽可能地去建立人脉关系，认识朋友，舍得给自己投资。在与前辈们的交流和学习中，创业者要不断地认识到自己的不足，并有针对性地加以完善。

8. 保持身心健康

身体是革命的本钱，创业者只有身体健康，才能够支撑事业上的打拼和奋斗。为事业而废寝忘食的精神非常值得肯定，但是终究不能视之为常态。大多数的创业者都精力旺盛，一旦投入工作就很难自拔。尽管如此，在创业的过程中，创业者一定要注意劳逸结合，切莫因为太拼而让自己的健康状况下滑。

总结案例

年轻大学生创业成功案例

对于很多人来说，走出创业第一步的阻碍并不是面临“没有好点子”的思维枯竭，也不是遭遇“没有商业价值”的创业窘境，仅仅是“不敢”：他们对自己不自信，不认为自己具有创业的能力，因此他们的创业大门只能一直关闭着。

现实生活中不乏创业成功的大学生，他们用自己的实例证明了中国大学生创业者也可以如硅谷的扎克伯格、比尔·盖茨那样，做一个成功的大学生创业者。

王　兴

一提到王兴，很多人首先想到的一个词语就是“连环创业者”，因为他是校内网、饭否网、美团网这三个大名鼎鼎的网站的联合创始人，除此之外，他还有另外一层身份——大学生创业者。

王兴创立校内网后，校内网很快风靡于大学校园中，并于2006年10月被千橡集团以200万美元收购。2007年5月12日，王兴创办饭否网。这也是中国第一个类twitter项目。

王兴于2010年3月又上线新项目美团网，并在“千团大战”中脱颖而出，居行业前三，并先后获得红杉和阿里的两轮数千万美元的融资。

戴志康

康盛创想创始人戴志康是无数互联网人的偶像，他创建的“Discuzl”开源模板与“Wordpress”成为世界上最伟大的两个开源网站模板，被数以百万计的站长使用，深刻地改变了中国互联网，而戴志康也是一位大学生创业者。

戴志康出生于一个知识分子家庭，父亲是大学教授，亲属中也有很多人是老师。正是因为这种家庭背景，戴志康从小就接触计算机。在计算机性能不断升级的过程中，他的编程技术也日益提高。戴志康小学刚毕业就开始尝试编写软件。初中、高中时期，他几乎获得了各类计算机大赛奖项。

戴志康2000年考上哈尔滨工程大学，2001年便在校外创业，他在校外找到一间月租300元的房子，一天差不多15个小时都泡在计算机前面，最终他创造的“Discuzl”成为中国最成功的建站开源模板，“Discuzl”于2010年被腾讯以6 000万美元的价格收购。

王学集

王学集出生于浙江温州，毕业于浙江理工大学。大学时和两位同学一起创业，大三时正式发布phpwind论坛程序。2004年，大学毕业的王学集成立公司，公司命名为phpwind，中文名为“杭州德天信息技术有限公司”，专门提供大型社区建站的解决方案。目前，phpwind已成为国内领先的社区软件与方案供应商，PW6.3.2版本的推出，更是在社区软件领域形成一个极高的技术壁垒，phpwind8.0系列版本则推动了社区门户化。

phpwind于2008年5月被阿里巴巴以约5 000万元的价格收购，现在隶属于阿里云计算有限公司，为阿里云计算提供了强有力的支持。

课堂活动

创业人物访谈

一、活动目的

进行创业人物访谈。访谈的重点内容是创业者的经验、体会、教训等，并将访谈结果记录下来。

二、活动过程

（一）与被访谈的创业人物确定好访谈时间、地点等。

（二）访谈内容包括：访问者姓名、年龄、性别、创业的动机、经历，如何发现商机？成功的关键因素有哪些？如何找寻合伙人？如何融资？在初期生存阶段所经受的压力和危机有哪些？获得的外部帮助有哪些？

（三）访谈参考提纲：

（1）您的创业点子、创业想法是如何产生的？

(2) 您是如何确定创业项目的？
(3) 创业前期需要进行哪些筹备工作？
(4) 如何进行创业资金的筹集？
(5) 您是单独创业还是建立了一个团队？团队是如何建立的？
(6) 创业的过程中如何抓住机遇，充分利用资源？
(7) 创业中可能会遇到什么样的困难和风险？作为创业者该如何应对不可控的因素？在遭遇困难时，您是如何重塑信心的？
(8) 您对自己的创业前景有何展望？接下来有何打算？
(9) 您认为创业者应该具备哪些素质？
(10) 哪些素质是创业者需要自己有意识地锻炼培养的？
(11) 大学生创业者应该做好怎样的心理准备？

三、活动思考

作为成功的创业者，其成功的关键因素有哪些？必备素质有哪些？

四、活动总结

归纳整理出成功创业者成功的关键因素和必备素质，撰写访谈报告。

探索与思考

(1) 你认为大学生创业者应具备哪些素质？
(2) 成功创业者成功的关键因素有哪些？

单元 9.2　创业模式和创业机会

导入案例

“指甲钳大王”梁伯强

梁伯强是广东中山圣雅伦公司总经理，中国“隐形冠军”形象代言人。被誉为“指甲钳大王”的梁伯强决定生产指甲钳却是因为朱镕基的一句话。1998 年底，梁伯强在看报纸时发现一条新闻《话说指甲钳》，这篇文章让梁伯强的命运从此改变。文章中写道，朱镕基在参加一次会议时讲道：“要盯住市场缺口找出路，比如指甲钳子，我没用过一个好的指甲钳子，我们生产的指甲钳子，剪了两天就剪不动指甲了，使大劲也剪不断。”朱镕基以小小的指甲钳为例，要求轻工企业努力提高产品质量，开发新产品。梁伯强从这一句话中发现了指甲钳的商机。

梁伯强调查发现，指甲钳每年的产值达到 60 多亿元人民币，韩国只有 5 家工厂，他们居然占了 20 亿元的产值。中国在册登记企业有 500 多家，营业额才在 20 亿元左右，从数量上看，韩国 5 家主要企业加上十来家配套企业就可以和中国的 500 多家企业打个平手，这种反差令梁伯强非常惊讶。

梁伯强心动了，他兴致勃勃地开始对全国市场进行考察。考察完以后，梁伯强很意外地发现，很多生产指甲钳的工厂都倒闭了，如果中国真有 20 亿元的市场份额，为什么几个大厂会倒闭呢？梁伯强认为原因在两个方面：一方面，商场零售都被外国品牌占据，国内老厂不断倒闭；另一方面，批发市场群雄逐鹿，热火朝天。抱着试试看的态度，梁伯强生产出第一批指甲钳，没想到，产品还没有正式面世，就有几千万元的订单找上门，这更坚定了他把指甲钳做下去的决心。

分析：如同“世界并不缺少美丽，而是缺少发现美丽的眼睛”一样，市场并不缺少创业机会，而是缺少识别和发现创业机会的敏锐眼光和嗅觉。识别好的创业机会的途径有很多，如新闻报道、政府工作报告、行业信息等，人们都能从中捕捉到创业机会。

机会是一种稀缺的创业资源。好的创业项目，就是创业成功的开始。

一、创业基本要素

创业是创业者对自己拥有的资源或通过努力对能够拥有的资源进行优化整合，从而创造出更大经济或社会价值的过程。在这一定义中，包含以下几个要素：创业者、商业机会、组织、资源。

创业是企业家、机会、组织和资源相互作用、相互匹配、创造价值的动态过程。创造价值是创业的目的，虽然创业者的个人动机不一致，但成功的创业者主要是为了创造价值，把商机转化为社会所需的产品和服务。因此，那些盲目追求个人利益的企业家往往以失败告终。大量的研究和事实证明，成功的企业家往往以创业为最终目的，而那些追求权力和金钱的人，很难保持长期的成功，往往只是昙花一现。

二、创业过程模型

所谓创业模型，就是创业过程中的创业思路，即从创业的万千思绪中找到一个头绪，在问题中找到一种思路。

杰弗里·蒂蒙斯（Jeffry A. Timmons）提出创业过程模型，他认为以下三个要素影响了创业的整个历程：商机、资源以及团队。

（一）商机：变革时代

创业过程始于创业机会，而不是资金、战略、网络、团队或商业计划。开始创业时，商业机会比资金、团队的才干和能力及适应的资源更重要。在创业过程中，资源与商机之间经历着一个“适应→差距→适应”的动态过程。

（二）资源：重在均衡

资源也就是创业资源，包括：财务资源、客户资源、技术资源、人力资源、管理资源等。要想创业成功，资源是不可或缺的必要保证。资源对创业者的要求是，创业者要合理配置资源，不要被资源牵着鼻子走。

（三）团队：目标一致

处于模型底部的创始人或工作团队要善于配置和平衡，借此推进创业过程，他们必须做的核心过程是：对商机的理性分析和把握，对风险的认识和规避，对资源的最合理的利用和配置，对工作团队适应性的分析和认识。

如果仅仅谈到上述三个要素的重要性，那么创业过程模型只能算是一个传统管理学的理论。蒂蒙斯创造性地将这三个要素从时间维度上理解为一个动态平衡的变化过程。如图9-1所示，团队位于三角形的底部，始终保持顶部（商机和资源）的平衡。创始人就像是马戏团的杂技演员，一边脚踩跷跷板，一边保持手中的“杂耍球”（商机、资源和团队）不落地。

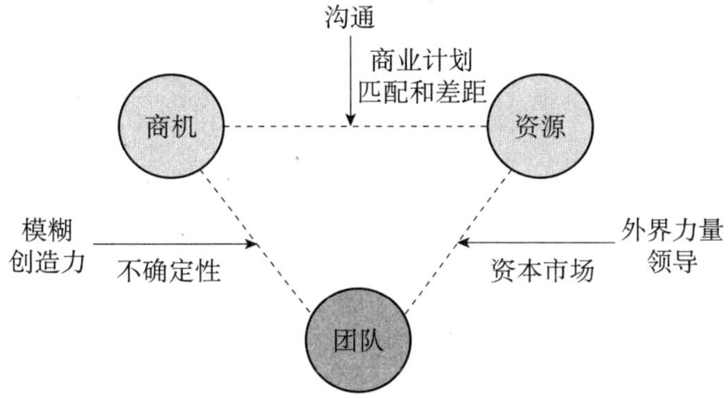

图9-1　蒂蒙斯创业过程模型

近年来，另一种创业方法理论——精益创业，受到创业者的广泛青睐。精益创业（Lean Startup）的概念由硅谷创业家埃里克·莱斯（Eric Rise）于2012年提出，其核心思想是：先尽快提供一个最小可行产品（MVP），然后通过不断的学习和有价值的客户反馈，对产品进行快速迭代优化。精益创业不能保证创业一定成功，但无疑会大大降低创业失败率，快速、低成本地试错，能够大大地提升创业的成功率。

精益创业画布（见图9-2）是呈现在一张纸上的可视化简明商业计划书。

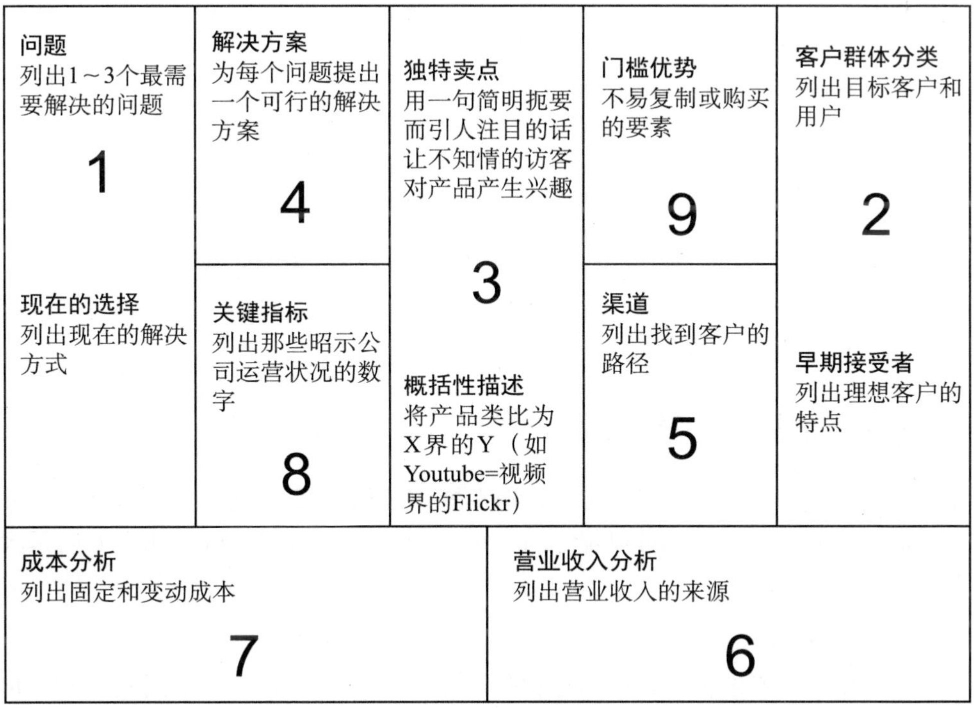

图9-2　精益创业画布

案例

运用蒂蒙斯创业过程模型分析成功案例

1999 年 9 月，阿里巴巴网站横空出世，其发展方向是为商人建立一个全球最大的商业机会信息交流站点，这种服务在整个互联网界开创了一种崭新的模式，并很快引起美国硅谷和互联网风险投资者的关注。

阿里巴巴所采用的独特的 B2B 模式，即便是在今天的美国也难觅一个成功范例。网站注册成立一个月后，由高盛牵头的 500 万美元风险资金便已到账。马云用这笔钱从香港地区和美国引进大量的外部人才。1999 年底，马云以 6 分钟的讲述获得有“网络风向标”之称的软银孙正义 3 500 万美元的风险投资。

马云被著名的“世界经济论坛”选为“未来领袖”、被美国亚洲商业协会选为“商业领袖”，是 50 年来第一位成为《福布斯》封面人物的中国企业家，并曾多次应邀在全球著名高等学府麻省理工学院、沃顿商学院、哈佛大学讲学。

在马云的办公室里高高悬挂着金庸先生手书的题词——“临渊羡鱼，不如退而结网”。细品马云一直以来的创业足迹，这个题词正是点到要害，这也是马云步步成功的秘诀。“如果马云能够创业成功，我相信 80%的年轻人创业能成功。”马云这样叮嘱当下的创业者。

分析：

（1）互联网的迅速发展让阿里巴巴网站成为一种商业机会，而这种机会就是创业过程的核心驱动力，马云和其创业团队是创业过程的主导者。

（2）马云的创业过程是商业机会、马云及其团队和资源三要素匹配和平衡的结果。马云及其工作团队善于配置和平衡各类资源，借此推进创业过程，他们能够做到对商机的理性分析和把握、对风险的认识和规避、对资源的最合理的利用和配置、对工作团队适应性的分析和认识等核心工作。

（3）马云的创业过程是一个连续不断地寻求平衡的行为组合，追求了一种动态的平衡。在展望阿里巴巴的未来时，马云成功思考了诸如目前的团队是否能领导企业未来的成长、资源状况如何、下一阶段成功面临的陷阱是什么等问题。这些问题在不同的阶段以不同的形式出现，牵涉企业的可持续发展。

总之，马云在千变万化的环境中依靠机遇、团队和资源三要素之间的和谐和平衡，分析解决存在的种种困难及问题，努力协调创业中各种资源的配置，创造性地解决了企业发展中的各种问题。

三、大学生创业的主要模式

大学生尽管资金、能力、经验有限，但在知识结构、IT 技能、创意策划等方面具有优势，因而在创业的方向上，可以根据自己的特点找准切入点。以下几个方向是大学生创业的优势领域。

（一）网络创业

互联网改变了人们的生活，同时也提供了全新的创业方式。网络创业不同于传统创业，它着眼于利用现成的网络资源。目前网络创业主要有两种方式：网上开店，在网上注册成立网络商店；网上加盟，以某个电子商务网站门店的形式经营，利用母体网站的货源和销售渠道。网络创业的优势是门槛低、成本少、风险小、方式灵活，特别适合初涉商海的创业者。像易趣、淘宝等知名商务网站，有较完善的交易系统、交易规则、支付方式和成熟的客户群，每年还会投入大量的宣传费用。

（二）加盟创业

连锁加盟凭借分享品牌金矿、分享经营诀窍、分享资源支持这些优势，成为备受青睐的创业新方式。这种创业的特点是利益分享，风险共担，创业者只需要支付一定的加盟费，就能借用加盟商的金字招牌，并利用现成的商品和市场资源，还能长期得到专业指导和配套服务，而不必摸着石头过河，创业风险也有所降低。但是，随着连锁加盟市场规模的不断扩大，鱼龙混杂现象日趋严重，一些不法者利用加盟圈钱的事件屡有发生。

（三）兼职创业

兼职创业对于头脑灵活、时间充裕且不愿意放弃现在工作，又能充分利用在工作中积累的商业资源和人脉关系创业的人来说，可实现“鱼与熊掌兼得”的梦想，而且兼职创业进退自如，可大大减少创业风险。但是兼职创业需要在主业与副业、工作与家庭等几条战线上同时作战，对创业者的精力、体力、能力、忍耐力都是极大的考验，因此要量力而行。此外，兼职创业最好选择自己熟悉的领域。这种创业方式适合白领和有一定商业资源的在职人员。

（四）团队创业

在硅谷流传着这样一条“规则”：由两个 MBA 和 MIT 博士组成的创业团队，几乎就是获得风险投资的保证。其中蕴含着这样的道理：创业已经非纯粹追求个人英雄主义的行为，团队创业成功的概率要远高于个人独自创业。一个由研发、技术、市场、融资等各方面专业人士组成的优势互补的创业团队，是创业成功的法宝，对于高科技创业企业来说，更是如此。这种创业方式适合海归人士、科技人员、在校大学生、在职人员等。

（五）大赛创业

大学生创业大赛来源于美国的商业计划竞赛，此类竞赛旨在为参赛者展示项目、获得资金提供平台，Yahoo、Netscape 等企业都是从商业竞争中脱颖而出的。因此创业大赛被形象地称为创业孵化器。从国内的情况来看，创业大赛也孵化了一批大学生企业。创业大赛不仅为大学生创业者闪亮登场提供了舞台，更重要的是给大学生提供了锻炼能力、转变观念的宝贵机会。通过这个平台，大学生创业者可熟悉创业程序，储备创业知识，积累创业经验，接触和了解社会。

（六）概念创业

概念创业就是凭借创意、点子、想法创业。当然，这些创业概念必须标新立异，至少在打算进入的行业或领域是个创举，只有这样，才能抢占市场先机，才能吸引风险投资者的眼球。这种创业方式适合具有强烈创新意识但是没有很多资源的创业者，创业者可以通过独特的创意获得各种资源，包括资金、人才等。

（七）内部创业

内部创业是指一些有创业意向的员工在企业的支持下，承担企业内部某些业务或项目，并与企业分享成果的创业模式。内部创业由于具有“大树底下好乘凉”的优势，创业者无须投资即可获得丰富的创业资源，因此受到越来越多创业者的关注。员工在企业内部创业，可获得企业多方面的支援，同时，企业内部所提供的创业环境较为宽松，即使创业失败，创业者所需要承担的责任也比较小，从而大大减轻了创业者的心理负担，有利于其轻松上阵。但是内部创业的受众面有限，只有那些大型企业的优秀员工才有机会一试身手。此外，这是一种以创造“双赢”为目的的创业方式，员工要做好周密的前期准备、选择合理的创业项目、保证最大化地创造利润，才能引起企业高层的关注。这种创业方式适合大型企业中掌握高科技项目的中高层技术人员和管理人员。

四、大学生获得创业知识的途径

大学生在校期间，要充分利用学校和自身优势，通过各种途径掌握创业的基本理论与知识，积极探索适合自己的创业模式。

（一）大学课堂、大学图书馆与大学社团

创业者通过课堂学习能拥有过硬的专业知识，在创业过程中将受益无穷；通过大学图书馆能找到创业指导方面的报刊和图书，广泛阅读能增加创业者对创业市场的认识；大学社团活动能锻炼创业者各种综合能力，这是创业者积累经验必不可少的实践过程。

（二）媒体资讯

这主要包括纸质媒体，人才类、经济类媒体，网络媒体，管理类、人才类、专业创业类网站。此外，通过一些创业中心、创新服务中心、大学生科技园、留学生创业园、科技信息中心、知名民营企业网站等，都可以学到创业知识。

（三）与商界人士广泛交流

商业活动无处不在，你可以与周围有创业经验的亲朋好友交流。在他们那里，你将得到最直接的创业技巧和经验，更多的时候这比看书的收获更多。你甚至可以通过电子邮件和电话拜访你崇拜的商界人士，或咨询与你的创业项目有密切联系的商业团体。

（四）曲线创业

曲线创业是指先就业再创业。毕业后，由于自己各方面阅历和经验都不够，创业者可以先到实体单位锻炼几年，等积累了一定的知识和经验后再创业不迟。先就业再创业者跳槽以后，所从事的创业项目通常也是过去的工作中密切接触过的项目，而在准备创业的过程中，创业者可以利用与专业人士交流的机会获得更多来自市场的创业知识。

（五）创业实践

真正的创业实践开始于创业意识萌发之时，大学生的创业实践是学习创业知识的最好途径。间接创业实践主要是借助于学校举办的某些课程的角色性、情境性模拟参与来完成。例如学校的创业大赛、设计大赛等，对知名企业家成长经历、知名企业经

营案例开展系统研究等也属于间接创业实践的范畴。直接创业实践主要是通过课余、假期的兼职打工、试办公司、试申请专利、试办著作权登记、试办商标申请等事项来完成，也可以通过举办创意项目活动、创建电子商务网站、策划图书出版等多种方式来完成。

五、识别创业机会

创业机会一般分为技术机会、市场机会和政策机会。

技术机会是指技术变化带来的创业机会，是最为常见的创业机会，其具体表现形式主要有以下三类：新技术替代旧技术；实现新功能、创造新产品的新技术的出现；新技术带来的新问题。

市场机会是指市场变化产生的创业机会，主要有以下四类：市场上出现了与经济发展阶段有关的新需求；当期由于市场供给缺陷产生的新商业机会；先进国家（地区）产业转移带来的市场机会；从比较中寻找差距，在差距中发现隐含着的商机。

政策机会是指政府政策变化所赋予创业者的商业机会，主要有以下两类：政策变化可能带来新的商业机会；政府可能的政策变化。

创业机会识别是创业领域的关键问题之一。从创业过程的角度来说，它是创业的起点。创业过程就是围绕着机会进行识别、开发、利用的过程。识别正确的创业机会是创业者应当具备的重要技能。面对具有相同期望值的创业机会，并非所有潜在创业者都能把握。成功的机会识别是创业愿望、创业能力和创业环境等多因素综合作用的结果。

首先，创业的愿望是创业机会识别的前提。创业愿望是创业的原动力，它推动创业者去发现和识别市场机会。没有创业意愿，再好的创业机会也会被错过。

其次，创业能力是创业机会识别的基础。与创业机会识别相关的能力主要有：远见与洞察能力、信息获取能力、技术发展趋势预测能力、模仿与创新能力、建立各种关系的能力等。

最后，创业环境的支持是创业机会识别的关键。创业环境是创业过程中多种因素的组合，包括政府政策、社会经济条件、创业和管理技能、创业资金和非资金支持等方面。一般来说，下述情况会鼓励更多的人创业：社会对创业失败比较宽容，有浓厚的创业氛围；国家对个人财富创造比较推崇，有各种渠道的金融支持和完善的创业服务体系；产业有公平、公正的竞争环境。

总结案例

双创助力青春梦，学子至诚报祖国——大连大学许雯晴事迹

许雯晴，某大学优秀毕业生，以实际行动践行“创新是引领发展的第一动力”的作用，在创新创业实践中取得显著成果，承担起新时代大学生的社会责任。

她积极践行学校把组织学生参加创新创业类大赛作为深化创新创业教育改革的重要载体，促进大学生的全面发展，增强大学生的时代责任感和使命感，培育高水平创新创业项目的要求。在实际运营的同时，她带领项目团队不断在“互联网+”“挑战杯”等双

创赛事上，检验自己的成果，打磨项目商业模式；荣获第六届中国国际“互联网+”全国大学生创新创业大赛铜奖，第五届“互联网+”辽宁省大学生创新创业大赛金奖；在第十二届“挑战杯”中国大学生创业计划竞赛中闯入现场决赛，获得国赛银奖。

2019 年受邀参展东三省青创博览会时，许雯晴受到团中央和省政府领导们的充分肯定及鼓励；并受邀录制大连电视台三创直播室栏目，成功入驻大连市三创中心高成长性企业储备库；竞赛硕果累累，荣获国家级奖项 1 项、省部级金奖 3 项、市级金奖 1 项。

许雯晴组建绿创科技项目团队，先后与中海油、恒力石化等 6 家公司达成合作；完成中试项目 3 项；实现国内燃油脱硫技术指标首次突破千分之一大关，对于我国摆脱国外脱硫技术垄断有着重要意义。同时，她完成的《基于燃油中芳环硫化物脱除》论文，被 SCI 一区《绿色化学》杂志选为当期的封面论文，累计 SCI 引用 300 余次。自 2018 年起，她利用项目的高校企业资源，累计为 20 名同学提供实习岗位，并成功推荐就业 4 人。

作为一名新时代的大学生，许雯晴的梦想就是用自主研发的技术让中国船舶都能用上国产的低硫船燃。她的创业团队能肩负时代使命，在创新创业的大时代里御风而行，顺势起飞，将她们的智慧、创新技术和青春热情持续注入我国从“制造大国”到“创造大国”的伟大事业中去。

课后活动

蒂蒙斯商业机会评价框架的应用

一、活动目的

利用蒂蒙斯的商业机会评价框架（表 9－2）对某个商业机会进行评价。

二、活动过程

对商业机会逐一进行评价。

三、活动思考

通过评价，归纳总结出商业机会。

四、活动总结

遇到商业机会后，建议逐一按照表 9－2 中的八项内容进行分析，然后作出取舍。

表 9－2　蒂蒙斯的商业机会评价框架

项目	评价观察点
（一）行业与市场	1. 市场容易识别，可以带来持续性收入 2. 顾客可以接受产品或服务，愿意为此付费 3. 产品的附加价值高 4. 产品对市场的影响力大 5. 将要开发的产品生命力长久 6. 项目所在的行业是新兴行业，竞争不完善 7. 市场规模大，销售潜力达到 1 000 万～10 亿元 8. 市场成长率在 30%～50%，甚至更高 9. 现有厂商的生产能力几乎完全饱和 10. 在五年内能占据市场的领导地位，达到 20%以上 11. 拥有低成本的供货商，具有成本优势

续表

项目	评价观察点
（二）经济因素	1. 达到盈亏平衡点所需要的时间在 1.5～2 年 2. 盈亏平衡点不会逐渐提高 3. 投资回报率在 25%以上 4. 项目对资金的要求不是很高，能够获得融资 5. 销售额的年增长率高于 15% 6. 有良好的现金流量，能占到销售额的 20%以上 7. 能获得持久的毛利，毛利率达到 40%以上 8. 能获得持久的税后利润，税后利润率要超过 10% 9. 资产集中程度低 10. 运营资金不多，需求量是逐渐增加的 11. 研究开发工作对资金的要求不高
（三）收获与有利条件	1. 项目带来的附加价值具有较高的战略意义 2. 存在现有的或可预料的退出方式 3. 资本市场环境有利，可以实现资本的流动
（四）竞争优势	1. 固定成本和可变成本低 2. 对成本、价格和销售的控制较高 3. 已经获得或可以获得对专利所有权的保护 4. 竞争对手尚未觉醒，竞争较弱 5. 拥有专利或具有某种独占性 6. 拥有发展良好的网络关系，容易获得合同 7. 拥有杰出的关键人员和管理团队
（五）管理团队	1. 创业者团队是一个优秀管理者的组合 2. 行业和技术经验达到本行业内的最高水平 3. 管理团队的正直廉洁程度能达到最高水平 4. 管理团队知道自己缺乏哪方面的知识
（六）致命缺陷	不存在任何致命缺陷
（七）创业者的个人标准	1. 个人目标与创业活动相符合 2. 创业者可以做到在有限的风险下实现成功 3. 创业者能接受薪水减少等损失 4. 创业者渴望进行创业这种生活方式，而不只是为了赚钱 5. 创业者可以承受适当的风险 6. 创业者在压力下状态依然良好
（八）理想与现实的战略性差异	1. 理想与现实情况相吻合 2. 管理团队已经是最好的 3. 在客户服务管理方面有很好的服务理念 4. 所创办的事业顺应时代潮流 5. 所采取的技术具有突破性，不存在许多替代品或竞争对手 6. 具备灵活的适应能力，能快速地进行取舍 7. 始终在寻找新的机会 8. 定价与市场领先者几乎持平 9. 能够获得销售渠道，或已经拥有现成的网络 10. 能够允许失败

思考与探索

撰写一份创业计划书（商业企划书）。

第三部分

职场适应与职业发展

模块十　职场适应

学习指南

校园与职场有截然不同的环境和文化，如何适应环境转变，顺利度过职业适应期，是摆在每一位大学毕业生面前的现实问题。

本模块将从角色转换和职业人两个角度，给同学们提供一些职业选择方面的建议，帮助同学们做好就业前的准备工作。

能力标准

分类	具体内容
知识	1. 认识学生角色和职业角色的区别 2. 了解职业角色转变的准则 3. 了解员工应具备的品质 4. 了解职场礼仪 5. 了解职业习惯的内容
技能	1. 学会如何实现角色转换 2. 学会做一名合格的职业人 3. 掌握建立良好人际关系的方法 4. 掌握与上司相处的学问
态度	1. 具有珍惜每一次工作机会的良好态度 2. 形成合作共赢的职场态度 3. 具有团队合作意识

单元 10.1　角色转变和职业适应

导入案例

江苏理工学院——访企拓岗助力就好业

从听说企业名字，到确定录用，江苏理工学院电气信息工程学院物联网工程专业毕业生刘鑫阳仅用了不到 12 小时，就成为“离家近、工作好的准职场人”。“本来还焦虑着呢，哪知道这么快就搬开了压在心上的‘大石头’!”刘鑫阳的嘴角抑制不住地上扬。

4 月 30 日，电气信息工程学院辅导员钱小雪带着刘鑫阳和几名学生前往常州市天宁区的两家企业参观、面试。“这次走访是专门为这几名学生组织的，他们都是常州本地人，希望能在家门口就业，经过筛选，学院对接的企业里有几家很适合他们。”钱小雪说。

经过半小时参观了解，刘鑫阳决定应聘一家医疗器械研发公司。凭借扎实的专业基础知识、良好的操作实践能力和清晰的未来发展规划，刘鑫阳成功获得面试官的青睐。“你最快什么时候能来上班？五一假期结束就过来谈谈工作细节吧!”该企业负责人对刘鑫阳说。而这距离刘鑫阳听到这家企业的名字还不到 12 小时。

从领导带队访企拓岗到专任教师向企业推荐学生，从学生心理访谈到简历细节修改……江苏理工学院电气信息工程学院党委书记高凯表示：“我们集全院之力，为毕业生们创造更加多样的就业条件，提供更加优质的就业环境。”

近 3 年来，电气信息工程学院举办校园专场招聘会 8 场、企业宣讲会 60 场，累计参会企业 600 余家，提供就业岗位近 2 万个，1 300 余名毕业生实现就业。

分析：随着经济的高质量发展，各企业也需要高质量的人才，学校通过访企拓岗实现学生从“就得了业”到“更高质量就业”的转变，同时提升学生角色转变的速度。

一、学生角色和职业角色的主要区别

接受教育，好好学习，储备知识，锻炼能力，力求德、智、体、美、劳全面发展，从而为走向社会做准备，这是学生的主要任务。然而，作为一个社会劳动者，职业人的主要任务就是通过自己的劳动，用自己所学的知识和技能服务社会，同时获得劳动报酬，自食其力。

从学生到职业人的角色转变对一个人的独立性要求有了提高。在学生时代，学生在经济上主要依靠家庭供养。走上工作岗位后，大学生已经成为具有独立资格的真正意义上的社会人，在生活上要自理，在工作上要能独当一面，在学习上要能自我安排与发展提高，要承担相应的社会责任。

二、从毕业生到职业人的转换

（一）从宏大的“人生理想”向现实的“职业理想”转换

就业压力大、选择余地小、专业不对口等，让不少毕业生感到理想与现实之间的落差太大，一时难以接受。曾经宏大的理想，在现实面前已经失去目标，失去动力，只感到理想的实现是遥遥无期的事情。毕业生需要搭起一座桥梁，让自己从理想走入现实。首先，毕业生要把理想转化为职业目标，要结合自己的综合因素去选择一条最适合自己的途径，并拿出切实可行的方式方法，去实现职业目标，从而最终实现职业理想。其次，毕业生选择所从事的工作时一定要与职业目标有密切的相关性，否则，所做的工作将不会对职业理想产生支持，那么职业理想就会成为空想。

（二）从青涩的“学校人”到成熟的“职业人”的转换

1. 职场新人要摆正心态

职场新人一定要摆正心态，如果心浮气躁，你就会在各个职位、各个企业之间来回游移，你会觉得这个工作你能做，那个你也能做，最后导致你连最简单的工作都做不好。

2. 从“学生人”变成“职场人”的第一步

毕业生初入单位时，应从企业文化、业务流程、公司制度、仪态仪表、待人接物、为人处世等多个方面了解企业，如企业需要的是什么人、什么职位应该具备什么样的素质、如何能够更好地发挥自己的潜力等，从而有针对性地学习、适应企业环境，迅速完成角色转换。

（三）从单纯地处理问题向复杂的人际关系转换

1. 要揭掉自我标签，低调做人

现代大学生的特点是张扬个性，彰显自我风格，追求与众不同。这种风气与氛围培养了不少“特别”的大学生。但工作岗位不是上演“个人秀”的舞台，因此，刚刚迈上工作岗位的大学生们一定要注意自我形象问题，做事一定要务实、踏实。

2. 少说多看，尽快熟悉人际关系，融入环境

复杂的人际关系是社会构成的一部分，刚毕业的大学生要锐气藏于胸，和气浮于脸，才气见于事，义气施于人，对上司要先尊重后磨合，对同事要多理解多支持，对朋友要善交际勤联络。

3. 职场人际关系的规则中，单纯地讲礼貌是不够的

身处职场，自己的一言一行、一举一动都要符合职场规范，包括语言、表情、行为习惯等。相信没有人愿意在社交场合因为失礼而被众人“关注”，并因此给人留下不良的印象。

（四）克服角色转变中的心理问题

在学生角色到职业人角色转变的过程中，毕业生最容易出现的心理问题就是依恋和畏惧并存、自傲与浮躁同在，这是毕业生参加工作后务必要迅速克服的。

（五）角色转变的原则

1. 踏踏实实，安心本职

许多大学生走上工作岗位后还留恋着大学生活，不能尽快适应新的生活节奏，在工

作几个月甚至一年后还静不下心来，“身在曹营心在汉”“这山望着那山高”，挑肥拣瘦，拈轻怕重，难以进入工作角色，这对角色的转换非常不利。毕业生应尽快从大学生活中脱离出来，踏踏实实工作，努力地适应新环境，全身心地投入工作中去，尽快完成角色转换。

2. 善于观察，勤于思考——角色转换的有力保障

大学生要胜任职业角色，还需要积极开动脑筋，在工作中善于观察、勤于思考、勇于创新。只有善于观察，真正探索到职业对象的内部结构，掌握第一手资料，才能发现问题，并运用自己所学的知识努力去解决问题；只有勤于思考，在工作中才会有独到见解，才能逐步培养自己的独立工作能力；只有勇于创新，才能将所学知识和技术创新地应用于实际工作，不断提出问题、解决问题，不断总结提高，才能更好地胜任职业角色，开拓工作新局面。

3. 甘于吃苦，乐于奉献

大学毕业生走上工作岗位以后，应当从一开始就要甘于吃苦，严格要求自己，树立主人翁意识，增强社会责任感和归属感，培养无私奉献的精神，任劳任怨，不计较个人的得失。

【职场箴言】

明白事理的人使自己适应世界，不明白事理的人硬想使世界适应自己。

案例分析

从毕业生到职业人

刚从高职院校毕业的小邓应聘进入某公司采购中心，恰逢采购中心机构改革和人员调整的关键时期。人员的紧缺使得即便是尚处在见习期的他，也得立刻上手配合完成大量采购项目。面对繁多且需要极度细心的项目，小邓一开始有些措手不及，但他相信这既是挑战，也是责任。

他面临的第一个问题是对招标流程不了解，于是他把所有相关文件读个透，遇到有疑问的就请教同事。“好记性不如烂笔头”，记不住就写下来，再根据自己的理解梳理整个流程，做到心中有数。接下来是编制招标文件，没做之前以为很容易，按照标准范本来写就行，谁知只有自己做起来才了解其中的不易。不同材料类型如何确定取价方式？采购材料是以浮动价还是固定价进行招标？所采购的材料是否送检？这些遇到的问题大多需要通过经验积累总结所得，小邓及时向领导和同事请教，经过反复修改，一份完整的招标文件终于完成。

在前辈们的帮助和自身的努力下，目前小邓已经能够独立负责项目，包括从编写招标文件到最终签订合同，虽然中间也会遇到其他困难，但是大部分问题已经能够通过自主思考去解决和处理。在经历了什么都不懂的困惑期、独立思考的成长期、补缺增优的成熟期后，小邓的成长无疑是巨大的，收获也是非比寻常的。

分析：如果想尽快适应职场，成长成才，就得适时地转变角色，通过不断实战锤炼自己的业务能力，否则将无法独立工作，也不会成长。

课堂活动

化蛹成蝶

一、活动目的

让你了解跨出学校校门后，要尽快适应从“学生”到“职业人”的转变。

二、活动过程

（1）使用角色模型，将自己的名字写在中央，然后填上你希望的角色，并记下你对每一个角色的渴望和感受。

（2）列出一份备忘录，以便随时提醒自己在未来的职业生涯之路上可能会面临的艰难险阻，以及要如何克服。

三、活动思考

在角色转变过程中，你还会遇到不可预知的困难，如何让自己始终保持积极的心态，更快地完成角色转变呢？

四、活动总结

大学毕业生工作后，要努力承担岗位责任，主动适应工作环境，促使自己更好、更快地完成角色转换。

团队角色测试

一、活动目的

测试你的团队角色。

二、活动过程

对下列问题的回答，可能在不同程度上描绘了你的行为。每题有 8 句话，请将 10 分分配给这 8 个句子。分配的原则是：最能体现你行为的句子分值最高，依此类推。最极端的情况是 10 分全部分配给其中的某一句话。请根据你的实际情况把分数填入后面的答题纸中。

（一）测试题

1. 我认为我能为团队作出的贡献是：______。
   - a. 我能很快地发现并把握住新的机遇
   - b. 我能与各种类型的人一起合作共事
   - c. 我生来就爱出主意
   - d. 我的能力在于一旦发现某些对实现集体目标很有价值的人，我就及时把他们推荐出来
   - e. 我能把事情办成，这主要靠我个人的实力
   - f. 如果最终能导致有益的结果，我愿面对暂时的冷遇
   - g. 我通常能意识到什么是现实的、什么是可能的
   - h. 在选择行动方案时，我能既不带倾向性，也不带偏见地提出一种合理的替代方案

2. 在团队中，我可能有的弱点是：______。

a. 如果会议没有得到很好的组织、控制和主持，我会感到不愉快

b. 我容易对那些有高见而又没有适当地发表出来的人表现得过于宽容

c. 只要集体在讨论新的观点，我总是说得太多

d. 我的主观看法，使我很难与同事打成一片

e. 在一定要把事情办成的情况下，我有时使人感到特别强硬甚至专断

f. 可能由于我过分重视集体气氛，我发现自己很难与众不同

g. 我易陷入突发的想象之中，而忘了正在进行的事情

h. 我的同事认为我过分注意细节，总有不必要的担心，怕把事情搞糟

3. 当我与其他人共同开展一项工作时：______。

a. 我有在不施加任何压力的情况下，去影响其他人的能力

b. 我随时注意防止粗心和工作中的疏忽

c. 我愿意施加压力以换取行动，确保会议不是在浪费时间或离题太远

d. 在提出独到见解方面，我是数一数二的

e. 对于与大家共同利益有关的积极建议，我总是乐于支持

f. 我热衷于寻求新的思想和新的发展

g. 我相信我的判断能力有助于我作出正确的决策

h. 对那些最基本的工作，我都能组织得井井有条

4. 我在工作团队中的特征是：______。

a. 我有兴趣更多地了解我的同事

b. 我经常对别人的见解提出挑战或坚持自己的意见

c. 在辩论中，我通常能找到论据去推翻那些不甚有理的主张

d. 我认为，只要计划必须开始执行，我有推动工作运转的才能

e. 我不在意使自己太突出或出人意料

f. 对承担的任何工作，我都能做到尽善尽美

g. 我乐于与工作团队以外的人进行联系

h. 尽管我对所有的观点都感兴趣，但这并不影响我在必要的时候下决心

5. 在工作中我得到满足，因为：______。

a. 我喜欢分析情况，权衡所有可能的选择

b. 我对寻找解决问题的可行方案感兴趣

c. 我感到，我在促进良好的工作关系

d. 我能对决策有强烈的影响

e. 我能适应那些有新意的人

f. 我能使人们在某项必要的行动上达成一致意见

g. 我感到我的身上有一种能使我全身心地投入到工作中去的气质

h. 我很高兴能找到一片可以发挥我想象力的天地

6. 如果突然给我一件困难的工作，而且时间有限，人员不熟：______。

a. 在有新方案之前，我宁愿先躲进角落，拟订出一个解脱困境的方案

b. 我比较愿意与那些表现出积极态度的人一道工作

c. 我会设想通过用人所长的方法来减轻工作负担

d. 我有天生的紧迫感，这将有助于我不会落在计划后面

e. 我认为我能保持头脑冷静，富有条理地思考问题

f. 尽管困难重重，我也能保证目标始终如一

g. 如果集体工作没有进展，我会采取积极措施去加以推动

h. 我愿意展开广泛的讨论，意在激发新思想，推动工作

7. 对于那些在团队工作中或与周围人共事时所遇到的问题：______。

a. 我很容易对那些阻碍我前进的人表现出不耐烦

b. 别人可能批评我太看重分析而缺少直觉

c. 我有做好工作的愿望，能确保工作的持续进展

d. 我常常容易产生厌烦感，需要一两个有激情的人使我振作起来

e. 如果目标不明确，让我起步是很困难的

f. 对于我遇到的复杂问题，我有时不善于解释和澄清

g. 对于那些我不能做的事，我有意识地求助他人

h. 当我与真正的对立面发生冲突时，我没有把握使对方理解我的观点

（二）评分原则

做法示范：第一题的测试结果是：a 给 1 分，b 给 1 分，c 给 2 分，d 给 2 分，e 给 2 分，h 给 2 分，f、g 不给分。依此类推，测试者把题目对应的分数填写在答题纸上（见表 10－1），最后分别把各项的总分加起来。

表 10－1　答题纸

答题号	实干者	协调者	推进者	创新者	信息者	监督者	凝聚者	完善者
1	g	d	f	c	a	h	b	e
2	a	b	e	g	c	d	f	h
3	h	a	c	d	f	g	e	b
4	d	h	b	e	g	c	a	f
5	b	f	d	h	e	a	c	g
6	f	c	g	a	h	e	b	d
7	e	g	a	f	d	b	h	c
角色总分								

三、活动思考

你在团队中担任哪一类角色？如何去改进，让自己更能胜任这个角色呢？

四、活动总结

（1）分数最高的一项说明你适合承担此类角色，分数第二高项和第三高项说明你具备担任这两类角色的潜能。

（2）如果有三项分数在 10 分以上，证明你这三项都可以担任，具体担任的角色就要参照你的兴趣和能力了。

（3）如果有一项分数特别突出，超过 15 分以上，证明你非常适合担任此类角色。

（4）如果有分数在 5 分以下的项，证明你不适合担任此类角色。

课后思考

（1）你认为自己的职业化程度如何？

（2）有同学说，大学期间人际关系好，日后进入职场人际关系也差不到哪里去，你怎么看待这种说法？

单元 10.2　做一名合格的职业人

导入案例

把个人理想追求融入国家发展

“到西部去、到基层去、到祖国最需要的地方去！”毕业于北京师范大学历史学院的朱启平，积极响应国家号召，放弃在省会重点中学工作的机会，选择回到家乡贵州毕节一中任教，践行着母校“学为人师、行为世范”校训精神：不仅要做好“教书”，更要做好“育人”，做“大先生”，做为学、为事、为人的榜样。

“根据以往经验分析自身能力素养，发现自己的优点，在成长过程中更好地择校择业。”这是田赫送给未毕业的学弟学妹们的建议。“给生产线的设备当大夫”的田赫，毕业于北京电子科技职业学院汽车工程学院五年贯通机电技术专业。一毕业便通过校招进入北京奔驰公司工作，针对生产一线的工装、工具、机电设备的设计改善，让他能够充分发挥所学。

“看到从边疆归来的学长身上军人的气质，我对我的未来也充满信心。”北京联合大学一名毕业生说。该校党委书记楚国清说，多年来，北京联合大学通过就业育人工程，组织学生走基层、看改革、找定位，引导毕业生把个人理想追求融入国家发展和民族复兴的伟大事业中，一届学生跟着一届学生走，走出了北京联合大学毕业生从“心动到身动”，主动投身基层一线的就业路。

分析：刚入职的大学生不能只考虑眼前的事情，应该把个人理想追求融入国家发展，做一名有责任心、肯担当的职业人。

一、做一个有责任心、肯担当的员工

企业需要的优秀员工，不一定是他有多高的学历、多丰富的经验、多精湛的技术，而首先是具有强烈的责任心。责任心是一个优秀员工所必需的重要素质。

（一）责任心就是“眼里见小”

“眼里见小”就是要做事不计小，重视每一个具体细节。初入职场的年轻人，不管在哪个领域，从事什么样的工作，都会经历一段做小事的时期。在那段时间里，年轻人被安排在不受重视的部门，被派去做一些琐碎的小事，时常遭受无端的批评、指责，代人受过，得不到必要的指导和提携。在这种情况下，职场新人与其浑浑噩噩浪费时间，不如从自己经手的每一件小事中得到成长。大事是由众多的小事积累而成的，忽略了小事就难成大事。从小事开始，逐渐锻炼意志、增长智慧，日后才能做大事，而眼高手低者是永远干不成大事的。一个推销员如果希望有一天能当业务经理，首要条件是把推销员的工作做得有声有色，业绩超过其他人，才有希望获得经理职位。即使你是一个操作机器的工人，你也应该把时间全部用在机器上，了解它的性能，了解它每一部分的功能。如果你使用了几年的一部机器，除了会操作之外，对它一点都不了解，甚至什么地方出了毛病也不知道，升迁和加薪就很难与你有缘。所以，职业人面对小事，都应该全心全意地做好，这样才会让自己成长起来。

（二）责任心就是勇于承担过失

人对于承认错误和担负责任一般怀有恐惧感，因为这往往会与接受惩罚相联系。有些不负责任的员工在出现问题时，首先考虑的不是自身的原因，而是把问题归咎于外界或者他人，总是寻找各种各样的理由和借口来为自己开脱。比如：工作业绩不理想，那么一定是老板领导无方、相关部门不配合；老板不喜欢你，一定是他不懂得欣赏你；销售任务没有完成，一定是客户太挑剔……在很多管理者看来，这些都是借口。

二、做一个有执行力的员工

（一）注重细节，追求完美

有较强的执行力是一名优秀员工的特质，提高执行力，就是要树立一种严谨些、再严谨些，细致些、再细致些的工作作风，改变心浮气躁、浅尝辄止的毛病，以精益求精的精神，不折不扣地执行好各项重大战略决策和工作部署，把小事做细、把细节做精。

（二）没有任何借口是执行力的表现

对职业人而言，无论做什么事情，接受了任务就意味着作出了承诺，就意味着要“克服任何困难”去执行。这是作为优秀员工必须具备的关键素质之一。优秀的员工从不在工作中寻找任何借口，他们总是把每一项工作尽力做到超出客户的预期，最大限度地满足客户提出的要求，而不是寻找各种借口推诿；他们总是出色地完成上级安排的任务，替上级解决问题；他们总是尽全力配合同事的工作，对同事提出的帮助要求，从不找任何借口推脱或延迟。

三、做一个有良好团队意识的员工

（一）每个员工都要明确自己在团队中的角色

一个高效的团队，讲究成员相互间的互补性。团队成员一般可分为贡献者、合作者、沟通者和挑战者等不同的类型，每一种类型的成员都有助于团队的成功。现实工作中准确地进行角色定位，可以使员工更清醒地认识自己，更有利于发展、培养、锻炼自己的所长，更能充分提高团队的综合实力。俗话说：“尺有所短，寸有所长。”一支队伍中，如果全部都是将军，谁来打仗？反过来，如果全部都是士兵，谁又来指挥？

（二）做团队中的“暖心人”

团队成员相互间的激励更容易在心与心之间产生共鸣、达成默契，从而形成团结向上的整体工作氛围。相互间的配合、帮助、激励会使团队更容易攻克难关和通向成功。当别人碰到困难时，我们都要及时给予他们关心与帮助，做一个“暖心的人”。

（三）做一个会合作的员工

合作是成功最快捷的方法，单靠个人的力量绝不容易取得成功。在团队合作中，要明白个人的缺点与不足。尽管你很优秀，但如果你能把可以弥补你缺陷的高手纳入你的团队中，你就能如钻石一样，所有的刻面都会折射出无比炫目的光芒。

四、做一个乐于奉献的员工

奉献精神就是在工作中不计个人得失，关键时刻能挺身而出，是一种自愿自觉的情绪和行为表现。有人说过这样的话：拿多少钱，做多少事，钱越拿越少；做多少事，拿多少钱，钱越拿越多。此话的确有道理。工作是为了薪酬，但工作绝对不仅仅是为了薪酬，因为人生的追求不应只是为了满足生存的需要，它应该有更高层次的追求，应该有比薪水更高层次的目标——那就是发挥潜能，实现自我，奉献社会！

五、做一个按规则办事的员工

（一）遵守“显规则”

企业的“显规则”一般是指企业的各种规章制度，是企业的所有员工必须遵守的行为准则，任何人不得挑战其权威，不然，轻则受到惩罚，重则将被抛弃。企业的规章制度可以保障企业的运作有序化、规范化，降低企业经营运作成本。同时，规章制度还可以防止管理的任意性，保护员工的合法权益。对员工来说，服从规章制度比服从主管意志更易于接受，制定和实施合理的规章制度能满足员工公平感的需要；合理的规章制度能使员工能预测到自己的行为和努力的后果，激励员工为企业的目标和使命努力奋斗。

（二）重视“潜规则”

“显规则”因其明确无误，对于即将踏入职场的学子来说是比较容易适应的；但“潜规则”因其看不见、摸不着而使职场新人难以应对，就像一颗颗地雷，不小心踏上就会爆炸。主动琢磨、理解潜规则，成为职场新人必修的功课。“潜规则”以其看不见、摸不着而令人“生畏”。毕业生进入工作单位，可以从以下几点入手了解“潜规则”。

1. 仔细观察

“潜规则”虽然无形，但也是有迹可循的。作为一名新员工，了解企业“潜规则”的最好方法莫过于仔细观察企业中群体行为的表现及习惯。一个企业生产运作时员工的操作，最能反映企业的文化和员工的群体行为规范，这些规范有些是“显规则”中明文规定的，有些却是长久以来形成的习惯，这些习惯已经得到企业内部从上到下的认可，不会因为一位新人的到来而改变。如开会发言的习惯、工作方式的习惯、内部信息沟通的方式等，从这些侧面就可以判断一个企业长久以来形成了什么样的组织文化——是倾向于表现个人主义，还是集体主义；是鼓励新人积极参与争取表现，还是以资历为导向，等等。

2. 虚心咨询

企业文化的承载体实质上是人而不是企业。所以，企业中的老员工往往是企业文化最忠实的支持者或者被同化者，他们的行为准则与思维习惯在某些侧面也可以视为该企业“潜规则”的表现。新人可以向这些老员工虚心请教和咨询，向他们了解企业的发展历史、员工的组成情况、组织的喜好、领导的风格等，然后通过这些信息推断出自己不应该触及的“雷区”有哪些。

3. 横向对比

企业的“潜规则”既可能是完全由内部生长而成，也可能是由于外部的某些影响引发。新人可以将自己所在企业与同行的企业进行对比，从企业策略、员工行为、发展目标、营销手法等多个方面去比较，从中更清楚地了解自己所在企业有哪些特有的组织行为方式。组织的行为方式可以深刻反映出最高层管理者的思维方式以及企业长久以来形成的企业文化，而这些也是形成企业“潜规则”的重要方面。

六、做一个高效的员工

在激烈的市场竞争下，企业要出精品，员工也要出精品。作为员工，要调整心态，掌握如何把工作做得更出色的具体办法，使自己成为企业不可或缺的人物，这样既可以提升个人的竞争力，也有利于提升企业的竞争力。

（一）工作从接受任务开始

进入一家企业，每一位新人都希望把主管交办的第一项工作任务做好，以展示自己的能力，给人留下好的印象。切记，从主管叫你的那一刻开始，你就要留意自己的言行举止了。

（二）把“80/20 法则”运用于每一件事情

“80/20 法则”是所有时间和生活管理中最有用的概念之一。当面临很多工作不知如何着手时，当用尽全部的精力工作效率仍提不上去时，当为花太多的精力做没多大意义的事情而懊悔不已时，可将 80%的精力用来完成最重要的工作，建立起优先顺序。

七、做一个有良好人际关系的员工

（一）与同事融洽相处的艺术

要搞好同事关系，就要学会从他人的角度来考虑问题，善于作出适当的自我牺牲。要处处替他人着想，切忌以自我为中心。我们在做一项工作时，经常要与人合作，在取得成绩之后，我们也要让大家共同分享功劳，切忌处处表现自己，将大家的成果占为己有。给他人提供机会，帮助其实现目标，对于处理好人际关系是至关重要的。替他人着想还表现在当他人遭到困难、挫折时，伸出援助之手，给予帮助。

（二）与上司相处有学问

1. 不要替上司做主张

自作主张是与上司相处时之大忌，无论什么时候，必须时刻牢记一条：上司永远是决策者和命令的下达者，只要上司没有授予下属定夺的权力，下属就不要越权替上司决定任何事情。无论下属有多大把握相信自己的判断力，无论代替上司决定的事情有多么细微，都不能忽略要上司同意这一关键步骤。

2. 与上司同心协力

上司和下属都是为了公司或企业的发展走到一起的，双方需要同心协力，建立良好的工作关系，为了共同的利益而努力。

案例分析

机会比薪水更重要

著名的卡罗·道恩斯原来是一名普通的银行职员，当时他的薪水虽然不算太高，但也能满足温饱。后来，他改行受聘于一家汽车公司，薪水是原来的一半。他应聘这份工作的原因是出于热爱，是的，他非常喜欢这份工作，所以尽管薪水很低，他还是决定拥抱这次机会。工作中，他一直激情万丈，从不偷懒，并且比所有的员工都勤奋。当同事们抱怨待遇太少或跳槽时，道恩斯却始终保持积极的工作热情。他十分重视每次老板交给他的任务，在他眼里，任务就是机会。工作了 6 个月之后，他的业绩很突出，这时，他想试试是否有提升的机会，于是直接向老板毛遂自荐，老板给他的答复是："任命你负责监督新厂机器设备的安装工作，但不保证加薪。"

至于这份任务，道恩斯对于该怎样做没有什么把握，他没有受过任何工程方面的培训，根本看不懂图纸。但是，他不愿意放弃任何机会，哪怕未加薪水，他也觉得值得付出比往常更大的劳动量。于是，他发挥自己的领导才能，自己花钱找到一些专业技术人员完成了安装工作，并且提前了一个星期。结果他的薪水自动上涨了，整整增加了 10 倍，他也坐上了部门经理的位子。

后来老板告诉他："其实，刚开始我就知道你看不懂图纸，但是我让你做的唯一理由就是你有一颗进取的心。如果你随便找一个理由推掉这项工作，我可能会让你离职。"

分析：高薪水成了每个人的追求。但是，开薪水的是老板，决定权不在自己手里，如何才能抬高自己的身价，让老板开出令自己满意的薪水呢？聪明的人会用自己的实力去打动老板，让老板自动支付高额的劳动报酬。与职场中的机会相比，金钱的重要性不抵机会的万分之一。

课堂活动

"对不起，我错了。"

一、活动目的

职场新人在工作中犯错后，要勇于承担责任。

二、活动过程

（1）同学们相隔一臂站成几排。

（2）选出一名主持人组织活动。

（3）主持人喊"一"时，向右转；喊"二"向左转；喊"三"时向后转；喊"四"时下蹲再起立；喊"五"时不动。

（4）当有人出错时，做错的人要走出队列站到大家面前先鞠一躬，举起右手高声说：

“对不起，我错了！”

三、活动思考

请问以上游戏说明什么问题？

四、活动总结

很多人做错事时，往往缺乏承担责任的勇气，这就是责任意识不强。职场新人在工作中不小心犯了某种错误时，最好的办法是积极、坦率地承认和检讨，并尽可能地进行补救。这既能为避免事态的恶性发展赢得一个缓冲时间，同时也可以赢得更多人的信任和尊重。

课后思考

（1）做一名合格的职业人，应具备哪些职业素养？

（2）有同学认为，犯错时承担责任就是示弱，你怎么看？

模块十一　职业发展

学习指南

在新时代的历史使命下，大学生不仅肩负着提升自身科学文化素养的重任，更应深刻领会“正心、修身、齐家、治国、平天下”的深远意义。他们需在掌握现代科学知识的基础上，深刻认识职业道德，坚守道德底线，培养自律精神，塑造良好的道德品格。在实际工作中，高职学生应积极探索高效的学习和工作策略，通过实践锻炼，不断积累经验，提升职业素养，为将来成为行业的佼佼者和国家的栋梁之材打下坚实的基础。这一过程不仅关乎个人职业生涯的成功，更关系社会的和谐与进步。

能力标准

分类	具体内容
知识	1. 认识终身学习的重要性 2. 了解终身学习与职业发展的关系 3. 了解职场禁忌 4. 了解社会实践的内容 5. 了解职业人的学习内容
技能	1. 学会成为会学习的职业人 2. 学会培养良好的职业道德 3. 掌握职业竞争的能力 4. 学会挖掘潜能，让自己表现得更出色
态度	1. 具有良好的职业道德 2. 具有用心做事的态度 3. 具有职场责任心

单元 11.1　职业素养提升

导入案例

从基层员工到企业高管的蜕变

李明，在大学主修电子信息工程。毕业后，他加入华为技术有限公司，从一名普通的基层工程师开始职业生涯。初入华为，李明面临着巨大的挑战。公司业务繁忙，竞争激烈，他需要迅速适应工作环境，提升自己的专业技能。在基层工作的日子里，李明始终保持敬业精神，对待每一个项目都认真负责。有一次，公司接到一个紧急的海外项目，要求在短时间内完成。项目难度大，风险高，李明主动请缨，带领团队攻坚克难。在项目执行过程中，他发挥自己的专业优势，积极与团队成员沟通协作，确保项目进度和质量。经过几个月的努力，李明带领的团队成功完成了项目，为公司赢得了海外市场的口碑。这次经历让李明在团队中的地位得到了提升，同时也让他意识到，要想在华为取得更大的成功，必须不断提升自己的综合素质。于是，李明开始利用业余时间学习管理知识，参加各种培训课程，努力提高自己的领导能力和团队协作能力。在担任项目经理期间，他善于激发团队成员的潜能，营造积极向上的团队氛围，使团队业绩不断提升。后来，李明被提升为部门经理，负责公司某重要业务板块。面对新的挑战，他依然保持着敬业精神，带领团队取得了显著的业绩。前年，李明晋升为高级经理，负责公司整体战略规划。在华为工作的这些年里，李明始终秉持着"客户至上、敬业爱岗"的职业精神，从一名普通工程师成长为企业的中高层管理者。他的成功经历，成为许多华为员工的榜样。

分析：李明的成功并非偶然，而是他勤奋敬业、不断提升自己的职业素养的结果。他在职业生涯中，始终保持着对工作的热爱和敬业精神，勇于担当，敢于创新。不断学习，在工作中不断学习新知识、新技能，提升自己的综合素质。团队协作，善于与团队成员沟通协作，营造积极向上的团队氛围。责任担当，勇于承担工作任务，敢于面对挑战。创新思维，在工作中不断创新，提高工作效率和业绩。

一、终身学习与人生发展

（一）社会变革的加速，需要寻求新的教育途径

在当今社会迅猛发展的背景下，变革的步伐日益加快，许多昔日所学的知识和技能，已难以满足当下社会的需求。面对这样的时代洪流，大学生们必须积极探索新的学习路径，以适应日新月异的社会环境。传统的教育模式亟待我们进行深入反思与革新，以期培养出能够从容应对未来挑战的人才。因此，大学生们应当积极拥抱终身学习的理念，将学习视为一个永无止境的过程。大学生需要不断更新自己的知识结构，紧跟时代发展的步伐，确保所学内容与时俱进。

同时，提升个人的适应性和创新能力也显得尤为重要。在快速变化的世界中，只有

具备强大的适应能力和不断创新的思维，才能在激烈的竞争中脱颖而出，保持持久的竞争力。

为了实现个人职业生涯的持续成长和成功，大学生还应注重实践经验的积累，将所学知识与实际应用相结合。通过参与实习、项目合作等方式，将理论知识转化为实践能力，为未来的职业生涯奠定坚实的基础。

（二）科学技术的进步，使得不善于学习的人落伍

随着科学技术的日新月异，科研成果和工艺技术的淘汰周期显著缩短，知识的更新速度不断加快。微电子、计算机、多媒体和网络技术已成为21世纪发展的核心技术，信息化浪潮推动了社会发展的加速，同时也加剧了竞争的激烈程度。在现代社会，无论是哪个行业，从业者要想完成复杂的工作任务，都必须具备跨领域的知识储备。单一的知识结构已无法满足工作对人不断增长的要求。

为了在事业发展的道路上保持主动和赢得先机，每个人不仅需要通过先进的技术手段获取信息，更要学会筛选、分析和综合信息。此外，培养良好的沟通和交流能力同样至关重要，这包括与计算机的有效互动以及人之间的有效沟通。提升信息获取和处理能力，不仅能够帮助个人在职业发展中占据有利地位，还能够促进创新思维的形成，使个人能够在不断变化的工作环境中适应并引领变革。因此，大学生必须树立终身学习的理念，不断更新知识，提升技能，增强自身的适应性和竞争力。

（三）信息时代，人的批判精神与选择能力日趋重要

在信息时代的大背景下，大众传媒的迅猛发展使得全球资讯触手可及，地球仿佛变得更为紧密。然而，仅仅获取信息并不能充分转化为个人发展的动力。为了使海量信息发挥其建设性作用，大学生必须提升对信息的理解、解读和运用能力。这一过程中，批判精神和选择能力显得尤为关键。它们帮助大学生筛选出对个人成长有益的知识和信息，避免被无关或错误的信息所误导。

随着终身教育理念的普及，学习型社会的轮廓日益清晰。在这样的社会环境中，学习不再是阶段性的事件，而是贯穿于个人一生的持续过程。大学生应培养敏锐的批判思维和强大的选择能力，这不仅有助于他们在学术上取得成就，更能为他们在职场上适应快速变化的环境、做出明智决策打下坚实基础。因此，大学生应认识到，终身学习不仅是个人发展的必要条件，也是构建适应未来社会要求的关键。

（四）学习给个人职业生涯带来新的生机

在职业生涯的长河中，变换职业或职位对于多数人来说是常态。这种变化要求个人必须不断更新自己的知识体系，以适应不断发展的职业环境。在这个时代，终身学习已成为社会对个体发展的新要求。相应地，每个人都能享受到更多样化、更灵活的学习机会，这些机会支持了个人职业发展。

随着知识的不断积累和个人能力的提升，大学生们自然会对职业有更高的期望，这也为他们的职业生涯注入了新的活力。因此，将毕业视为学习生涯的全新起点，是大学生们明智的选择。通过实际工作，他们可以更好地了解自己的职业倾向，有针对性地选择自己渴望且适合从事的职业或职位。在这个过程中，对一生的学习进行新的规划和设计至关重要。

为了跟上时代的步伐，实现个人的职业理想，大学生们需要采用灵活多样的学习方式，充分利用现代教育媒体提供的资源。这不仅包括传统的课堂学习，还包括在线课程、研讨会、工作坊等多种形式。通过不断学习，他们不仅能够提升专业技能，还能够增强适应性和创新能力，从而在职业生涯中保持竞争力，实现个人价值和职业目标的不断提升。

二、塑造高效学习者的职业素养

（一）挑选适合自己的学习策略

在迈向职业成功的征途中，选择一种适合自己的学习策略显得尤为关键。每个大学生都拥有自己独特的生活方式和工作节奏，而一个成功的事业往往是在个人特质与工作环境的和谐统一中孕育而生的。因此，在学习新知、提升技能的过程中，找到并采纳与个人学习风格相契合的方法是至关重要的。

面对浩如烟海的学习方法，从成千上万种策略中筛选出适合自己的一两种，并非易事。每个人的学习偏好、认知风格和习惯都有所不同，这就需要我们主动去尝试、去比较、去实践。通过不断实验和反思，我们可以逐步了解自己最有效的学习途径，并在此基础上进行调整和优化，最终形成一套既符合个人特点又高效的学习模式。

这种个人化的学习策略不仅能够帮助我们更快地掌握新知识，提高学习效率，还能够激发我们的学习兴趣，增强学习的动力。大学生们应积极探索，不断寻找适合自己的学习之道，为未来的职业生涯打下坚实的基础。

（二）在阅读中养成思考的习惯

在职业发展的旅途中，阅读不仅是获取知识的重要途径，更是培养思考习惯的基石。自古以来，书籍一直是传递知识、思想、观念和故事的核心媒介。无数古今中外的成功人士都是通过广泛阅读，不断丰富自己的知识储备，吸取前人的智慧，洞察人类发展的脉络，领悟生命的深意。

阅读的真正目的不在于追求速度，而在于深度和广度。它要求我们不仅要有选择地涉猎各个领域的知识，还要学会从历史和文化的角度去理解这些知识，从中汲取经验教训，探索人类社会的进步轨迹。通过不断的阅读和深入的思考，我们能够提升自己的认知水平，更加准确地对待和理解世界上的各种事物。

对于即将步入职场的大学毕业生来说，养成阅读的习惯尤为重要。如果能够坚持每月至少阅读一本有价值的书籍，持之以恒，必将积累起丰富的知识储备和深刻的思考能力。这种习惯不仅能够帮助职场新人在工作中更快地适应环境，还能够提升他们的分析问题和解决问题的能力，为他们的职业生涯铺设一条坚实的知识之路。

（三）提高收集信息的能力

在当今这个被称作“信息爆炸”的时代，互联网的迅猛发展使得信息的传播速度和内容量呈指数级增长，媒体的影响力日益扩大，信息已经成为我们日常生活中不可或缺的一部分。这种信息时代的到来，无疑极大地改变了我们的生活方式。在这个时代中，要想成为时代的弄潮儿，拥有强大的信息收集能力是必不可少的。然而，信息收集并非简单地打开搜索引擎，输入关键词，点击搜索那么简单。

一个高效的信息收集者需要具备以下几个方面的能力：首先，快速查询相关内容。这要求我们能够熟练地利用互联网、图书馆、报纸杂志等多种渠道，迅速找到所需的信息资源。其次，快速筛选信息。在浩如烟海的信息中，能够迅速识别并筛选出真正有价值、与目标相关的信息，是信息收集的关键技能。最后，综合思考过程。这是信息收集过程中最为重要的一环，需要我们运用自己的大脑，对收集到的资料进行深入分析和整合，从中提炼出结论或行动指南。

具体来说，一个有效的信息收集过程应包括以下步骤：明确信息需求：在开始收集信息之前，首先要明确自己的需求，确定需要收集的信息类型和范围。广泛搜集资料：利用多种渠道搜集信息，包括但不限于互联网、图书馆、报纸杂志等。筛选有用信息：对搜集到的信息进行初步筛选，排除无关和重复的内容。深入分析资料：对筛选出的有用信息进行深入分析，挖掘其背后的意义和价值。整合信息并得出结论：将分析后的信息进行整合，形成自己的观点和行动指南。

大学生们需要认识到信息收集能力的重要性，并通过实践不断提升这一能力，以便在未来的职业生涯中，能够有效地应对信息时代的挑战，为自己的发展奠定坚实的基础。

（四）培养思维创新的能力

创造力，即产生新思想、发现和创造新事物的能力，它是推动个人成长和社会进步的核心动力。一个国家或民族若要实现崛起，离不开大量具有创新精神和创新能力的人才作为支撑。大学生应当将培养思维创新的能力视为自身发展的核心目标。这种能力不仅能够帮助我们在面对复杂问题时找到独特的解决方案，还能够让我们在激烈的职场竞争中脱颖而出。

创新思维的培养需要我们从多个方面入手：持续学习，通过不断学习新知识、新技能，拓宽视野，为创新思维提供丰富的素材。多角度思考，在面对问题时，尝试从不同的角度和层面进行分析，寻找新的切入点。勇于尝试，敢于打破常规，勇于实践，通过不断的实验和探索，激发创新火花。跨学科融合，将不同领域的知识进行交叉融合，创造出新的思维模式和解决方案。持续反馈与改进，对创新成果进行评估和反馈，不断优化和完善，使之更加成熟和实用。

通过这些方法，大学生们可以逐步培养出富有创造力的思维模式，为未来的职业生涯打下坚实的创新基础，并为社会的持续发展贡献自己的力量。

总结案例

积极进取的职场新人

陈慧毕业于我国一所知名大学的电子商务专业。她在求职过程中凭借扎实的专业知识和对行业的深刻理解，成功进入一家电子商务平台，担任产品经理助理。面对一群经验丰富的产品经理和设计师，陈慧并没有因为自己的新人身份而感到自卑，反而展现出她积极进取的态度。陈慧深知，在快速变化的电商行业中，要想迅速融入团队并发挥作用，必须虚心学习。她对团队中的每一位成员都报以敬意，不仅在产品策划和设计上虚心请教，还主动了解市场动态和用户需求。她的谦逊和勤奋得到了团队中老员工的认可，同事之间的关系也因此变得和谐。尽管陈慧谦虚有加，但她对自己的能力充满自信。在公司的每周例会上，她总是能够从网络上搜集到的最新电商趋势中提炼出有价值的信息，分享给团队。她的这些观点不仅为产品的创新提供了新的思路，也让她在团队中树立了独特的个人品牌。陈慧不仅在观念上有所进步，更在实际行动中不断学习。她主动承担起一些复杂的项目任务，通过与同事的紧密合作，不断积累经验。她的同事也被她的学习热情所感染，愿意分享自己的经验和技巧，帮助她快速提升工作效率。如今，陈慧已经成为公司中备受重视的产品经理助理，她的工作能力和团队贡献得到了领导和同事的一致认可。

分析：陈慧的职场成长之路为大学生们提供了一个宝贵的职业素养提升案例。以下是她成功的关键要素：谦逊学习，陈慧在职场中始终保持谦逊的态度，虚心向他人学习，这是她在短时间内快速融入团队并取得进步的重要原因。自信展示，尽管陈慧谦虚，但她对自己的能力充满信心，敢于在团队中展示自己的观点，这种自信有助于她在职场中建立个人品牌。主动进取，陈慧在遇到挑战时，不退缩，而是主动承担责任，这种积极进取的态度使她在工作中不断取得突破。团队合作，陈慧深知团队合作的重要性，她与同事紧密合作，共同完成任务，这种团队精神是她在职场中取得成功的关键。持续学习，陈慧不断学习新知识，提升自己的专业能力，这种持续学习的态度使她能够适应行业的变化，保持竞争力。陈慧的故事告诉我们，在职场中，要想取得成功，不仅要自信、主动和注重团队合作，还需要谦虚好学的品质。大学生们在进入职场后，应借鉴陈慧的经验，不断提升自己的职业素养，为自己的职业发展奠定坚实的基础。

课堂活动

职场竞争能力指数测试

竞争已成为生活中无处不在的常态。无论是在校园还是职业领域，我们无不面临着形形色色的竞争。以下测试题能够帮助你衡量自身的竞争力水平，并评估你是否能够应对日益加剧的职场竞争环境。

一、测试题

1. 我在团队合作中总是乐于分享我的想法和经验。
   A. 完全不符合　　B. 不太符合　　C. 一般
   D. 很符合　　E. 完全符合
2. 当我看到他人获得奖项或荣誉时，我会感到鼓舞，并想要超越他们。
   A. 完全不符合　　B. 不太符合　　C. 一般
   D. 很符合　　E. 完全符合
3. 我认为在工作中展现个人才华和成就比物质享受更重要。
   A. 完全不符合　　B. 不太符合　　C. 一般
   D. 很符合　　E. 完全符合
4. 我倾向于在公开场合发言，分享我的专业知识和见解。
   A. 完全不符合　　B. 不太符合　　C. 一般
   D. 很符合　　E. 完全符合

5. 我经常评估自己的工作表现，并设定更高的目标。
A. 完全不符合　　B. 不太符合　　C. 一般
D. 很符合　　E. 完全符合

6. 我在遇到困难时，倾向于寻求挑战，而不是逃避。
A. 完全不符合　　B. 不太符合　　C. 一般
D. 很符合　　E. 完全符合

7. 我相信通过不断的努力和自我提升，可以达成我的职业目标。
A. 完全不符合　　B. 不太符合　　C. 一般
D. 很符合　　E. 完全符合

8. 我在竞争中更注重过程，而不是结果。
A. 完全不符合　　B. 不太符合　　C. 一般
D. 很符合　　E. 完全符合

9. 我乐于接受反馈，并将其作为改进个人表现的契机。
A. 完全不符合　　B. 不太符合　　C. 一般
D. 很符合　　E. 完全符合

10. 我倾向于与那些积极向上、追求卓越的同事共事。
A. 完全不符合　　B. 不太符合　　C. 一般
D. 很符合　　E. 完全符合

11. 我在职场中更看重个人成长和职业发展，而不是短期成就。
A. 完全不符合　　B. 不太符合　　C. 一般
D. 很符合　　E. 完全符合

12. 我在竞争中更注重合作和共赢，而不是单纯的胜利。
A. 完全不符合　　B. 不太符合　　C. 一般
D. 很符合　　E. 完全符合

13. 我相信通过创新和创造，可以为公司带来更大的价值。
A. 完全不符合　　B. 不太符合　　C. 一般
D. 很符合　　E. 完全符合

14. 我在评估自己时，更看重能力和潜力，而不是过去的成就。
A. 完全不符合　　B. 不太符合　　C. 一般
D. 很符合　　E. 完全符合

15. 我在职场中更注重建立长期的人际关系，而不是短期的利益。
A. 完全不符合　　B. 不太符合　　C. 一般
D. 很符合　　E. 完全符合

16. 我在竞争中更看重自我实现，而不是社会地位。
A. 完全不符合　　B. 不太符合　　C. 一般
D. 很符合　　E. 完全符合

17. 我相信通过持续的学习和适应，可以应对职场中的变化。
A. 完全不符合　　B. 不太符合　　C. 一般
D. 很符合　　E. 完全符合

18. 我在职场中更看重团队合作，而不是个人荣誉。
A. 完全不符合　　B. 不太符合　　C. 一般
D. 很符合　　E. 完全符合

19. 我倾向于在职场中展示自己的领导能力，并带领团队取得成功。
A. 完全不符合 B. 不太符合 C. 一般
D. 很符合 E. 完全符合

20. 我相信通过努力和坚持，可以克服任何职场挑战。
A. 完全不符合 B. 不太符合 C. 一般
D. 很符合 E. 完全符合

二、评分原则

评分原则：选择A得5分，选择B得4分，选择C得3分，选择D得2分，选择E得1分。请根据您的实际情况对每个问题进行评分，并将所有问题的得分相加，得到您的总分。

三、结果分析

总分在35～50分：您的竞争意识处于中等水平，既有竞争的欲望，也意识到竞争可能带来的压力。您可能需要更多的自信和策略来提升您的竞争力。建议您设定具体目标，通过持续的努力和自我提升来增强您的竞争力。

总分在51～65分：您具有较强的竞争意识，能够在适当的时候展现您的竞争力。您通常能够合理评估竞争的风险和收益，并在竞争中保持冷静。建议您继续发展您的竞争优势，同时学会在竞争中保持平衡，避免过度竞争。

总分在66～80分：您是一位典型的竞争者，喜欢挑战和成功。您在竞争中表现出色，通常能够获得他人的认可和尊重。建议您保持这种积极的态度，同时注意在竞争中保持公平和诚信，以建立良好的职业声誉。

总分在81～95分：您是一位高度竞争的个体，对胜利有着极高的追求。您在竞争中充满激情，但可能需要警惕过度竞争可能导致的人际关系紧张。建议您在追求成功的同时，学会适时放松，维护好人际关系。

总分在96分以上：您是一位极度竞争的个体，对胜利的渴望可能超过了正常范围。您在竞争中可能会显得过于激进，这可能会对您的职业和个人生活产生负面影响。建议您反思您的竞争动机，确保您的竞争行为是健康和可持续的。

三、升职有道，让自己表现得更出色

每个人的内心深处都蕴藏着未被发掘的巨大潜能，对于刚刚步入职场的年轻人而言，若能坚持不懈地探索并开发这份潜能，定能创造出令人瞩目的成就。

(一) 好前途，先规划

对于初入职场的年轻人来说，都怀揣着对美好事业与生活的向往。然而，要实现这一愿景，并非易事。除了必备的专业技能和积极的心态外，抓住适时的机遇也至关重要。但更为关键的是，他们需要进行深入而细致的规划。正如古人所言：“凡事预则立，不预则废。”这句话深刻地揭示了规划的重要性。它告诉我们，如果想要拥有一个更加光明的职业前景，就必须对未来进行周密的规划，并且这些规划必须是切实可行的。同时，还需要坚定不移地朝着实现这些目标的方向努力。只有这样，才能在竞争激烈的职场中脱颖而出，逐步走向事业与生活的双重成功。

因此，对于职场新人来说，应该认识到规划的重要性，并学会如何制定合理的职业规划。这不仅需要他们对自己的兴趣、优势和劣势有清晰的认识，还需要他们对行业趋势和市场需求有深入的了解。只有这样，才能制定出既符合自身发展又适应市场需求的职业规划，从而在职业生涯中取得更大的成功。

（二）低调沉稳，潜心积淀

年轻人胸怀壮志，渴望展现自我，这种积极乐观的心态无疑值得肯定和鼓励。然而，职场并非个人才艺展示的舞台，对于刚刚踏入职场的新人来说，更为重要的是保持低调与沉稳，不应过于急功近利地追求他人的认可。正所谓“欲速则不达”，在很多时候，适度的退让与内敛反而能够避免许多不必要的纷扰和冲突。对于职场新人而言，他们应该将更多的精力投入自身能力的提升和经验的积累上，而不是过分关注外界的评价和认可。这种潜心积淀的态度，不仅有助于他们在职场中稳步前行，更能逐渐在工作中展现出自己的独特价值。职场是一个需要不断学习和成长的地方，新人们应该珍惜每一个学习和提升的机会，不断充实自己的知识和技能。只有这样，他们才能在未来的工作中更加自信地应对各种挑战，实现自己的职业目标。

因此，职场新人应该学会保持低调与沉稳，专注于自身能力的提升和经验的积累。他们应该明白，真正的成功不是一蹴而就的，而是需要通过不断的努力和积累来实现的。只有这样，他们才能在竞争激烈的职场中脱颖而出，走向更加稳健和成功的职业生涯。同时，他们也应该保持积极乐观的心态，相信自己有能力克服一切困难，实现自己的职业梦想。

（三）把握机会，秀出自己

步入职场后，我们不难发现，有许多员工如同老黄牛一般，多年如一日地默默耕耘，却时常错失晋升的良机。这一现象引人深思：为何有些人尽管工作勤勉，却未能获得应有的关注与回报？面对相同的贡献，为何他人能够顺利晋升、收获颇丰，而自己却停滞不前？或许，问题的关键在于，你是否只是单纯地埋头苦干，却从未在适当的时机向他人展示自己的成果与价值。

在这个快节奏、高压力的社会环境中，如果你不主动展现自己，上司在繁忙的工作中很难注意到你的存在。正所谓“不想当将军的士兵不是好士兵”，如果你渴望获得更好的职业发展机会，那么除了脚踏实地、勤奋工作之外，更需要学会勇敢地、聪明地展示自己。

在职场中，学会在关键时刻展示自己的能力和成就至关重要。这不仅能够帮助你获得他人的认可和赞赏，更能在激烈的职场竞争中脱颖而出，为自己的职业生涯铺就一条更加光明的道路。

总之，职场不仅是一个工作的地方，更是一个展示自己才华和能力的舞台。只有勇敢地站出来，展示自己的实力和潜力，你才能够获得更多的机会和关注，实现自己的职业梦想。所以，不要只是默默地工作，更要学会聪明地展示自己，让自己的职业生涯更加精彩。

（四）有能力，机会面前才会人人平等

在职场中，我们常能观察到一些人擅长投机取巧，他们利用各种手段获得升职加薪的机会。这种现象有时会给人一种错觉，似乎运气比实力更加重要，让人认为没有机会和运气的眷顾，即便拥有再强的能力也难以施展。然而，事实上，我们所处的环境和社会是相同的，不公平的现象确实存在。但重要的是要认识到，只有当个人能力足够强大时，才可能在机会面前实现人人平等。

因此，与其一味地抱怨缺乏机会，不如将更多的精力投入到自我反思和提升上。我们应该问自己：我是否具备足够的能力？我是否强大到足以为自己争取每一次机遇？在竞争激烈的职场中，真正决定个人发展的，往往不仅仅是外部的机会和运气，更重要的是自身的实力与准备。

实力是职场中的硬通货，它不会因为一时的运气不佳而贬值。当机会来临时，只有那些具备足够实力的人才能抓住它，将其转化为职场上的成功。因此，我们应该将更多的注意力放在提升自身的专业能力和技能上，不断学习和成长，以便在机会来临时能够游刃有余地应对。

职场是一个充满竞争和挑战的地方，但也是一个充满机会和可能的地方。与其抱怨运气不佳，不如努力提升自己的实力，让自己成为那个在机会面前人人平等的人。因为最终决定我们职场高度的，不是运气，而是我们的实力和准备。

四、避开职场雷区

（一）办公室恋情需谨慎

办公室恋情并非一个新颖的议题，情感的产生是自然而然且难以避免的。在长时间的共事过程中，同事之间逐渐萌生情感的情况并不少见。然而，对于这一现象，不同公司持有截然不同的态度。一些公司采取宽容的政策，尊重员工的私人情感生活，不进行过多的干涉。然而，更多的公司则对此持更为谨慎的立场。他们深知，职场是一个需要专业性和和谐氛围的环境，而私人情感的介入可能会打破这种平衡。因此，他们往往会设定明确的规定：如果双方坚持在职场发展恋爱关系，甚至步入婚姻的殿堂，那么为了维护整个职场环境的和谐与专业性，其中一方可能需要做出艰难的选择，寻找其他的职业机会。这样的规定并非无情，而是出于对职场环境的考虑。它旨在确保办公室的氛围不会因私人情感的波动而受到影响，从而保证工作的顺利进行。同时，这也提醒员工，在职场与情感的天平上，需要更加审慎和理智地做出选择。因为一旦私人情感与职场利益发生冲突，处理不当可能会带来无法预料的后果。因此，需要谨慎对待办公室恋情。无论公司选择何种态度，员工都需要明白，在职场与情感之间找到平衡并非易事。因此，在做出任何决定之前，都需要深思熟虑，确保自己的选择既不会损害职场利益，也不会伤害到自己和他人。

（二）职场政治要清醒

在职场中，复杂的人际关系常常让人感到头疼。无论是分工合作、职位升迁还是利益分配，都可能会因为人为的主观因素而变得纠缠不清。因此，职场被老手们形象地称为“没有硝烟的战场”。在这场无声的较量中，同事们表面上可能同心同德、一团和气，

但内心却各自打着算盘。那么，作为职场新人，应该如何应对这种复杂的人际关系呢？

首先，面对办公室中的派系之争，职场新人需要学会清醒地认识周围的人和事。这意味着要减少盲目性，争取主动性，并多用智谋而非意气用事。在派系纷争中，保持清醒的头脑，不被表面的热闹所迷惑，是保护自己的关键。

其次，对于同事之间的是非恩怨和各种斗争，职场新人一定要有自己的判断力。不要轻易被卷入公司内部的争斗中，因为这样的争斗往往没有赢家，只会消耗你的精力和时间。远离是非，专注于自己的工作和个人成长，是更明智的选择。

最后，即使在职场中受到了委屈，也不要轻易公开内部矛盾。内部的问题应该内部解决，而不是暴露在公司领导、同事和客户面前。公开矛盾不仅会破坏团队的和谐氛围，还可能影响你在职场中的形象和声誉。因此，学会冷静处理内部矛盾，是职场新人必须掌握的一项技能。

职场是一个充满挑战和机遇的地方，只有那些能够清醒应对、理智处理各种情况的人，才能在这里脱颖而出。

（三）职场环境不任性

相较于学校环境，职场上的人际关系无疑更为复杂。在办公室里，大家表面上可能相处得如同朋友一般融洽，但期望同事们能像家人一样包容你的任性行为，只能是幻想。因此，职场新人必须牢记：在职场中，任性是不可取的。职场礼仪是职场中的一门必修课，若想在职场上游刃有余，就必须学会尊重、谦让和保持礼貌，时刻考虑别人的立场和需求，而不是永远只关注自己，更不能任性地说话办事，到处得罪人。

“Z时代”的职场新人，他们个性张扬，注重自我表达。然而，管理层则主要由20世纪七八十年代的人构成。由于生活方式和思想观念上存在着显著的差异，双方在沟通上难免会遇到困难。对于职场新人来说，多沟通、多学习，并注意收敛自己的个性显得尤为重要。

为了更好地适应职场环境，新人需要学会倾听和理解他人的观点，尽量避免因个性过于张扬而引起不必要的冲突。同时，他们也应该积极向管理层学习，了解公司的文化和价值观，以便更好地融入团队。通过学习，新人可以逐渐掌握职场中的沟通技巧和相处之道，从而在职场上取得更好的发展。

因此，职场新人需要认识到职场与学校环境的差异，并学会适应这种差异。他们应该时刻保持礼貌和谦逊的态度，尊重他人的立场和需求，避免任性行为。同时，多沟通、多学习也是必不可少的。通过不断学习和努力，职场新人可以逐渐适应职场环境，与同事和管理层建立良好的关系，为自己的职业发展打下坚实的基础。在这个过程中，收敛个性并不是要压抑自己的本性，而是要在保持个性的同时，学会更加成熟、理智地处理职场中的各种问题。

总结案例

“园丁风范”倡议书及其反响

在某一晴朗的秋日，北京某中学的全体女教师都收到一封名为“园丁风范”的倡议书。这封倡议书的核心内容围绕着三条既简洁又深刻的要求：着装得体、准时授课、积极关注学生课堂状态。不出一周，该校的百余名女教师就热烈响应了这一倡议，纷纷表示愿意以实际行动践行“园丁风范”，为学生树立良好榜样。

倡议书明确指出，教师的着装应当端庄大方，避免穿着过于随意或暴露的服装进入课堂。这一要求迅速得到女教师们的积极响应。她们纷纷表示，杜绝穿着背心、超短裙、拖鞋等不符合教师职业形象的服装进入教室。“作为教师，我们的一言一行都可能对学生产生影响，因此衣着问题必须引起足够重视。”此次倡议的发起人之一，该校教务处副主任李华强调，讲台上的女教师应当通过得体的着装来维护师道尊严，展现良好的职业形象。

除了拖鞋、超短裙外，李华还指出，那些过于休闲、缺乏正式感的服饰，如带有夸张图案的T恤、过于宽松的短裤等，也都不适合女教师在校园内穿着。她认为，教师的着装应当既符合职业特点，又能够展现出女性的优雅与端庄。

北京某中学的高一历史女教师张丽表示，“园丁风范”倡议书的推出并未在校园内引发任何争议，因为传统的教师职业形象早已深深烙印在每位教师的心中。“得体”与“端庄”作为教师的着装标准，多年来一直未曾因时代的变迁而有所动摇。她认为，这一倡议的推出，不仅是对女教师着装的一次规范，更是对教师职业形象的一次重塑。

实际上，“园丁风范”倡议书所倡导的并不仅仅是着装上的变革，它更深层次地触及教师职业形象与学生感知之间的关系。张丽分享了她的观察：“当我以更加得体、专业的形象出现在课堂上时，我能明显感受到学生们更加专注的目光和更加积极的课堂参与度。这不仅仅是对我个人形象的肯定，更是对我们整个教师群体专业性的认可。”

北京某中学的校长也对“园丁风范”倡议书给予了高度评价。他认为，这一倡议不仅提醒教师们注重个人形象的重要性，更深层次地，它强调了教师作为学生榜样和社会道德引领者的角色。他说：“我们的每一个细节，都可能成为学生模仿的对象。因此，无论是着装还是言行，我们都应当力求做到最好。”

“园丁风范”倡议书的实施，不仅在北京某中学内部引起积极反响，也在当地教育界引发了广泛的讨论。许多教育工作者认为，这一倡议为提升教师职业形象、增强师生互动提供了一个切实可行的方案。它提醒所有教师，无论时代如何变迁，教师的专业形象与职业操守始终是教育的基石。这一真实案例充分展示了教师职业形象对学生及教育行业的重要影响。

课堂活动

职场挑战赛

一、活动目的

帮助学员体会职业素养在工作中的重要性，尤其是沟通能力、团队协作精神以及解决问题的能力。

二、活动过程

（1）分组与角色分配。

将学员分成6～8人的小组，每组分配不同的职场角色，如项目经理、技术专家、市场营销人员等。

每个小组需要完成一个模拟的职场任务：在限定时间内策划并执行一个市场推广项目。

（2）任务执行。

各组需要在45分钟内完成项目策划，包括目标市场分析、推广策略制定、预算分配等。

接着，各组有15分钟时间进行项目展示，向“客户”（由讲师或指定学员扮演）推销他们的推广方案。

在项目执行过程中，讲师会设置一些突发情况，如预算削减、竞争对手的干扰等，考验学员的应变能力和团队协作能力。

（3）评价与反馈。

项目展示结束后，由“客户”和其他小组进行点评，提出改进建议。

讲师根据各组的表现，特别是职业素养的展现，如沟通技巧、团队协作、问题解决能力等，进行综合评分。

三、活动思考

每组派代表进行1分钟的感想分享：

你在这个活动中扮演了什么角色？你如何体现自己的职业素养？

在日后的工作中，你打算如何进一步提升自己的职业素养，并与团队成员更好地合作？

四、活动总结

在这个职场挑战赛中，我们不仅学到了如何更好地与团队成员沟通和协作，还学会了如何在压力下冷静思考并快速作出决策。这些都是职业素养的重要组成部分，也是我们未来在职场中取得成功的关键。同时，我们也意识到，职业素养的提升是一个持续的过程，需要我们不断地学习和实践。只有在实践中不断锤炼，我们才能真正成为具备优秀职业素养的职业人。因此，我们鼓励大家在今后的工作和生活中，时刻牢记职业素养的重要性，不断提升自己的专业能力、沟通能力和团队协作能力。只有这样，我们才能在职场中脱颖而出，成为真正的佼佼者。同时，我们也希望企业能够重视员工的职业素养培养，为员工提供更多的培训和实践机会，共同推动企业的持续发展和创新。

课后思考

（1）什么是职业素养？职业人为什么要具备职业素养？职业素养主要包括哪些内容？

（2）你是如何看待办公室恋情的？这对职业生涯的发展有何利弊？

单元11.2　培养良好的职业道德

导入案例

“焊接大师”高凤林：匠心筑梦，技艺超群

高凤林，中国航天科技集团公司第一研究院首都航天机械公司的特种熔融焊接工，被誉为“焊接大师”。在火箭发动机制造领域，他坚守岗位三十余年，凭借对专业理论知

识的深入学习和对焊接技能的精湛掌握，成为行业内的佼佼者，为中国航天事业的发展做出了突出贡献。

初入工厂时，面对复杂的焊接技术和严苛的产品要求，高凤林深知专业理论知识和专业技能的重要性。他利用业余时间，系统学习了焊接工艺、材料科学等相关理论知识，同时，在实操中不断摸索、创新，逐渐掌握了多种高难度的焊接技术。他发明的“短段逆向带压操作法”“挤压变形纠正法”等多项绝技，解决了火箭发动机制造过程中的一系列技术难题，为“长征”系列火箭的顺利升空提供了有力保障。

高凤林的焊接作品，不仅质量上乘，而且美观如艺术品。他焊接的火箭发动机燃料输送管道，内壁光滑如镜，无任何瑕疵，确保了燃料的稳定输送和发动机的高效运行。这种对极致的追求，使他在行业内赢得了“金手天焊”的美誉。

高凤林的职业成长之路，充分证明了专业理论知识与专业技能的学习是形成职业理念和职业道德行为的前提和基础。他深知，只有具备了深厚的专业知识和精湛的职业技能，才能在职业岗位上发挥出最大的价值，也才能将职业道德知识、情感、意识和信念转化为实际行动，为国家的航天事业贡献自己的力量。

如今，高凤林已成为中国航天领域的标志性人物，他的事迹激励着无数青年工人投身到技术学习和创新实践中去。他的成功不仅源于对焊接技术的热爱和执着，更源于对专业理论知识和职业技能的不断追求和提升。高凤林的故事，是匠心筑梦、技艺超群的生动写照，也是每一位追求职业卓越者的学习典范。

分析：高凤林的案例深刻展示了专业理论知识与专业技能对于培养良好职业道德的重要性。他通过系统学习和实操创新，掌握了精湛的焊接技术，为中国航天事业发展做出突出贡献。高凤林对极致的追求不仅体现在焊接作品的质量上，更贯穿于他的职业道德行为中。他的事迹激励着青年工人投身技术学习和创新，是匠心筑梦、技艺超群的典范。

职业道德培养的过程中，可以通过多种途径和方法来实现。首先，需要深入学习和理解各行各业职业道德的基本内涵，如文明礼貌、爱岗敬业、诚实守信等，这些都是职业行为的基本准则。其次，学生应将这些职业道德准则内化于心，外化于行，通过实践来不断锤炼和提升自身的职业道德素养。此外，学校还可以通过开展丰富多彩的职业道德教育活动，如职业道德讲座、案例分析、角色扮演等，帮助学生在模拟或真实的职业环境中体验和感悟职业道德的重要性。最终，学生需要在长期的职业实践中不断反思、总结和提升，形成具有个人特色和行业特点的职业道德体系，为未来的职业生涯奠定坚实的基础。职业院校学生职业道德养成的途径和方法如下。

一、在日常生活中培养

（一）职业道德培养的长期性和积累性

在日常生活中培养职业道德，对于每一位大学生而言，都是一项至关重要且长期的任务。职业道德行为的最大特点在于其自觉性和习惯性，这意味着这些行为不是外在强加，而是内心深处自然流露的。培养这种良好习惯的基石，正是我们日复一日、年复一年的日常生活。因此，每一位大学生都应当深刻认识到这一点，紧紧抓住日常生活的每一个细节，有意识地在其中培养自己的良好习惯。

我们要明确，职业道德的培养并非一蹴而就，而是需要长期的坚持和积累。在日常生活中，我们应当从小事做起，严格遵守各种行为规范。行为规范不仅是学校和社会为我们设定的行为准则，更是我们成长道路上的指路明灯。它告诉我们什么该做，什么不该做，引导我们在正确的道路上稳步前行。因此，大学生们应当从点滴小事做起，切实按照学校的各种规范要求自己，衡量自己的言行，指导自己的各种实践。无论是课堂纪律、宿舍卫生，还是图书馆礼仪，我们都应当严格遵守，做到心中有数，行为有矩。

（二）从自我做起，自觉养成良好习惯

良好习惯，犹如人生旅途中的宝贵财富，它赋予我们从容不迫、游刃有余的力量，使我们在面对生活的各种挑战时都能游刃有余。相反，不良习惯则如同沉重的枷锁，束缚着我们的脚步，让前行之路变得艰难无比。因此，对于每一位大学生而言，从自我做起，积极培养良好的习惯，是迈向卓越人生的关键一步。

要实现这一目标，我们需要从行为规范要求入手，将每一个细微的行为都纳入自我塑造的范畴。通过制定个人成长计划，设定明确的目标，并坚持记录自己的日常行为，我们可以不断提醒自己，时刻保持对良好习惯的追求。这些看似简单的行动，实则是塑造性格、培养品质的重要基石。

同时，实践是检验真理的唯一标准。我们可以通过积极参与各种实践活动、志愿服务和社团组织，将所学的理论知识转化为实际行动，从而在实践中锻炼自己的实践能力，培养责任感和使命感。这些经历不仅丰富了我们的阅历，更让我们在实践中深刻体会到良好习惯对于个人成长的重要性。

从自我做起，自觉养成良好习惯，是我们每个人走向成功、实现自我价值的必经之路。让我们以坚定的信念和不懈的努力，不断锤炼自己，塑造一个更加卓越、更加美好的人生。

（三）保持警觉和自律

在追求良好习惯的道路上，我们必须时刻保持警觉和自律，是铸就高尚职业道德的必由之路。懒惰和放纵是人性中的弱点，它们绝不能成为我们放弃追求良好习惯的借口。相反，我们应当深刻铭记自己的责任和使命，将它们作为前行的动力，坚定信念，决心不移，勇往直前。要成为一名具有高尚职业道德的优秀人才，并非易事。这需要我们在日常生活中付出持续的努力和坚持。每一个微小的行为、每一次的选择，都是对我们职业道德的考验。我们必须从小事做起，从自我做起，自觉地将良好习惯融入生活的每一个角落。

警觉，意味着我们要时刻保持清醒的头脑，不被一时的诱惑或困境所迷惑。自律，则要求我们在面对挑战和困难时，能够坚守原则，不屈不挠。只有当我们真正做到了警觉和自律，才能在职业生涯中走得更远、更稳。让我们共同铭记，培养职业道德是一个长期而复杂的过程。它需要我们不断地学习、实践、反思和提升。但只要我们坚持不懈，从小事做起，从自我做起，自觉养成良好习惯，就一定能够铸就高尚的职业道德，成为一名优秀的职业人才。这是一条充满挑战的道路，但也是我们成长的必经之路。让我们携手并进，共同努力，为实现这一目标而奋斗不息！

二、在专业学习中训练

在专业发展的广阔道路上，每一个个体都面临着如何塑造自身职业理念和职业道德行为的挑战。这一过程的实现，离不开专业学习的深入训练和不断提升。专业学习不仅为个体职业生涯的发展提供了坚实的基础，更是形成坚定职业道德信念的先决条件。

（一）专业学习的核心要素

专业学习的核心要素主要包括专业理论知识和专业技能。专业理论知识是构建职业认知的基石，它涵盖了行业的基本原理、规律和发展趋势。对于大学生而言，掌握扎实的专业理论知识是未来职业生涯成功的第一步。它不仅能够帮助大学生建立起对行业的全面认知，还能够为他们在实际工作中遇到的问题提供理论指导和解决方案。而专业技能则是将理论知识转化为实际操作能力的桥梁。它使个体能够在具体的工作环境中游刃有余，解决各种实际问题。专业技能的掌握需要通过大量的实践训练和经验积累，它是大学生从校园走向职场的重要纽带。

（二）专业学习与职业道德行为的关系

专业学习与职业道德行为之间存在着密切的联系。职业道德行为是指个体在职业活动中所遵循的道德规范和准则，它体现了职业人的责任、义务和使命。一个具备深厚专业知识和精湛职业技能的大学生，更有可能形成坚定的职业道德信念。这是因为他们在专业学习的过程中，不仅掌握了行业的知识和技能，还逐渐形成了对行业的认同感和责任感。专业学习通过提供行业标准和职业规范的知识，帮助学生建立起对职业道德的认知和理解。同时，通过专业技能的训练和实践，学生能够更加深刻地体会到职业道德在实际工作中的重要性和价值。因此，专业学习是培养职业道德行为的重要途径。

（三）如何在专业学习中培养职业道德行为习惯

要在专业学习中有效培养职业道德行为习惯，大学生需要采取一系列积极的措施。首先，他们需要树立正确的职业观念，明确自己的职业目标和追求。这有助于他们在专业学习的过程中保持正确的方向，不偏离职业道德的轨道。其次，大学生应该积极参与各种实践活动，将所学的理论知识与技能应用于实际工作中。通过实践，他们可以更加直观地感受到职业道德的重要性，并在实践中不断检验和提升自己的职业道德水平。同时，关注行业的最新动态和发展趋势也是培养职业道德行为习惯的重要一环。大学生需要不断更新自己的知识和技能储备，以适应行业的变化和发展。这样，他们才能在职业生涯中始终保持竞争力，并坚守职业道德的底线。

据统计数据显示，经过系统专业学习和训练的大学生，在职业道德行为方面表现出更高的素养和水平。他们更能够遵守职业道德规范，履行职业责任和义务，为企业和社会做出更大的贡献。这一数据进一步证明了专业学习在培养职业道德行为习惯方面的重要作用。专业学习的训练对于形成职业理念和职业道德行为习惯具有重要意义。大学生应该珍惜大学时光，努力学习专业知识和技能，不断提升自己的职业素养和能力。同时，学校和社会也应该为大学生提供更多的实践机会和支持，帮助他们更好地实现职业发展和人生价值。通过共同的努力和协作，我们可以期待未来的一代能够在职业生涯中展现出更高的职业道德素养和更卓越的职业成就。

三、在社会实践中体验

社会实践是大学生体验和学习职业道德的重要课堂。通过亲身参与和实践，大学生能够在真实的社会环境中感受职业道德的重要性，并将其内化为自身的行为准则。以下将详细阐述三种主要的社会实践方式：参与实习与志愿服务活动、开展职业道德主题调研、参与职业道德案例分析与讨论。

（一）参与实习与志愿服务活动

参与实习与志愿服务活动是大学生在社会实践中体验职业道德的重要途径。实习为大学生提供了一个亲身感受企业工作环境和文化氛围的机会，使他们能够深入了解职业道德在实际工作中的具体体现。在实习过程中，大学生可以观察到企业如何践行职业道德，如何处理与客户、合作伙伴以及员工之间的关系，从而深刻体会到职业道德对于企业和个人发展的重要性。

志愿服务则是另一种富有意义的实践方式。通过参与志愿服务，大学生能够接触到社会不同层面的人群，学会关心他人、服务社会。在志愿服务中，他们可能会遇到各种挑战和困难，但正是这些经历让他们更加深刻地理解到职业道德中的责任感、同情心和奉献精神。这些实践活动不仅有助于大学生将职业道德知识转化为实际行动，还能帮助他们形成职业道德行为习惯，为未来的职业生涯打下坚实的基础。

（二）开展职业道德主题调研

开展职业道德主题调研是另一种有效的社会实践方式。大学生可以选择自己感兴趣的职业道德主题，如诚信、责任、敬业等，进行深入的社会调查和研究。通过调研，他们可以了解不同行业、不同企业在职业道德方面的实际做法和经验，分析职业道德行为对个人和社会发展的影响。例如，他们可以研究一家企业在面对市场竞争时如何坚守诚信原则，或者一家医疗机构如何确保医护人员的敬业精神和服务质量。

这种调研活动不仅能够增强大学生的职业道德认知，还能够提升他们的社会责任感和使命感。通过亲身参与调研，大学生可以更加深刻地认识到职业道德对于社会和谐与发展的重要性，从而更加坚定地践行职业道德规范。

（三）参与职业道德案例分析与讨论

参与职业道德案例分析与讨论是培养大学生职业道德思维能力和判断能力的重要方式。学校可以组织大学生对真实的职业道德案例进行分析和讨论，引导他们从多个角度思考问题，学会权衡利弊、做出正确的道德选择。例如，他们可以分析一个企业在面临利益冲突时如何做出道德决策，或者一个医生在面对患者隐私和公共利益之间的冲突时如何抉择。

通过案例分析和讨论，大学生可以更加深入地理解职业道德的复杂性和多样性，学会在实际工作中运用职业道德原则解决具体问题。这种社会实践活动不仅有助于提升大学生的职业道德素养，还能够锻炼他们的综合分析能力和沟通能力，为未来的职业生涯做好充分准备。

总结案例

平凡岗位，非凡情怀

李明辉，毕业于南京旅游职业学院，随后加入××高星级饭店，成为一名普通的礼宾员。在这个看似平凡的岗位上，李明辉却以他不凡的敬业精神和深厚的职业素养，赢得了无数宾客的赞誉，成为酒店员工中的佼佼者。

李明辉在大学期间就展现出了出色的沟通能力和语言能力，他不仅精通英语，还自学了日语和韩语，这为他在酒店工作中与外宾交流打下了坚实的基础。入职后，他迅速适应工作环境，凭借专业的服务和热情的态度，在礼宾部脱颖而出。无论是接待国内外重要嘉宾，还是处理日常宾客的各类需求，李明辉总能做到细致入微，让每一位宾客都感受到家一般的温暖。

2016 年的一个冬日，一位来自日本的老年宾客因天气寒冷突然感到身体不适，急需购买特定的药品。面对这位语言不通、又急需帮助的宾客，李明辉迅速行动。他首先用日语安抚宾客的情绪，然后详细询问所需药品的名称和规格。尽管这种药品并不常见，但李明辉没有放弃，他立刻联系了自己的日本朋友，通过多方打听，终于找到了药品的购买地点。考虑到宾客的身体状况，李明辉还主动提出开车送宾客前往药店，并陪同翻译，确保宾客能够顺利购得药品。这一举动深深打动了那位日本宾客，他在离开酒店时，特意向酒店管理层表扬了李明辉，并留下了感谢信。

这样的事情在李明辉的工作生涯中不胜枚举。他总能在关键时刻展现出超乎常人的责任感和同理心。记得有一次，一位来自韩国的宾客因为行程安排紧张，错过了预订的出租车，眼看就要误机。李明辉得知情况后，立即用自己的私家车将宾客送往机场，并在路上与机场方面沟通，确保了宾客能够顺利登机。事后，这位宾客通过社交媒体分享了这次经历，对李明辉和××饭店给予了高度评价，引发了广泛的关注和好评。

李明辉的事迹在酒店内部也产生了深远的影响。他用自己的实际行动诠释了什么是真正的职业精神和道德素养。在他看来，每一位宾客都是独一无二的，都值得用心去服务和关怀。他常说："我们的工作虽然平凡，但只要我们用心去做，就能创造出不平凡的价值。"

分析：正如人们常说的，平凡的工作也能创造出不平凡的情谊。李明辉用他的故事告诉我们，无论在哪个岗位，只要我们坚守职业道德，用心去做每一件事，就能赢得他人的尊重和认可。他的事迹激励着××饭店的每一位员工，也成了酒店行业中的一个闪亮标杆。

课堂活动

职业迷宫与道德指南针

一、活动目的

本次活动旨在通过创新的"职业迷宫"游戏，引导学生深入探索职业道德的内涵，理解其在职业生涯中的核心价值，并培养学生在面对复杂职业情境时做出符合职业道德决策的能力。

二、活动过程

职业迷宫设计：设计一个大型的“职业迷宫”，迷宫中设置多个职业站点，如医疗站、法律站、教育站、商业站等，每个站点代表一个职业领域。在每个职业站点内设置多个职业道德抉择的情境，如医疗站内的“是否透露患者隐私”情境，法律站内的“是否为客户进行不合法辩护”情境等。

分组与角色分配：学生将被分为若干小组，每组4～6人，每组选择一个起始职业站点作为起点。每个小组内部进行角色分配，确保每个成员在迷宫探索中都有明确的职责。

迷宫探索与道德决策：小组进入职业迷宫，按照设定的路线依次访问各个职业站点。在每个站点内，小组需要面对并解决一个职业道德抉择情境，通过讨论和协商做出符合职业道德的决策。小组在每个站点做出的决策将影响他们在迷宫中的前进路线和最终得分。

道德指南针制作：在迷宫探索过程中，每个小组需要制作一个“道德指南针”，用于指导他们在面对职业道德抉择时的行为方向。道德指南针应包含小组对职业道德的理解、核心价值观以及面对不同情境时的行为准则。

分享与反思：迷宫探索结束后，每个小组分享他们在迷宫中的经历、做出的道德决策以及道德指南针的内容。全班进行讨论，分析不同小组在面对相同职业道德抉择时的不同决策和理由。引导学生反思职业道德在实践中的重要性，并思考如何在未来职业生涯中坚守职业道德。

三、活动思考

在迷宫探索过程中，你们小组是如何面对职业道德抉择的？你们的决策依据是什么？

你们制作的道德指南针中，哪些内容体现了职业道德的核心价值观？你们是如何确定这些内容的？

通过这次活动，你对职业道德的理解和实践有何新的认识？你打算如何在未来的职业生涯中践行职业道德？

四、活动总结

本次“职业迷宫与道德指南针”活动通过创新的游戏形式，引导学生深入探索了职业道德的内涵和价值。通过迷宫探索和道德决策的实践，学生们学会了在面对复杂职业情境时做出符合职业道德的决策，并制作了指导自己行为的道德指南针。这次活动不仅增强了学生对职业道德的理解和认同，也为他们未来职业生涯中的道德践行奠定了坚实的基础。我们期待每一位学生都能成为具有高尚职业道德的从业者，为社会的发展和进步贡献自己的力量。

课后思考

（1）在当今快速变化的职业环境中，你认为职业道德应该如何适应新的工作模式和挑战？有没有具体的例子可以说明职业道德在新环境下的应用？

（2）设想一个你未来可能从事的职业领域，在该领域中，你可能会遇到哪些特定的职业道德挑战？你将如何准备自己，以确保在面对这些挑战时能够坚守职业道德？请详细描述你的思考和计划。

四、在自我修养中提高

自我修养是大学生培养良好职业道德的内在动力。通过自我反思与内省、学习与自我提升、树立榜样与自我激励等多种方式，大学生可以不断提升自身的职业道德水平，成为具有高尚职业道德的人。以下将详细阐述这三种方式及其在实践中的应用。

（一）自我反思与内省

自我反思与内省是培养大学生良好职业道德的重要途径。这一过程要求大学生定期回顾自己的言行举止，审视自己在职业道德方面的表现，识别存在的不足之处，并思考如何改进。通过自我反思，大学生可以形成自我约束和自我激励的习惯，促使他们不断提高自身的职业道德水平。

内省则是一种更为深入的自我审视方式。它要求大学生经常进行内心省察检讨，使自己的言行符合规范与道德标准的要求。

在进行内省时，大学生应做到三点：一要严于解剖自己，善于认识自己，客观地看待自己，勇于正视自己的缺点；二要敢于自我批评、自我检讨，不回避问题，不掩饰错误；三要有决心改正自己的缺点，扬长避短，在实践中不断完善自己的职业道德品质。通过自我反思与内省，大学生可以更加深入地了解自己的内心世界，明确自己的职业道德追求，从而更加坚定地践行职业道德规范。

（二）学习与自我提升

学习与自我提升是另一种有效的自我修养方式。大学生可以通过阅读职业道德相关书籍、参加职业道德培训课程等方式，不断充实自己的职业道德知识，提升自己的职业道德素养。在学习过程中，大学生应主动思考如何将所学知识应用于实际工作中，做到知行合一。例如，他们可以学习如何在职场中保持诚信、如何处理与同事和客户的关系、如何在面对利益冲突时做出正确的道德选择等。

通过不断的学习和自我提升，大学生可以逐渐形成良好的职业道德习惯。这些习惯包括诚实守信、勤奋敬业、尊重他人、保守秘密等。这些习惯不仅有助于大学生在职场中取得成功，还能让他们成为具有高尚职业道德的人。同时，大学生还应关注职业道德的最新动态和发展趋势，不断更新自己的知识和技能，以适应不断变化的职业环境。

（三）树立榜样与自我激励

树立榜样与自我激励也是培养大学生良好职业道德的重要途径。大学生可以选择自己敬佩的职业道德楷模，学习他们的先进事迹和崇高精神，以此激励自己不断追求更高的职业道德境界。这些楷模可能是行业内的领军人物、优秀的同事或身边的朋友。通过了解他们的职业经历和道德追求，大学生可以受到启发和鼓舞，更加坚定地践行职业道德规范。

同时，大学生也可以将自己设定为榜样，努力践行职业道德规范，为身边的人树立一个良好的榜样。他们可以通过自己的言行举止来展示职业道德的重要性，并鼓励他人也加入践行职业道德的行列中来。通过树立榜样和自我激励，大学生可以不断激发自己的内在动力，推动自己在职业道德方面不断进步。

进行自我修养时，大学生还应注重以下两点：一是体验生活，经常进行“内省”。通过职业生活实践来认识职业，了解职业生活对从业者职业道德的要求，找出自己在职业活动中的行为与职业道德规范的差距，进行省察检讨，使自己的行为符合职业道德规范。二是学习榜样，努力做到“慎独”。“慎独”是一种高度的道德自觉境界，要求大学生在独自一人、无人监督的时候也能自觉遵守道德规范不做违反道德的事情。即使是最细微的事情也要心存敬畏、小心谨慎，因为任何违反道德的行为都有可能被他人发现或显露出来。所以“君子”在独自一人时也会保持高度的道德警觉性，不做任何不道德的事情来损害自己的形象和声誉。

通过自我反思与内省、学习与自我提升以及树立榜样与自我激励等多种方式，大学生可以不断提升自身的职业道德水平，成为具有高尚职业道德的人。这不仅有助于他们在职场中取得成功，还能让他们为社会做出更大的贡献。

五、在职业活动中强化

在职业活动中强化职业道德行为，是提升大学生职业素养和道德品质的重要途径。职业活动作为检验一个人职业道德品质高低的试金石，要求大学生在实践中不断强化职业道德基础知识的运用，规范职业道德行为，并深入掌握与遵守职业道德基本规范以及行业特定的职业道德规范。要在职业活动中有效强化职业道德行为，大学生必须做到以下两点。

（一）将职业道德知识内化为坚定的信念

将职业道德知识内化为坚定的信念，是大学生在职业活动中强化职业道德行为的首要步骤。这一过程涉及将学到的职业道德知识和规范转化为个人内心深处的坚定信念，为职业道德行为提供强大的动力和精神支柱。

要实现职业道德知识的内化，大学生需要不断学习和反思。通过学习，他们可以获取更多的职业道德知识和规范，了解行业内的最佳实践和道德要求。这些知识和规范是职业道德行为的基础，也是形成坚定信念的重要来源。反思帮助大学生将这些知识和规范与个人的价值观和职业目标相结合，形成独特的职业道德信念。这种信念不仅是他们职业行为的指导原则，也是他们个人成长和发展的重要支撑。

在将职业道德知识内化为信念的过程中，大学生需要经历一系列的心理和情感变化。他们需要从对职业道德的初步了解，到对其重要性的深刻认识，再到将其视为个人职业发展的基石。这一过程中，大学生需要不断思考职业道德对于个人和社会的意义，以及如何在自己的职业活动中践行这些原则和规范。

当面临职业挑战或道德困境时，内化的职业道德信念将指导大学生做出正确的选择，坚守职业道德的底线。这种信念使他们能够在复杂多变的职业环境中保持清醒的头脑和坚定的立场，不为利益所动，不为困难所阻。

为了实现职业道德知识的有效内化，大学生还可以采取一些具体的行动策略。例如，他们可以积极参加职业道德相关的讲座、研讨会和培训课程，以加深对职业道德的理解和认识。同时，他们还可以在阅读职业道德相关书籍和文献的过程中，不断思考和反思，将学到的知识与个人的实际情况相结合，形成自己的职业道德观念。

（二）将职业道德信念外化为自觉的行为

将职业道德信念外化为自觉的行为，是大学生在职业活动中强化职业道德行为的另一重要步骤。这意味着大学生需要将内省形成的职业道德情感、意志和信念转化为实际的职业道德行为，以指导他们的职业活动实践。

为了实现职业道德信念的外化，大学生需要积极践行职业道德规范，并将其融入日常工作中。他们要在言行上保持一致，做到表里如一，成为一个真正有职业道德的人。这意味着他们在工作中要始终坚守职业道德的底线，不做出任何违反职业道德的行为。同时，他们还要勇于承担责任，敢于面对挑战，用实际行动践行职业道德信念。

在实践中，大学生还需要不断进行自我监督和接受他人监督。自我监督意味着他们要时刻保持警觉，及时发现并纠正自己在职业道德方面的不足和错误。通过自我监督，大学生可以确保自己的职业道德行为始终符合规范和标准，不断提升自己的职业素养和道德品质。

而他人监督则来自同事、上级、客户等外部利益相关者的反馈和评价。通过接受他人的监督和反馈，大学生可以更好地了解自己的职业道德表现，及时调整和改进自己的行为。这种外部监督有助于大学生发现自己的盲点和不足，促使他们更加努力地践行职业道德规范。

在职业活动中强化职业道德行为需要大学生将职业道德知识内化为坚定的信念，并将其外化为自觉的行为。通过不断学习和反思、积极践行职业道德规范、进行自我监督和接受他人监督等方式，大学生可以不断提升自己的职业素养和道德品质，在职业活动中展现出高尚的职业道德风貌。这不仅有助于他们在职场中取得成功，还能为社会做出更大的贡献。

总结案例

“一带一路”国际合作高峰论坛图片展的讲解员

李欣怡，2010级北京第二外国语学院旅游管理专业学生，2014年入职中国国家博物馆。凭借扎实的专业知识和多年的实践经验，她逐渐形成了自己独特的讲解风格，深受游客喜爱。2017年，当“一带一路”国际合作高峰论坛图片展筹备工作启动时，李欣怡凭借出色的表现成功入选为该展览的讲解员。全国范围内，仅有30名讲解员获得这一殊荣，他们代表着国家形象，承担着向国内外嘉宾传递“一带一路”倡议的重要使命。

2017年3月中旬至5月下旬，李欣怡与同事们在北京进行为期两个多月的严格培训。这次培训由资深外交官、博物馆专家和国家一级播音员共同指导，采用半军事化管理方式。每天清晨6点，他们便开始一天的训练，内容涵盖形体塑造、礼仪规范、语言表达和心理素质等多个方面。为了准确传达展览的深刻内涵，李欣怡每天都会收听、收看新闻节目，模仿专业主持人的语音语调，反复练习，力求每一个细节都达到完美。

正式讲解时，讲解员必须脱稿。李欣怡和同事们需要背诵四种不同长度的解说词，字数从七千到上万不等，且不能有任何增删。在这期间，由于展览内容的不断调整和完善，解说词也经历了多次修改。为了尽快适应这些变化，李欣怡利用一切可以利用的时间进行记忆和练习。当时，展厅内尘土飞扬，各种装修材料的气味弥漫在空气中，但李欣怡和同事们依然坚持练习，尽管他们中的许多人因此出现了身体不适。

面对重重困难，李欣怡展现出了非凡的毅力和敬业精神。她总是第一个将最新的解说词背诵得滚瓜烂熟，并能够在讲解中做到言之有物、言之有感，与听众进行有效沟通，让听众仿佛置身于“一带一路”建设的宏伟场景中。从 5 月 14 日至 6 月 14 日，李欣怡进行了近百场讲解，最多的一天讲解了 7 场。尽管身心疲惫，但她始终保持着饱满的精神状态，以出色的表现完成了这项光荣的任务。

展览结束后，国家发展和改革委员会为李欣怡等讲解员颁发了荣誉证书，对她们在展览期间展现出的专业素养、敬业精神以及为“一带一路”国际合作高峰论坛图片展所做出的突出贡献给予了高度评价。李欣怡的事迹也在业内广为传颂，成为年轻导游员们学习的榜样。她的成功不仅源于扎实的专业知识和丰富的实践经验，更在于她对工作的热爱和敬业精神。在未来的工作中，李欣怡将继续发扬这种精神，为更多的游客带来精彩的讲解和深刻的文化体验。

课堂活动

践行职业道德

一、活动目的

本次活动的核心目的在于引导学生深入理解职业道德的内涵，认识其在职业生涯中的不可替代的重要性，并鼓励学生在日常生活中积极践行职业道德，为未来的职业生涯奠定坚实的基础。

二、活动过程

（1）将学生分为两组，一组扮演律师和当事人的角色，另一组扮演记者和受访者的角色。

（2）表演内容具体为：在模拟的法庭场景中，律师面对一起复杂的案件，他/她坚定地对当事人说：“我是律师，维护正义是我的职责。”这句话充分展现了律师职业的核心价值观——无论案件多么棘手，都要坚守正义，为当事人争取合法权益。

在另一个模拟的新闻采访场景中，记者在报道一起敏感事件时，对受访者说：“我是记者，传递真实信息是我的职责。”这句话凸显了记者职业的道德底线——无论面对何种压力和诱惑，都要坚守新闻的真实性，为公众提供准确、客观的信息。

三、活动思考

你认为律师和记者的做法体现了什么职业道德？他们的话语中透露出对职业的敬畏和对职责的坚守。如果是你，你会如何践行职业道德？无论是在学习、工作还是在生活中，我们都应时刻保持对职业的热爱和尊重，坚守职业道德的底线，用实际行动诠释“敬业、诚信、公正、服务”的职业精神。

四、活动总结

职业道德是职业生涯的基石，它关乎我们的职业形象、职业声誉以及职业发展。我们应时刻铭记并践行职业道德，让它在我们的职业生涯中发光发热。

课后思考

（1）你对于职业道德的看法还有哪些？

（2）你怎么看“做一天和尚撞一天钟”的想法？你认为应该怎么做？

参考文献

［1］王伟宾，黄佳音，张萌萌．大数据时代的职业生涯与就业指导［M］．北京：北京理工大学出版社有限责任公司，2021.

［2］戴裕崴．高职生职业生涯规划与就业创业指导［M］．北京：高等教育出版社，2018.

［3］吴剑．职业规划与大学生涯［M］．北京：经济科学出版社，2019.

［4］陶德胜，胡微．大学生职业生涯规划和就业创业指导［M］．苏州：苏州大学出版社，2019.

［5］路正社．马克思主义职业选择理论与大学生就业问题研究［M］．西安：陕西师范大学出版总社，2022.

［6］储克森，姚晓峰．职业生涯规划与就业指导．2版［M］．北京：机械工业出版社，2023.

［7］顾水英．起航精彩人生：大学生职业生涯规划与就业指导［M］．北京：中国书籍出版社，2022.

［8］肖祥，王迎春．大学生职业生涯规划与就业指导案例汇编［M］．济南：山东大学出版社，2022.

［9］李竹宇．认知自我与规划人生：大学生职业生涯规划与就业创业发展研究［M］．北京：北京燕山出版社，2022.

［10］朱艳军，夏利波，黄快生．新时代大学生职业生涯规划与就业指导［M］．北京：科学出版社，2020.

［11］张瑞颖．就业导向下的大学生职业生涯规划与管理研究［M］．北京：中国书籍出版社，2021.

［12］李铁宁．大学生职业生涯规划与就业创业教程［M］．成都：西南财经大学出版社，2020.

［13］郭新春．大学生职业生涯规划与就业指导十讲［M］．上海：上海交通大学出版社，2020.

［14］杨聿敏．高职生职业生涯规划与就业创业指导［M］．北京：中国铁道出版社有限公司，2020.

［15］张海，李军．大学生职业生涯规划与就业创业指导融合媒体教程［M］．北京：中国林业出版社，2020.

［16］朱萍，孙继才．职业生涯规划与就业创业教育［M］．上海：上海交通大学出版社，2019.

［17］魏凯燕，孙晓程．赢在起点：大学生职业生涯发展与就业准备［M］．北京：科学出版社，2019.

［18］方文利．大学生职业规划与就业指导素养［M］．北京：航空工业出版社，2022.